◈ 安藤隆男 監修 ◈

特別支援教育をつなぐ

Connect & Connect ②

肢体不自由教育

一木　薫 編著

北大路書房

Connect & Connect

シリーズ刊行にあたって

　2022年7月，文部科学省は，特別支援学校教諭免許状コアカリキュラム（以下，コアカリキュラム）の策定等を関係機関に通知しました。それを受け，特別支援学校教諭免許状の教職課程を有する大学は，2024年4月にはコアカリキュラムに基づく新たな教職課程を開始することになりました。各大学は，自立活動や教育課程等に関する内容をミニマムエッセンシャルズとして関係科目群に明確かつ効果的に位置づけることが求められたといえます。

　本シリーズでは，コアカリキュラムの策定を機にその趣旨を具現するため，次の2つの視点から検討を重ねてまいりました。1つは，コアカリキュラムで示された到達目標等と取扱う内容との関連を図る視点，もう1つは，各欄で取扱う内容と欄間，科目間との関連をそれぞれ図る視点です。コアカリキュラムの策定に当たっては，教育職員免許法施行規則第7条に規定される各欄の単位数はそのままに新たな内容を付加されたことから，時間的な制約下における確かな学びを実現する工夫，すなわち，より効果的な学び方を模索する必要があるからです。加えて，基礎的な学びを学修者の主体的な学習へと誘うために，各部にリフレクションとコラムを配しました。

　このような視点や構成上の工夫から，本シリーズでは「特別支援教育をつなぐ　Connect & Connect」の標語を採用しました。欄間，科目間の関連を図ることによる効果的な学修が，読者の主体的な学びを促し，さらには養成段階での学びを採用・研修に架橋してほしいとの願いを込めたものです。

　顧みれば，2020年2月の日本特殊教育学会での特別支援学校教諭免許状ワーキンググループWGの立ち上げを端緒として，本シリーズの刊行に至ったことに感慨を覚えます。今後，読者をはじめ関係の方々のご意見を賜り，モデルカリキュラムとなるべくブラッシュアップしてまいります。

2023年12月

監修者　安藤隆男

はじめに

　2022 年 7 月 27 日，文部科学省より「特別支援学校教諭免許状コアカリキュラム」が示されました。本巻では，教育職員免許法施行規則第 7 条に規定される肢体不自由者に関する教育の領域「心身に障害のある幼児，児童又は生徒の教育課程及び指導法に関する科目」（第二欄）で取り扱う内容を中心に，特別支援学校教諭免許状コアカリキュラムを踏まえて概説します。

　本書は，みなさんが，わが国の肢体不自由のある子どもの教育課程及び指導法に関わる基礎的な事項を包括的に学ぶことを企図して，第Ⅰ部「肢体不自由教育の歴史・制度」，第Ⅱ部「肢体不自由のある子どもの授業設計と指導の実際」，第Ⅲ部「肢体不自由教育における教育課程の編成とカリキュラム・マネジメント」，第Ⅳ部「肢体不自由教育における今日的課題と展望」の 4 つから構成しました。なお，これらの理解を深める上で必要となる「心理，生理及び病理」のミニマムエッセンスも扱うこととしました。

　各部の内容は，第一欄「特別支援教育の基礎理論に関する科目」（本シリーズ第 1 巻「特別支援教育要論」が対応）と整合させることで，シリーズを通して肢体不自由教育に携わる教師として修得すべき事項を網羅的に学修できるよう工夫しました。読者のみなさんが，第一欄（第 1 巻）のいずれの内容を肢体不自由のある子どもに即して具体化し理解を深めるものかを見渡せるよう，欄間（両巻）の関連を「Connect」に示しています。みなさんにとって，学びのコンパスとなれば幸いです。

　また，各部にはリフレクションとコラムを設けました。肢体不自由のある子どもは多様です。一人ひとりの実態に即した教育を実現するためには，教育に携わる者の学び続ける姿勢が不可欠です。リフレクションは，読者のみなさんが本書の内容の理解を通して新たな課題を見出し，主体的な学びへの一歩を踏み出すことを期待してテーマや形態を工夫しました。コラムには，これからの

肢体不自由教育を担うみなさんの応援団にメッセージをお寄せいただきました。

　肢体不自由のある子どもの多様性に即応した教育は，教室で子どもに向き合う一人ひとりの教師の判断に基づき創造され，今日まで引き継がれています。本書には，肢体不自由のある子どもを理解し，教育実践を紡ぎ出す視点や手続きを示しました。子どもと向き合い，手続きをたどって教育を創造し，仲間との省察を通して新たな気づきを得る。この肢体不自由教育の醍醐味を，ぜひ，みなさんにも味わっていただくことを願っています。

2024 年 2 月

編者　一木　薫

本書の使い方

● つなげる・つながることを意識する

本書は,「特別支援教育をつなぐ Connect & Connect」シリーズの第2巻です。本シリーズで大切にしているコンセプトは「つなぐ」こと。具体的には,次のような思いが込められています。

- カリキュラム上の学びをつなげていきたい
- 実践と学問をつなげていきたい
- 学校・社会・家庭,たくさんの先生・学生を特別支援教育につなげていきたい

読者のみなさんも,ぜひいろいろな知識・人・機会を「つなぐ」ことを意識して学んでみてください。そうすることで,きっと「より深い学び」へとつながることができると思います。

● コアカリキュラムを踏まえたカリキュラムマップを描く

本書の特徴は,特別支援学校教諭免許状コアカリキュラムで示された「到達目標等」と「取り扱う内容」との関連を重視した内容構成です。コアカリキュラム[*1]で示される内容は,教師をめざすみなさんに共通して知っておいてほしいことです。

本書第2巻は,「特別支援教育領域に関する科目」の第2欄のうち,「肢体不自由者に関する教育の領域」の「教育課程」と「指導法」で学ぶ内容を中心に構成されています。各章の構成内容は,読者のみなさんに,より効果的な学び

---

*1　特別支援学校教諭免許状コアカリキュラム。

*1

を提供できるように……！　と著者たちが頭をひねって厳選したものとなっています。限られた授業時間内で効果的な学びを実現するためには，第1欄，第2欄，第3欄といった欄間の関連を理解しながら学ぶことも大切です。各部のはじめにあるConnect（コネクト）を活用し，コアカリキュラム全体も意識して，自分の頭の中にカリキュラムマップを描けるようにしてみましょう。

Connect

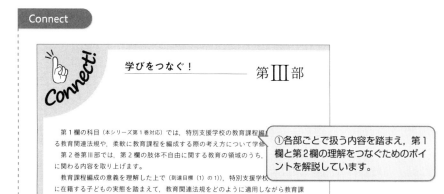

学びをつなぐ！ ────── 第Ⅲ部

第1欄の科目（本シリーズ第1巻対応）では，特別支援学校の教育課程編□□□□る教育関連法規や，柔軟に教育課程を編成する際の考え方について学修□□□□第2巻第Ⅲ部では，第2欄の肢体不自由に関する教育の領域のうち，□□□□に関わる内容を取り上げます。

教育課程編成の意義を理解した上で（到達目標（1）の1）），特別支援学校□□□□に在籍する子どもの実態を踏まえて，教育関連法規をどのように適用しながら教育課

①各部ごとで扱う内容を踏まえ，第1欄と第2欄の理解をつなぐためのポイントを解説しています。

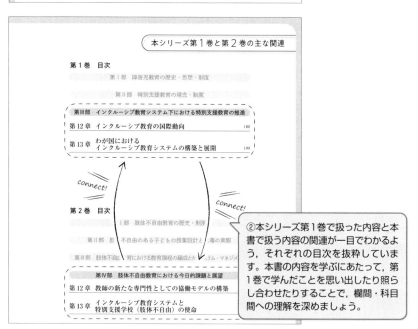

本シリーズ第1巻と第2巻の主な関連

第1巻　目次

　　　第Ⅰ部　障害児教育の歴史・思想・制度

　　　第Ⅱ部　特別支援教育の理念・制度

　　　第Ⅲ部　インクルーシブ教育システム下における特別支援教育の推進

　　　第12章　インクルーシブ教育の国際動向　　　　180

　　　第13章　わが国における
　　　　　　　インクルーシブ教育システムの構築と展開　　　199

connect!

connect!

第2巻　目次

　　　Ⅰ部　肢体不自由教育の歴史・制度

　　　第Ⅱ部　□不自由のある子どもの授業設計と□□の実態

　　　第Ⅲ部　肢体不自□□育における教育課程の編成とカ□□ラム・マネジメ□□

　　　第Ⅳ部　肢体不自由教育における今日的課題と展望

　　　第12章　教師の新たな専門性としての協働モデルの構築

　　　第13章　インクルーシブ教育システムと
　　　　　　　特別支援学校（肢体不自由）の使命

②本シリーズ第1巻で扱った内容と本書で扱う内容の関連が一目でわかるよう，それぞれの目次を抜粋しています。本書の内容を学ぶにあたって，第1巻で学んだことを思い出したり照らし合わせたりすることで，欄間・科目間への理解を深めましょう。

●自ら主体的に学び，考えられるようになる

　将来，みなさんが教師になったときに必要な力は，「自ら主体的に学び，考えられる力」です。この力を養うために，本書では各部ごとにReflection（リフレクション）を設けています。各章の学びをより確かなものとするためにも，Reflectionを活用し，自分で理解を深め，考え，時には同じ学び手である人たちと協働して課題に取り組んでみてください。

Reflection

WORK レポートを書こう！

　第1部では，肢体不自由教育の歴史について学習しました。下れぞれの時期を取り上げ，肢体不自由教育の対象となった子ども実践上の課題について，1000字程度でレポートにまとめましょうあたっては，文部科学省等の特別支援教育に関する資料を含む関しょう。

1）昭和30年代まで
2）昭和40年代〜昭和50年代半ば
3）昭和50年代半ば〜昭和60年代
4）平成元年〜平成18年
5）平成19年以降

> ①各部で学んだことを振り返りながら，各章の学びをつなげて深められるWORKが用意されています。

POINT
・疾患の変化から，肢体不自由教育の特徴を読み取り，教育実践上の課
・本シリーズ第1巻第1部の内容も参考に整理してみましょう。

> ②WORKをするときに大切にしてほしい視点や，外してほしくない関連づけなどについてまとめてあります。

Workの取扱い方（例）
　第1部の授業回が終わるまでに受講者に対してレポート作成を課しまは最後に約40分の時間を設け，時期ごとに発表者を選出し，それぞれ（約25分）。すべての発表終了後，ディスカッションを行います（約15分

> ③実際の授業の中ではどのようにWORKを取り扱うことができるのかについて，時間設定・手順などを中心に具体例を紹介しています。

● 知識や学びにつながるための豊富なヒントを活用する

　本来であれば，みなさん自身が辞書を引くことや，必要な情報元を調べてアクセスすることが大切な場合もあるでしょう。しかし現実は，膨大な量の学びに対して限られた時間しかありません。効果的な学びを実現するために，著者たちが紙面に許す限りのヒントを盛り込んでくれています。知識をつなげるためのヒント，学びを深めるためのヒント，実践に活かすためのヒント……。これらは，レイアウトの工夫や脚注，QRコード，コラムなどのかたちで散りばめられています。それぞれのヒントをみなさん自身とつなげることで，学びはよりリアルなものへと変化するはずです。ぜひ積極的に活用してください。

本　文

　　盲学校，聾学校又は養護学校は，夫々盲者，聾者又は精神薄弱，肢体不自由その他心身に故障のある者に対して，幼稚園，小学校，中学校又は高等学校に準ずる教育を施し，併せてその欠陥を補うために，必要な知識技能を授けることを目的とする。

①学習指導要領などの公的文書や文部科学省等からの通知等でとくに大切となるものについては，枠囲みのレイアウトでわかりやすく掲載しています。

＊9　日常生活動作（ADL）：基本的日常生活動作（Basic ADL: BADL）と手段的日常生活動作（Instrumental ADL: IADL）とがある。前者は，「起居・移乗・移動・食事・更衣・排泄・入浴・整容」をさす。対して後者は，「掃除・料理・洗濯・買い物などの家事，交通機関の利用，電話対応，スケジュール調整，服薬管理，金銭管理」など幅広い日常生活動作のことをさす。
＊10　生理学的分類：動画資料などを用いて視覚的にも理解をしておくことが望ましい。Cerebral Palsy Allianceが公開している動画はYouTubeで視聴が可能である。

②本文に出てくる用語の補足，追加資料への簡単アクセス（QRコード）など，学びを深めるための情報が脚注にまとめて盛り込まれています。

コラム

column 1　専門的教育を支える立場から
これからの肢体不自由教育を担う学び手へのメッセージ

NPO法人理事長
西川公司

　わが国の肢体不自由……ように，欧米諸国と同……

特別支援教育を支える先輩・特別支援教育に携わる（携わった）人たちが，様々な立場からみなさんへのメッセージや思いを綴ってくれています。将来，特別支援教育を一緒につくっていく人たちからの言葉として受け止めてみると，視野を広げたり，新しい学びへとつなげたりできるでしょう。

本シリーズと特別支援学校教諭免許状コアカリキュラムにおける各欄・科目の関連 概観図

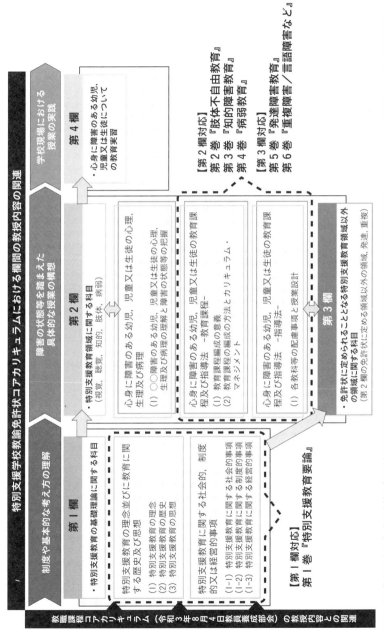

特別支援学校教諭免許状コアカリキュラムにおける各欄間の教授内容の関連

制度や基本的な考え方の理解

障害の状態等を踏まえた具体的な授業の構想

学校現場における授業の実践

第1欄
特別支援教育の基礎理論に関する科目

特別支援教育の理念並びに教育に関する歴史及び思想
(1) 特別支援教育の理念
(2) 特別支援教育の歴史
(3) 特別支援教育の思想

特別支援教育に関する社会的、制度的又は経営的事項
(1-1) 特別支援教育に関する社会的事項
(1-2) 特別支援教育に関する制度的事項
(1-3) 特別支援教育に関する経営的事項

【第Ⅰ欄対応】
第1巻『特別支援教育要論』

第2欄
特別支援教育領域に関する科目
(視覚、聴覚、知的、肢体、病弱)

・特別支援教育領域に関する科目
(視覚、聴覚、知的、肢体、病弱)

心身に障害のある幼児、児童又は生徒の心理、生理及び病理
(1) ◯◯障害のある幼児、児童又は生徒の心理、生理及び病理の理解と障害の状態等の把握

心身に障害のある幼児、児童又は生徒の教育課程及び指導法
(1) 教育課程編成の意義
(2) 教育課程の編成の方法とカリキュラム・マネジメント

心身に障害のある幼児、児童又は生徒の教育課程及び指導法 -指導法-
(1) 各教科等の配慮事項と授業設計

【第Ⅱ欄対応】
第2巻『肢体不自由教育』
第3巻『知的障害教育』
第4巻『病弱教育』

【第Ⅲ欄対応】
第5巻『発達障害教育』
第6巻『重複障害／言語障害など』

第4欄
学校現場における授業の実践

・心身に障害のある幼児、児童又は生徒について の教育実習

第3欄
免許状に定められることとなる特別支援教育領域以外の領域に関する科目

・免許状に定められる特別支援教育領域以外の領域(第2欄の免許状に定める領域以外の領域、発達重複)

教職課程コアカリキュラム(令和3年8月4日教員養成部会)の教授内容との関連

出所:文部科学省(2022)特別支援教育を担う教師の養成の在り方等に関する検討会議「特別支援学校教諭免許状コアカリキュラムにおける各欄・科目の関連概観図」を一部改変。https://www.mext.go.jp/content/20220726-mxt_tokubetu01-000024192_3.pdf

特別支援学校教諭免許状コアカリキュラム対応表および到達目標等一覧

• 本書の各章とコアカリキュラムの到達目標との対応表

部	章	教育課程					指導法			
		意義	方法とカリキュラム・マネジメント				配慮事項と授業設計			
		1)	1)	2)	3)	4)	1)	2)	3)	4)
I	第 1 章 第 2 章 第 3 章									
II	第 4 章									
	第 5 章			○	○					○
	第 6 章						○	○	○	○
	第 7 章			○						○
	第 8 章									○
III	第 9 章	○	○							
	第 10 章				○					
	第 11 章		○							
IV	第 12 章 第 13 章									

• 第 2 欄　特別支援教育領域に関する科目（肢体不自由）の到達目標等一覧

心身に障害のある幼児，児童又は生徒の教育課程及び指導法
―教育課程― -肢体不自由者に関する教育の領域-

全体目標： 特別支援学校教育要領・学習指導要領を基準として特別支援学校（肢体不自由）において編成される教育課程について，その意義や編成の方法を理解するとともに，カリキュラム・マネジメントについて理解する。

(1) 教育課程の編成の意義
一般目標： 特別支援学校（肢体不自由）の教育において教育課程が有する意義を理解する。
到達目標： 1) 生きる力として知・徳・体に加え，障害による学習上又は生活上の困難を改善・克服する力を育むことを目指すために教育課程を編成することについて理解している。

(2) 教育課程の編成の方法とカリキュラム・マネジメント
一般目標： 幼児，児童又は生徒の肢体不自由の状態や特性及び心身の発達の段階等並びに特別支援学校（肢体不自由）の教育実践に即した教育課程の編成の方法とカリキュラム・マネジメントの考え方を理解する。
到達目標： 1) 肢体不自由の状態や特性及び心身の発達の段階等並びに学習の進度を踏まえ，各教科等の教育の内容を選定し，組織し，それらに必要な授業時数を定めて編成することを理解している。
2) 各教科等の年間指導計画を踏まえ，個々の幼児，児童又は生徒の実態に応じて適切な指導を行うために個別の指導計画を作成することを理解している。
3) 自立活動の指導における個別の指導計画の作成と内容の取扱いについて理解するとともに，教科と自立活動の目標設定に至る手続の違いを理解している。
4) 個別の指導計画の実施状況の評価と改善を，教育課程の評価と改善につなげることについて，カリキュラム・マネジメントの側面の一つとして理解している。

心身に障害のある幼児，児童又は生徒の教育課程及び指導法
―指導法― -肢体不自由者に関する教育の領域-

全体目標： 肢体不自由のある幼児，児童又は生徒の障害の状態や特性及び心身の発達の段階等を踏まえた各教科等（「自立活動」を除く。）の指導における配慮事項について理解し，具体的な授業場面を想定した授業設計を行う方法を身に付ける。
＊以下，この「指導法」における「各教科等」について同様とする。

(1) 各教科等の配慮事項と授業設計
一般目標： 肢体不自由の状態や特性及び心身の発達の段階等を踏まえた各教科等における配慮事項について理解するとともに，自立活動及び自立活動の指導と関連付け具体的な授業場面を想定した授業設計を行う方法を身に付ける。
到達目標： 1) 肢体不自由の状態や特性及び心身の発達の段階等を踏まえ，思考力，判断力，表現力等の育成に必要となる体験的な活動を通して基礎的な概念の形成を的確に図ることについて理解している。
2) 肢体不自由の状態や特性及び心身の発達の段階等を踏まえ，各教科等を効果的に学習するために必要となる姿勢や認知の特性に応じて指導を工夫することについて理解している。
3) 肢体不自由の状態や特性及び心身の発達の段階等を踏まえ，指導の効果を高めるために必要となる身体の動きや意思の表出の状態に応じて，適切な補助具や補助的手段を工夫することや，ICT及び教材・教具を活用することについて理解している。
4) 肢体不自由の状態や特性及び心身の発達の段階等に応じた自立活動及び自立活動の指導との関連を踏まえた各教科等の学習指導案を作成することができるとともに，授業改善の視点を身に付けている。

目　次

第13章　インクルーシブ教育システムと
　　　　　特別支援学校（肢体不自由）の使命　　204

◎**特別支援学校等の表記について**

　本書において，「特別支援学校」と表記する場合は障害種を限定しないことを示し，「特別支援学校（肢体不自由）」と表記する場合は対象とする障害種を特定することを示す。

　なお，「特別支援学校（肢体不自由）」と表記する場合，肢体不自由のみを対象とする特別支援学校（単置校）と，肢体不自由と他の障害種を併置する特別支援学校（併置校）の両方が含まれる。

　また，「肢体不自由教育」という場合は，特別支援学校（肢体不自由）だけでなく，特別支援教育の形態としての特別支援学級や通級による指導，通常の学級で実施される教育も含まれる。

◎**発達障害の表記について**

　文部科学省は「発達障害」の用語の使用について，発達障害者支援法の定義による「発達障害」の表記（自閉症，アスペルガー症候群その他の広汎性発達障害，学習障害，注意欠陥多動性障害その他これに類する脳機能の障害）を使用しているが，診断名としては，アメリカ精神医学会による診断マニュアルDSMに従って表記されることも多くある（DSM 5-TRでは，限局性学習症（LD），注意欠如多動症（ADHD），自閉スペクトラム症（ASD）等とされている）ことを受け，本書では文脈によって使い分けている。

肢体不自由教育の歴史・制度

第Ⅰ部は，肢体不自由教育の歴史・制度について3章から構成しました。第1章では欧米を中心に，第2章および第3章ではわが国の戦前と戦後に焦点を当てて概説します。肢体不自由教育の歴史は，整形外科学の成立と切り離すことができません。また，子どもの障害の重度・重複化への対応をいち早く迫られたのも肢体不自由教育です。整形外科学との接点の中で教育としての発展をどのように遂げてきたのか，多様化する子どもの実態に即した教育を実現するための制度はどのように整備されてきたのか，理解を深めてください。

みなさんは，「特別支援教育の基礎理論に関する科目（第一欄）」（本シリーズでは，第1巻『特別支援教育要論』が対応）で障害児教育の歴史についてすでに学修してきたことと思います。ぜひ，その系譜に肢体不自由教育の歴史的事項を照らしながら読み進めてください。肢体不自由教育の変遷を時間軸だけでなく，他障害の教育の歴史等との関連で立体的に捉えることにより，肢体不自由教育が直面する課題を解決する糸口や，これからの特別支援教育の発展に肢体不自由教育がどのように寄与できるとよいかを見出すことができます。肢体不自由教育の過去から学び，現在を分析し，未来を創造するのはみなさんです。

学びをつなぐ！ _____ 第 Ⅰ 部

　第１欄の科目（本シリーズ第１巻対応）では，特別支援教育の理念や歴史，制度等について学修しました。

　第２欄の科目のコアカリキュラムに，歴史や制度等に関わる事項は含まれていません。しかし，現状における課題を解決する糸口を見出し，未来を描く上で，歴史に学ぶことは重要不可欠です。

　そこで，第２巻第Ⅰ部では，肢体不自由教育の萌芽から現在に至る歴史や制度の変遷について取り上げます。肢体不自由教育の歴史を学ぶ上で重要なポイントは，整形外科学の発展と障害の重度・重複化への対応です。他国の歩みや制度と対比させながら，わが国の肢体不自由教育の歴史や制度の特徴について理解を深めましょう。

　また，肢体不自由教育の系譜を理解した後，改めて第１欄の学修内容（本シリーズ第１巻第Ⅰ部）を振り返ってみてください。肢体不自由教育で奏でられた音色が特別支援教育（特殊教育）の曲想に与えた影響や，他障害の教育の旋律に引き出された肢体不自由教育の旋律を捉え直すことにより，歴史が立体的に見えてきます。

●本シリーズと特別支援学校教諭免許状コアカリキュラムにおける各欄・科目の関連　概観図

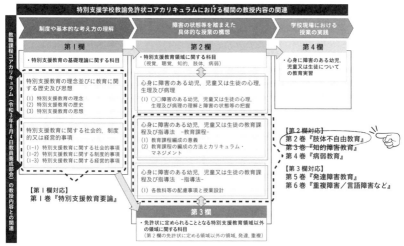

出典：文部科学省（2022）特別支援教育を担う教師の養成の在り方等に関する検討会議「特別支援学校教諭免許状コアカリキュラムにおける各欄・科目の関連概観図」を一部改変。https://www.mext.go.jp/content/20220726-mxt_tokubetu01-000024192_3.pdf

本シリーズ第1巻と第2巻の主な関連

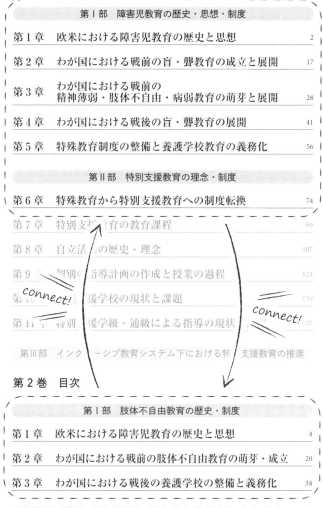

connect!

connect!

欧米における障害児教育の歴史と思想

　本章では，欧米の肢体不自由教育の歴史について概観するとともに，「通常学校」を中心として肢体不自由教育を推進してきたアメリカと，「特殊学校」を中心として肢体不自由教育を推進してきたドイツの制度を紹介します。そして，両国の現状から得られる示唆点をもとに，今後の日本の肢体不自由教育の在り方について考えてみます。

第 I 節　欧米の肢体不自由教育の歴史

(I)　肢体不自由教育の萌芽

　欧米各国では，盲学校や聾学校が1700年代後半から1800年代前半にかけて設立され始めたのに対し，肢体不自由児のための特殊学校（以下，肢体不自由学校）の設立は相対的に遅い時期になりました。盲学校や聾学校の設立の背景には，「点字」と「手話」という特別なコミュニケーション手段に関する教育という観点がありました。しかし，肢体不自由は，疾患や事故等による身体の不自由さのみが注目されたため，「教育」よりも「医療」の観点からの整形外科的治療およびリハビリテーション（以下，リハビリ）を優先する傾向がありました。その結果，欧米での初めての肢体不自由学校は，医療および福祉機関の附属施設として設立されたのです。ドイツのクリュッペルハイム[*1]（1832年），イギリスの王立整形外科病院（1838年）などがその例としてあげられます。これらの施設の本来の目的は，肢体不自由児の治療および保護でしたが，入院治療中の子ども（知的障害のない肢体不自由児，いわゆる「単一障害」）の学習を支えるために教

＊1　クリュッペルハイム（Krüppelheim）：医療と教育，職業教育を兼ね備えたドイツの肢体不自由児施設。整形外科医である高木憲次により日本に紹介され，日本の肢体不自由教育に大きな影響を与えた。

育部門が設けられ，その部門が発展して肢体不自由学校になったのです。1900年代以降になると，整形外科学の進歩と肢体不自由児の教育への関心が高まり，肢体不自由学校の数が急増する大きな転機を迎えます。

　しかし，当時，知的障害のある肢体不自由児や，単一障害であっても重度の肢体不自由児については，「自立」（おもに，労働）が難しいと判断され，教育を受ける必要がないという社会通念がありました。このような風潮は，ノーマライゼーション（Normalization）の理念が世界に広がる 1900 年代の半ばまでも続いており，重度または重複の障害児は，教育対象から排除され，保護対象となっていました。欧米の肢体不自由教育は，軽度の肢体不自由児（単一障害）を中心に，教育よりも医療を重視するかたちで始められたと言っても過言ではありません。

(2)　障害児教育権保障運動と自立生活運動

　単一障害を中心とした肢体不自由教育に大きな変化が生じた契機は，バンク・ミケルセン（Bank-Mikkelsen, N. E., 1919–1990）により初めて提唱されたノーマライゼーションの理念です。彼は，1951 年に結成されたデンマークの知的障害者の親の会と協同し，知的障害者の大規模収容施設の生活環境（社会から隔離された劣悪な集団生活）の人権問題を改善しようとしました。その結果，デンマークでは 1959 年に「知的障害者福祉法[*2]」が制定され，「知的障害があっても障害のない人と同様に，ノーマル（normal）な生活をする権利をもつ」というノーマライゼーションが基本理念として定められました。その後，この理念は欧米各国に広がり，障害児教育権保障運動の土台になりました。

　1960 年代までの欧米の肢体不自由教育は，医療機関から離れた肢体不自由学校を増設するまでに至っていましたが，教育方針は以前と変わらず，リハビリを重視する学校が多く，教育対象も単一障害がほとんどを占めていました。イギリスやアメリカにおいても，重度または重複の障害児は自宅や病院，そして施設で保護される状況でした。そのような状況を当然のこととしていた欧米に

＊2　知的障害者福祉法：「ノーマライゼーション法」や「1959 年法」とも呼ばれる。

おいて，ノーマライゼーションの理念の普及とアメリカの1964年の公民権法の[*3]
制定は，障害児教育権保障運動を始める根拠になったといえます。その後，数
件の裁判を経て，[*4]「障害の有無にかかわらず，公教育を受ける権利があり，場所
は通常学校を優先すべきである」という認識が欧米社会に広がりました。その
結果，アメリカにおいては，すべての障害児の「無償かつ適切な公教育（Free
appropriate public education: FAPE）」を保障する連邦特殊教育法である「全障害
児教育法」[*5]（1975年）が制定されました。また，イギリスにおいては，教育法
（Education Act, 1970年）の改正により，1944年教育法[*6]で排除された重度または
重複の障害児も教育対象として認められました。1970年代には，世界各国で障
害児教育権保障運動が盛んに行われ，その結果，日本においても養護学校教育
義務制（1979年）が施行されました。この時期を経て，世界の肢体不自由教育
においては，子どもの「障害の重度・重複化への対応」が緊急かつ重要な課題
と考えられるようになりました。

　また，1970年代には，重度の肢体不自由者を中心に自立生活運動（IL運動）[*7]
が始められ，従来の「自立」の概念を見直す契機になりました。IL運動以前は，
「身辺自立」「経済的自立」をもとに自立が定義され，重度の肢体不自由児は一

＊3　公民権法（Civil Rights Act）：1950年代の公民権運動を背景として，1964年に制定された人種差
　　別を禁止するアメリカの法律。この法律は，人種等を理由とする差別（分離教育等）を禁止し，
　　障害を理由とする分離教育の問題，重度または重複の障害児の不就学の問題を再考する契機に
　　なった。

＊4　1969年のWolf v. Legislature of the a State of Utah 判決．1971年のPennsylvania Association
　　for Retarded Children（PARC）v. The Commonwealth of Pennsylvania判決など。

＊5　全障害児教育法（Education for All Handicapped Children Act: EHA）：拒否ゼロ（Zero reject），差
　　別のない公平な評価（Nondiscriminatory evaluation），適切な教育（Appropriate education），最
　　も制約の少ない環境（Least restrictive environment: LRE），権利擁護の手続き（Procedural due
　　process），保護者と子どもの参加（Parental and student participation）という6つの原則を定
　　めた。

＊6　1944年教育法（Education Act 1944）：第二次世界大戦後の学校教育の基本方針（初等・中等教
　　育の義務教育化，地方教育当局の役割強化等）を定めた法律。同法は，特殊教育の対象となる子
　　どもの選定基準を「障害種」で規定しており，その種別や程度（重度または重複の障害等）に
　　よっては就学が認められなかった。

＊7　自立生活運動（Independent Living Movement）：ポリオによる全身まひのエド・ロバーツ（Roberts
　　E. V., 1939～1995）を中心に，1970年代のアメリカで始められた社会運動。エド・ロバーツが
　　1972年に設立したバークレー自立生活センター（Center for Independent Living: CIL）がその
　　はじまりといえる。CILは，障害者に介助サービスを提供するセンターであり，当事者（障害
　　者）の運営を前提としている。日本では，1986年に初めてのCILが設立された。

生「自立」できないとされたために，家族やボランティアによる介助等，温情や慈善による支援を受けて生活する「受け身」の存在でした。そのため，肢体不自由教育が日常生活動作（Activities of daily living: ADL）を重視するかたちで行われたのも当時としては当然のことでした。その後，IL 運動の影響により，自立は「身辺自立」「経済的自立」よりも「自己決定」を尊重する概念になりました。つまり，重度の肢体不自由があっても，他者の介助を得た上で，自己決定しながら自分なりの生活を送ることができれば，「自立」できているということです。IL 運動の理念は，肢体不自由教育の目標が「リハビリによる自立」から「自己決定による自立」へと変化する根拠につながり，教育課程の再編成を促進する契機になりました。IL 運動は，1970 年代から 1990 年代にかけて世界中に広がり，その影響は日本にも及びました。特殊教育の立場から見ると，1988年に教育課程審議会特殊教育部会が，特殊教育のねらいとして社会参加だけでなく新たに自立を加えたこと，その後の論議を経て，1999 年に改訂された盲学校，聾学校及び養護学校学習指導要領に「自立」の概念が十分反映されるようになったことなどが，IL 運動の影響といえます。

(3)　インクルーシブ教育時代における肢体不自由教育

　その後，特別な教育的ニーズ（Special educational needs: SEN）とインクルージョン（Inclusion）により，欧米の肢体不自由教育は転換期を迎えていきます。欧米各国は，通常学校を中心として肢体不自由教育を推進してきたイギリスやアメリカなど（統合型）と，特殊学校を中心として肢体不自由教育を推進しながらインクルーシブ教育を受け入れてきたドイツなど（分離型）との 2 つのタイプに分けられ，各国の置かれていた状況を踏まえた展開がなされました。

　まず，イギリスの教育法（1981 年）は，ウォーノック報告（Warnock report, 1978 年）で提案されたインテグレーション（integration）と SEN を導入し，イギリスの特殊教育の基本原則を見直しました。この教育法でとくに注目すべき点は，特殊教育の対象となる子どもの選定基準を従来の「障害種」から「SEN」へと変更したことです。ウォーノック報告は「医学的診断による障害種は，障害の原因を説明するものであり，子どもの教育的ニーズを十分に反映するとは

いえない」と指摘し，SENを導入する必要性について説明しました。SENの導入意義は，次の2つにまとめられます。

- 特殊教育の対象となる障害のない子どもへの気づき（移民や貧困など）
- 医学的診断による障害種を超えた教育的アセスメントの必要性への気づき

　このうち2つ目の気づきは，「障害の重度・重複化への対応」が課題となっていた肢体不自由教育に大きな示唆を与えました。肢体不自由児の場合，起因疾患による「身体の不自由さ」に注目する傾向がありますが，SENの観点から見直すと，子ども一人ひとりが持つ様々な教育的ニーズへの対応という課題に気づくことになります。

　次に，インテグレーションの理念は，肢体不自由児の学びの場を特殊学校から通常学校へと変化させました。イギリスやアメリカにおいては，障害児教育権保障運動が行われていたときから「分離」が問題視され，「統合」（integration）を求める動きが見られました。そのような運動の要求に答えたのがイギリスの教育法（1981年）やアメリカの全障害者教育法（1975年）などです。例えば，全障害者教育法に定められた「最も制約の少ない環境（LRE）」は，その具体的な方向性を明示したものといえます。そして，1994年の「サラマンカ宣言」を契機に，「統合」から「包摂」へというインクルージョンの理念が世界各国の基本理念になりました。特殊学校の専門性を重視しながらインクルーシブ教育を受け入れてきたドイツなどにおいても，インクルーシブ教育の理念を否定する声はほとんどありません。ただしドイツは，日本と同様に，特殊学校の専門性を重視しながら，インクルーシブ教育のメリットを最大限に発揮できるような教育環境づくりに力を入れているといえます。

　2000年代になると，2006年に国連総会で採択された「障害者の権利に関する条約」（以下，障害者権利条約）により，インクルーシブ教育の推進がいっそう強く求められるようになりました。欧米各国の肢体不自由教育も，そうした対応に力を入れているといえます。

第2節　欧米の肢体不自由教育の制度

(1)　「個に応じた指導」の重視

　日本では，1999年に改訂された盲学校，聾学校及び養護学校小学部・中学部学習指導要領により，「自立活動の指導」については，「個別の指導計画」の作成が義務付けられました。当時，特別支援学校に在籍する子どもの障害の重度・重複化，多様化が進み，小・中学校等に準ずる教育を行うことが困難な子どもの在籍率が増加していたため，学校現場では「個に応じた指導」の充実が必要不可欠な状況でした。また，個に応じた指導の目標と内容の一貫性を担保するために個別の指導計画の作成が義務付けられたといえます。

　ところが，アメリカの特殊教育が「個に応じた指導」と個別教育計画（Individualized education program: IEP）を導入した経緯は日本とは異なります。結論から先に言うと，障害児教育権保障運動とインクルーシブ教育の導入が背景にありました。本章では，こうしたアメリカの「全障害児教育法」を中心に紹介します。

　全障害児教育法（1975年）は，障害児教育権保障運動で求められた「無償かつ適切な公教育（FAPE）」の充実を図るために，具体的な方法として「最も制約の少ない環境（LRE）」と「個別教育計画（IEP）」を定めました。同法がLREを重視した点に注目する必要があります。アメリカの障害児教育権保障運動の土台になったのは1950年代の公民権運動です。アメリカでは，1950年代まで人種差別が平然と行われ，小学校等での人種分離も日常的なことでした。公民権運動は，人種差別（分離教育等）を禁止する公民権法（1964年）を生み出し，その後，アメリカでは「分離＝差別」という認識が強く広がりました。したがって，障害児教育権保障運動においても，特殊学校における分離教育は障害を理由とする差別と判断した上で，LREの導入を求めたわけです。

　LREをもとにする特殊教育の充実を図るには，通常学校に在籍する障害児が集団の中で放置されず，個に応じた指導および支援を十分に受けているか否かを確認する手段が必要となります。これは，教科指導に困難を抱えている重度

または重複の障害児の場合，とくに重要な問題といえます。そのため，その具体的な手段としてIEPの作成義務が定められました。IEPは，日本の個別の指導計画とは異なり，個に応じた指導の充実を図る手段となるだけでなく，FAPEの保障を確認する公文書にもなります。つまり，IEPに記されている内容が適切に行われているかが評価される文書でもあり，これが，全障害児教育法を制定する際に「権利擁護の手続き（Procedural due process）」および「保護者と子どもの参加（Parental and student participation）」が明記された理由ともいえます。

　IEPの作成および活用の詳細については，参考資料（書籍や論文等）^{*8}を読み，理解を深めてください。また，関連制度として，乳幼児（0〜2歳）を対象とする「個別家族援助計画（Individualized family service plan: IFSP）」や，移行期（小学校入学，中学校進学，高等学校卒業等）に作成される「個別移行計画（Individualized transition plan: ITP）」も参考になります。

(2)　肢体不自由児の学びの場

　日本での肢体不自由児の学びの場としては，通常学校（通常学級，特別支援学級，通級指導教室）^{*9}，特別支援学校，自宅や病院（院内学級を含む）などがあげられます。欧米での学びの場も日本と大きな違いはありません。本章では，アメリカ（統合型）とドイツ（分離型）を中心に，それぞれの肢体不自由児の学びの場について紹介します。両国とも連邦国家であり，各州の政策および方針によって地域の差が見られますが，ここでは各国の主流となっている状況を説明します。

　まず，両国における肢体不自由児の就学先の前提は「通常学校」です。アメリカは1970年代から通常学校を前提としています。一方，ドイツでは，一部の州を除くと2000年代半ばまで特殊学校への就学を前提としていましたが，障害者権利条約（2006年）の影響を受け，すべての州で通常学校を前提とするよう

＊8　アメリカのIEPを紹介する書籍や論文は少なくない。例えば，『アメリカのIEP：障害のある子ども・親・学校・行政をつなぐツール』（Wright et al., 2010／柘植ら訳，2012）などが参考になる。
＊9　通級指導教室：通常学級に在籍する障害児が通常学級で学ぶ各教科等とは別に，一人ひとりの障害に応じた特別の指導（主に自立活動）を受ける教室のこと。

見直されました。現在，ドイツにおいては，重度または重複の障害のある場合も通常学校への就学を基本原則としています。日本の認定就学者制度も類似した動きを反映しています[*10]。

　次に，知的障害のある肢体不自由児（とくに，重度・重複障害児）の学びの場については両国に違いが見られます。授業の内容は，障害の重度・重複化への対応という観点から，両国とも日常生活（食事，衣服の着脱，トイレ，移動）に関する指導が多く行われていますが，アメリカでは特殊学級，ドイツでは特殊学校を中心に対応をしています。アメリカにおいても特殊学校がありますが，自閉スペクトラム症等の行動問題のある子どものための特殊学校が多く，肢体不自由学校はほとんどありません。特殊学級の環境や教員の専門性に不満を感じる保護者は，肢体不自由を主対象としない特殊学校への就学や転学を検討する事例も少なくないといえます。

　一方，ドイツは，肢体不自由学校を拠点として，知的障害のある肢体不自由児への対応を行っています。障害者権利条約の採択以降，インクルーシブ教育を積極的に推進する動きが見られますが，肢体不自由学校がこれまで蓄積してきた専門性をどのように維持し活用するかについても検討しており，日本と同様の悩みを抱えている状況です。例えば，肢体不自由学校を地域のセンター（障害者の生涯教育を含む）として位置づけようとする動きや，通常学校と特殊学校を統合する新たな学校の設立などがその事例です。ドイツでは，特殊学校がインクルーシブ教育に反するものだという批判もあり，特殊学校の存在意義を社会に説明することが求められています。

第3節　欧米の肢体不自由教育の現状

　本節では，アメリカ（統合型）とドイツ（分離型）の肢体不自由教育の現状について紹介します。両国の現状と動向をもとに，今後の日本の肢体不自由教育

＊10　障害者権利条約によるドイツの変化を理解するために，日本の認定就学者制度の導入から 2013 年の改定までの一連の流れを確認してほしい。認定就学者制度については，本シリーズ第 1 巻第 6 章も参照のこと。

の在り方について考えてみたいと思います。

(1)　アメリカにおける肢体不自由教育の現状

　アメリカの肢体不自由教育の現状を理解するためには，アメリカの特殊教育の根拠となる法律である「個別障害児教育法（IDEA）[11]」「落ちこぼれ防止法（NCLB）[12]」「リハビリテーション法[13]」などを確認する必要があります。本章では，紙面の関係上，IDEA を中心に紹介するので，アメリカの特殊教育について理解を深めたい読者は，NCLB，リハビリテーション法などについても調べてみてください。

　IDEA の目的は，「無償かつ適切な公教育（FAPE）」を障害のあるすべての子どもに保障することです。この法律は，1975 年の制定時から障害児の FAPE の充実を図るために，「最も制約の少ない環境（LRE）」と「個別教育計画（IEP）」を導入して発展させてきました。FAPE，LRE，IEP は，アメリカの特殊教育，とくにインクルーシブ教育の根幹を支えてきたといっても過言ではありません。障害児は，IDEA に定められている 13 の障害カテゴリーの中に該当するものと認定を受ければ，特殊教育と関連サービス[14]の対象になります。その結果，3 ～ 21 歳の障害児・者は「特殊教育」を，0 ～ 2 歳の障害児は「早期介入」を受け

＊11　個別障害児教育法（IDEA）：前身は，全障害児教育法（Education for All Handicapped Children Act, 1975 年）。1990 年の改定により Individuals with Disabilities Education Act，2004 年の改定より Individuals with Disabilities Education Improvement Act と名称が変更され，一般に IDEA と呼ばれている。厳密に言えば，Individuals with Disabilities Education Improvement Act の略語は IDEIA になるが，1990 年以降，IDEA と呼ばれることが広く認知されているため，略語は現在でも IDEA を用いる場合が多い。
＊12　落ちこぼれ防止法（No Child Left Behind Act: NCLB）：2001 年に制定された連邦法。NCLB の前身は，初等中等教育法（Elementary and Secondary Education Act, 1965 年制定）であり，貧困等，不利な状況に置かれた子どもの学力向上を目的とする法律。
＊13　リハビリテーション法（Rehabilitation Act）：注目すべき条項は，1973 年に加えられた第 504 条。第 504 条は「障害を有する個人は，単に障害者という理由で連邦政府の財政援助を受けている活動のプログラム，または行政機関もしくは米国郵政公社によって行われるプログラムへの参加を除外されたり，その恩恵を拒否，ないしは差別されたりしてはならない」と定め，障害を理由とするあらゆる差別を禁止している（牛丸, 2019）。この法律は，ADA（Americans with Disabilities Act, 1990 年制定）の土台になった。
＊14　関連サービス（Related service）：特殊教育を受けるために，子どもが必要とする補足的なサービスをいう。例えば，肢体不自由児が必要とする関連サービスは，理学療法（PT），作業療法（OT），言語聴覚療法（ST），医療的ケア，移動支援などがあげられる。

ることが決定され，前者にはIEP，後者にはIFSPを作成して一人ひとりの教育
的ニーズに応じた教育および支援が行われます。

　IDEAに定められている13の障害とは，自閉スペクトラム症，盲聾，発達の
遅れ，情緒障害，聴覚障害，知的障害，重複障害，整形外科的障害[*15]，その他の
健康障害[*16]，限局性学習障害[*17]，言語障害，外傷性脳損傷，視覚障害であり，2019
～2020年時点では，約7,282,000名（同年齢の人口比14.4％）が該当します（表1-1）。
その内訳を見ると，限局性学習障害が33.0％と最も高く，次いで言語障害

表1-1　アメリカにおける障害種別の児童生徒数（3 ～ 21 歳，2019
　　　　～ 2020 年）

障害種	児童生徒数（千人）	障害種類別の割合（％）
自閉スペクトラム症	803	11.0
盲聾	2	#
発達の遅れ	502	6.9
情緒障害	365	5.0
聴覚障害	73	1.0
知的障害	442	6.1
重複障害	133	1.8
整形外科的障害	37	0.5
その他の健康障害	1,094	15.0
限局性学習障害	2,405	33.0
言語障害	1,374	18.9
外傷性脳損傷	27	0.4
視覚障害	27	0.4
計	7,282	100.0

注）#該当者はいるが，その数が少ないため，ゼロに近い。
出所：Digest of Education Statistics（2021a）。

＊15　整形外科的障害：疾患や怪我により，身体の不自由さが生じている状態をいう。日本の肢体不自
　　　由に類似の概念だが，おもに「単一障害」を想定しているものであり，脳性まひ等は「重複障
　　　害」や「その他の健康障害」と分類される場合が多い。
＊16　その他の健康障害：心臓疾患，結核，ぜんそく，糖尿病，血友病，てんかん，ADD/ADHD，鉛
　　　中毒，白血病，腎炎，リウマチ熱，鎌状赤血球貧血，トゥレット症候群など，慢性または急性の
　　　健康問題により学習および生活に困難が生じている状態をいう。
＊17　限局性学習障害（Specific Learning Disorder: SLD）：知的な発達に遅れはないのに，文字の読み
　　　書きや数字の理解に関わる脳の働きが十分に発達していないことによるもの。学習障害（Learning
　　　Disorder: LD）や特異的発達障害ともいわれる障害で，読む・書く・計算するといった特定の学
　　　習行為がうまくできない状態である。

（18.9%），その他の健康障害（15.0%），自閉スペクトラム症（11.0%），発達の遅れ（6.9%）などとなっています。

　日本の肢体不自由教育と関連性の高い障害は，重複障害，整形外科的障害，その他の健康障害，外傷性脳損傷があります。肢体不自由児は，整形外科的障害と分類されますが，子どもの実態を考慮し，重複障害やその他の健康障害と分類される場合もあります。例えば，知的障害のある肢体不自由児などが重複障害と判定されます。また，脳性まひは身体の不自由さのほかにも，脳損傷による様々な困難を抱えており，整形外科的障害よりもその他の健康障害と分類される事例が多いといえます。医療的ケアを必要とする子どもはその他の健康障害と分類されます。肢体不自由児の障害が重度・重複化している中で，IDEAによる判定も多様化しています。留意すべき点は，IDEAによる判定の目的が

表1-2　アメリカにおける障害のある児童生徒の学びの場（6～21歳，2019年）

単位：%

障害種	通常学校（通常学級在籍時間）			特殊学校	寄宿施設	私立学校	自宅・病院	少年院
	80%以上	40～79%	40%未満					
自閉スペクトラム症	40.1	18.4	33.3	6.7	0.3	1.0	0.3	#
盲聾	26.3	13.5	34.9	17.8	4.4	0.9	2.3	#
発達の遅れ	66.6	17.8	14.2	0.8	#	0.5	0.1	#
情緒障害	50.8	17.2	16.6	11.8	1.1	0.4	1.0	1.0
聴覚障害	64.1	14.5	9.7	8.1	1.7	1.7	0.1	#
知的障害	17.8	28.0	47.7	5.3	0.3	0.3	0.5	0.1
重複障害	14.5	17.8	44.9	17.4	1.2	0.7	3.5	0.1
整形外科的障害	55.8	15.4	21.0	3.6	0.1	1.4	2.7	#
その他の健康障害	68.1	19.7	8.2	1.8	0.2	1.3	0.6	0.2
限局性学習障害	73.4	20.6	4.2	0.4	#	1.1	0.1	0.1
言語障害	88.0	4.4	3.7	0.2	#	3.6	0.1	#
外傷性脳損傷	51.6	21.3	19.4	4.6	0.5	1.0	1.6	0.1
視覚障害	68.9	12.1	8.7	5.6	2.5	1.4	0.8	#
計	64.8	17.5	12.8	2.7	0.2	1.5	0.4	#

注1）＃該当者はいるが，その数が少ないため，ゼロに近い。
注2）寄宿施設は，寄宿制特殊学校等をさす。
出所：Digest of Education Statistics（2021b）。

支援の対象であるか否かを決定することにあり，どれに該当するのかによって支援の内容に大きな差が生じるわけではないということです。

　アメリカにおける障害のある児童生徒の学びの場の現状は，表1-2で示しているとおり，通常学校が95.1％（通常学級在籍時間「80％以上」「40〜79％」「40％未満」の合計）を占めていることが特徴づけられます。通常学校の内訳を見ると，通常学級在籍時間「80％以上」が64.8％と最も高く，「40％未満」（学校生活の大半を特殊学級で過ごす）が12.8％と少ないことからも，いわゆるインクルーシブ教育をメインとしていることがわかります。

　一方，日本の肢体不自由教育と関連性の高い障害の中では，重複障害の学びの場に注目する必要があります。重複障害を見ると，通常学級在籍時間「80％以上」が14.5％のみであり，85.5％（通常学級在籍時間「40〜79％」を除いても67.7％）が特殊学級や特殊学校などを主たる学びの場としていることがわかります。このことから，重複障害教育は「統合型」よりも「分離型」に近い状況といえます。アメリカにおいても，重度または重複の障害児への対応については，分離を選択しているということです。近年，通常学校の専門性不足を理由に，自閉スペクトラム症等の行動問題のある子どものための特殊学校が増加している状況を踏まえると，現在，肢体不自由児はおもに通常学級（単一障害）と特殊学級（重複障害）に在籍していますが，今後，自閉スペクトラム症等のように特殊学校を増設して対応することも考えられます。

(2)　ドイツにおける肢体不自由教育の現状

　次に，ドイツの肢体不自由教育の現状を理解するために，ドイツの特殊教育について確認します。近年，ドイツの特殊教育の対象は，特別な教育的ニーズ（SEN）をもとに判定されています。つまり，障害種よりも子どものSENが重視されているということです。これはアメリカやイギリスなどにも見られる特徴です。ドイツの特殊教育対象となる障害種を見ると，その意図がより明確にわかります。

　特殊教育の対象となる障害種は，学習困難，[*18]視覚障害，聴覚障害，言語発達，身体および運動能力の発達，知的発達，情緒的・社会的発達，重複／分類困難，学習／言語／情緒的・社会的発達，[*19]健康障害であり，「障害」よりも「困難」

表 1-3　ドイツにおける障害種別の児童生徒数（6〜15／16歳，2020〜2021年）

障害種	児童生徒数（人）	障害種別の割合（％）
学習困難	228,121	39.2
視覚障害	9,916	1.7
聴覚障害	21,970	3.8
言語発達	59,230	10.2
身体および運動能力の発達	39,479	6.8
知的発達	100,040	17.2
情緒的・社会的発達	103,571	17.8
重複／分類困難	7,488	1.3
学習／言語／情緒的・社会的発達	1,393	0.2
健康障害	11,210	1.9
計	582,418	100.0

注）ドイツの義務教育は，6歳から15歳（一部の州では16歳）までである。
出所：Sekretariat der Ständigen Konferenz der Kultusminister der Länder in der Bundesrepublik Deutschland（2022）。

「発達」となっていることが見受けられます。学習困難や発達の遅れが生じている場合，障害がなくてもSENがあれば特殊教育対象になれることを表しています。これが，欧米の特殊教育対象者数が日本よりも多い理由です。

　ドイツでは，2020〜2021年時点で，約582,418名（同年齢の人口比7.7％）が特殊教育対象に該当しています（表1-3）。その内訳を見ると，学習困難が39.2％と最も高く，次いで情緒的・社会的発達（17.8％），知的発達（17.2％），言語発達（10.2％）などとなっています。日本の肢体不自由教育と関連性の高い障害はおもに「身体および運動能力の発達」であり，重複／分類困難や健康障害においても一部存在しているといえます。

＊18　学習困難：学習障害よりも広い概念であり，社会的な不利等の様々な理由で学習と行動の発達に遅れが生じ，特殊学校で学ぶ程度，もしくは特別な教育的支援を必要とする程度をいう（岡ら，2016）。

＊19　学習／言語／情緒的・社会的発達：2012年から新設された障害種であり，学習，言語，および情緒的・社会的発達に関する困難を抱える状態をいう。学習困難や言語発達の遅れが情緒的・社会的発達の遅れに起因する場合がしばしば見られるが，従来の基準では，3つの障害種のなかから1つを選んで教育と支援を受けることになるため，3つの障害種の特性をふまえた専門的な教育と支援を受けることが難しいという指摘がなされた（Heisig, 2018）。そのようなニーズに対応するために，学習／言語／情緒的・社会的発達が導入され，従来よりも柔軟で包括的な教育と支援ができるようになった。

表 1-4　ドイツにおける障害のある児童生徒の学びの場（6〜15／16歳，2020〜2021 年）

障害種	通常学校		特殊学校	
	児童生徒数（人）	割合（％）	児童生徒数（人）	割合（％）
学習困難	118,750	52.1	109,371	47.9
視覚障害	5,053	51.0	4,863	49.0
聴覚障害	11,607	52.8	10,363	47.2
言語発達	28,621	48.3	30,609	51.7
身体および運動能力の発達	14,250	36.1	25,229	63.9
知的発達	14,063	14.1	85,977	85.9
情緒的・社会的発達	59,477	57.4	44,094	42.6
重複／分類困難	2,230	29.8	5,258	70.2
学習／言語／情緒的・社会的発達	0	0	1,393	100.00
健康障害	414	3.7	10,796	96.3
計	246,303	44.5	246,303	55.5

注）ドイツの義務教育は，6歳から15歳（一部の州では16歳）までである。
出所：Sekretariat der Ständigen Konferenz der Kultusminister der Länder in der Bundesrepublik Deutschland
（2022）。

　ドイツにおける障害のある児童生徒の学びの場の現状は，表1-4 で示しているとおり，特殊学校が 55.5％を占めており，通常学校（44.5％）よりも高いことが見受けられます。アメリカの通常学校在籍率が 95.1％であることを考慮すると，ドイツはいまだに「分離型」を重視しているといえます。しかし，2000〜2001 年の資料（特殊学校：87.6％，通常学校：12.4％）と比較すると，これまでの約 20 年間，ドイツがいかにインクルーシブ教育に力を入れてきたかもわかります。今後も通常学校在籍率の増加が予想されます。

　障害種別の特殊学校在籍率を見ると，学習／言語／情緒的・社会的発達（100.0％）が最も高く，次いで健康障害（96.3％），知的発達（85.9％），重複／分類困難（70.2％），身体および運動能力の発達（63.9％）となっており，知的障害，重複障害，健康障害のある子どもの特殊学校在籍率が高いことが特徴づけられます。医療サービス等を要する健康障害を除くならば，おもに「知的障害」のある子ども（他の障害を主障害とする子どもを含む）が特殊学校に在籍していることがわかります。これは，アメリカにおいても類似した傾向が見られます。表1-2 を見ると，知的障害と重複障害については通常学級よりも特殊学級（通常学級在籍時間「40％未満」）を中心とした「分離型」で対応しており，重複障害の場合は，

前述したとおりに，特殊学校在籍率も相対的に高いといえます。

　以上のことから，ドイツでは，特殊学校の専門性を重視した上で，インクルーシブ教育の推進に力を入れていることがわかります。また，知的障害や重複障害（知的障害のある肢体不自由児を含む）については，統合型よりも分離型を選択していることもわかります。

（3）　欧米の肢体不自由教育の現状から得られる示唆点

　欧米の肢体不自由教育の現状から得られる示唆点を簡略にまとめると，以下の3つがあげられます。

　第一に，医学的診断による「障害種」よりも子ども一人ひとりの「特別な教育的ニーズ」（SEN）を重視することです。ドイツの場合，肢体不自由児のSENを考慮して，肢体不自由学校ではなく他の特殊学校に在籍させることも多く，より柔軟に配置しています。また，アメリカもドイツも，学習や発達の遅れがある外国籍の子どもなどを特殊教育の対象としています。近年，外国籍の子どもが抱えている困難は，日本でも課題視されていますが，いまだ実態把握が十分に行われているとはいえません。そのため，障害のある外国籍の子どもについては，障害を理由に特別支援教育を受けることにはなっていますが，外国籍であること（言語や文化など）を踏まえた指導および支援が行われているかというとそうではありません。SENの活用と外国籍の子どもへの指導および支援については，欧米の事例を参考にすることができます。

　第二に，重度・重複障害児（おもに，知的障害のある肢体不自由児）のためには，特別な学びの場（特別支援学校等）を積極的に活用することです。アメリカにおいても，重度・重複障害児については，分離型（特殊学級等）で対応する場合が少なくありません。特別な学びの場を設けることがインクルーシブ教育の理念に反するという批判もありますが，現在のドイツと日本のように，通常学校（可能であれば，通常学級）への就学を原則とした上で，特殊学校を選択肢として提供することは，すべての子どもに十分な学びの場を与えるということにおいて，1つの有用な手段であるといえるでしょう。また，アメリカも，重度・重複障害児への指導および支援に困難が生じてきているため，肢体不自由学校を中心

に，肢体不自由教育の専門性を蓄積してきたドイツと日本が注目される場合もあります。もちろん，その前提として，肢体不自由学校が培ってきた専門性をもって存在意義を示すことが不可欠です。

第三に，個別の指導計画の作成と活用にあたって保護者との連携（共通理解を含む）を促進することです。保護者との連携は，日本の肢体不自由教育においても重要なものとして強調されており，教員は，保護者の願いや思いを踏まえた教育を行うために努力しています。しかし，子どもの実態や教育の方向性に対する教員と保護者の認識のズレが生じることもあり，保護者との連携に困難を感じる教員が少なくありません。そのため，教員は，個別の指導計画の作成と活用において共通理解を図るとともに，保護者の願いや思いをそのまま反映させにくい場合は保護者の理解を得るための努力を求められます。さらに，国や教育委員会は，保護者との連携を促進するため，制度や手続きの見直しに関心を持つ必要があります。IEPにおける保護者の参加の仕方や権利擁護の手続きは，制度の導入背景が異なるため，そのまま受け入れることはできないものの，現行の制度や手続きの見直しのための参考になると思います。

【文　献】

Digest of Education Statistics（2021a）. Children 3 to 21 years old served under Individuals with Disabilities Education Act（IDEA）, Part B, by type of disability: Selected years, 1976-77 through 2020-21.

Digest of Education Statistics（2021b）. Percentage distribution of students 6 to 21 years old served under Individuals with Disabilities Education Act（IDEA）, Part B, by educational environment and type of disability: Selected years, fall 1989 through fall 2019.

Heisig, K.（2018）. Bundesländerunterschiede im Förderschulsystem. *ifo Dresden berichtet, 25*（5）, 10-16.

岡　典子・品田彩子・相賀頌子・宮内久絵（2016）．ドイツにおけるインクルーシブ教育改革への模索：社会的・教育的基盤との関連に着目して　筑波大学特別支援教育研究，*10*，65-74.

Sekretariat der Ständigen Konferenz der Kultusminister der Länder in der Bundesrepublik Deutschland（2022）. Sonderpädagogische Förderung in Schulen 2011 bis 2020.

牛丸幸貴（2019）．アメリカ合衆国のリハビリテーション法第504条における合理的配慮の考察：教育における合理的配慮に着目して　早稲田大学大学院教育学研究科紀要，*27*（1），93-102.

Wright, P. W. D., Wright, W. D., & O'Connor, S. W.（2010）. All about IEP's: Answers to Frequently Asked Questions about IEPs. Virginia: Harbor House Law Press.（柘植雅義・緒方明子・佐藤克敏（訳）（2012）. アメリカのIEP：障害のある子ども・親・学校・行政をつなぐツール　中央法規出版）

第2章 わが国における戦前の 肢体不自由教育の萌芽・成立

　本章では，日本の肢体不自由教育の萌芽として，1900年代以降の整形外科学の発展および教育機関の設置までの流れについて解説します。また，戦前に設置された肢体不自由児を対象とした教育施設の概要について紹介します。

第1節　肢体不自由教育の萌芽

　欧米と同じく，日本においても整形外科学の発展に肢体不自由教育の萌芽を見ることができます（表2-1）。そのため，医療と教育が不可分なところもあり，

表2-1　戦前の肢体不自由教育関連の出来事

西暦	和暦	出来事
1906	明治39	東京帝国大学医学大学に整形外科学講座が開設（初代教授：田代義徳）
1918	大正7	高木憲次，この頃から医療と学校教育，職業教育を並行して行う「夢の楽園教療所」を提唱する
1921	大正10	柏倉松蔵『柏学園』（日本最初の肢体不自由児教育施設）設立
1924	大正13	高木憲次「クリュッペルハイムに就て」論文発表
1930	昭和5	東京市教育局，体操を免除となっている肢体不自由児の実態調査を実施
1932	昭和7	東京市立光明学校開校（初代校長：結城捨次郎，初代校医：竹澤さだめ）
1934	昭和9	高木憲次，日本医学会総会において「整形外科学の進歩とクリュッペルハイム」演説，朝日新聞社講堂にて同名の一般向け講演
1939	昭和14	守屋東『クリュッペルハイム東星学園』開園
1942	昭和17	整肢療護園開園（初代園長：高木憲次） 「国民学校令および国民学校令施行規則」により，光明学校『東京市立光明国民学校』として正規の学校に
1944	昭和19	東京都立九段中学校に養護学級（肢体不自由児対象）設置 帝都学童集団疎開実施要領　閣議決定 光明国民学校，現地疎開開始
1945	昭和20	3月空襲により整肢療護園焼失 5月15日光明学校職員・生徒　長野県上山田村に疎開（5月25日校舎焼失） 8月15日終戦 戦争孤児等集団合宿教育に関する件通牒

教育の形態も様々でした。本節では，肢体不自由教育が開始された前段として，整形外科学の発展や整形外科医が中心となって行った実態調査の結果ならびに教育に関わる提言について解説します。

(1)　整形外科学の起こり

1906年，東京帝国大学医科大学（現在の東京大学医学部）にて日本で最初の整形外科学講座が開設され，初代教授として田代義徳（1864-1938）が就任しました。田代は東京帝国大学医科大学を卒業後，外科医師として活躍する傍ら1899年の日本外科学会設立に尽力しました。

1900年からは当時整形外科学の先進国であったドイツに留学して整形外科学を学び，帰国後の1906年に「整形外科教室」を開設しました。また，田代は第一次世界大戦後にも欧米の整形外科学の状況を視察しており，帰国後は整形外科学の充実・発展のみならず医療を受けながら教育を受けられるような施設の必要性を提言しました。

田代の後を受け，東京帝国大学医科大学の第2代教授に就いたのが高木憲次 [1]（1888-1963）です。高木は1915年に東京帝国大学医科大学を卒業して整形外科教室に入局し，1916年に助手となりました。また，1918年頃からは医療を受ければ教育の機会を失い，教育を受けようとすると治療の機会を失ってしまう肢体不自由児のために，医療と教育を並行して受けることができる「夢の楽園教療所」の必要性を主張するようになりました（北島ら，1967）。

その後，高木は田代と同様にドイツに留学し整形外科学を学ぶとともに，クリュッペルハイム（医療と教育を受けられる肢体不自由児施設）を見学します。帰国後の1924年，定年退職した田代の後を受けて整形外科教室の教授に就任しました。また，同年には論文「クリュッペルハイムに就て」を発表し，改めてドイツのクリュッペルハイムのように治療と教育の機能を有し，職業指導を行える施設，すなわち「夢の楽園教療所」の必要性を主張するとともに，その実現に向けて医療だけでなく政財界への働きかけを行っていくことになります。

---

*1　名の読み方については，「けんじ」とされる場合もある。

(2)　肢体不自由児の実態調査

　田代や高木は肢体不自由児の実態調査も行っています。高木は1916年に東京の本郷と下谷の区役所を訪問し、肢体不自由児の実態調査および診察を実施するため係員の協力を得たいと申し出ましたが、肢体不自由児に対する関心の薄さからか、区の協力を得ることはできませんでした。同年12月、今度は東京の貧民街であった上野車坂の万年町において肢体不自由者の実態調査を行おうとしました。住民はよそ者である高木を家の中に入れることを嫌い、無料で診察をしたいとの申し出も拒絶されるなど住民の理解が得られず、このときは肢体不自由児に会うこともできませんでした（北島ら，1967）。

　それでも高木はあきらめませんでした。翌1917年には小学校の同級生であった旧知の弁護士を伴い再度万年町を訪れ、医者と弁護士が相談に乗るという形式をとるなどして関わり、住民の理解を得ていきました。高木の実態調査は万年町にとどまらず、1918年に万年町と同じく貧民街である本所・深川で調査を行ったほか、1927年には高木に師事していた竹澤さだめ（1908-1943）が板橋区岩の坂の貧民街で、1933年から1934年にかけては本郷・下谷においても調査・診察を行っています。これらの調査の結果、東京において相当数の肢体不自由者が何の手当もされず、非常に苦しい生活を余儀なくされていることが明らかとなりました。当時の肢体不自由は不治の病と考えられ忌避される対象であったこともあり、世間に知られないように家から出ないように過ごす場合も少なくなかったと言われています。なお、万年町での経験等もあり、後に高木は「隠すなかれ」運動を提唱しています。

　また、田代も肢体不自由児の実態調査に関わっています。田代は東京帝国大学を定年退職後、1925年に東京市会議員（現在の東京都議会議員）となり、公衆衛生事業に取り組むとともに、「手足不自由なる児童の保護施設[*2]」の必要性を主張していました。1930年および1931年に東京市教育局が行った調査では、東京市内の小学校で体操の授業を免除されている肢体不自由児が約700名もいる

＊2　手足不自由なる児童の保護施設：田代は「肢体不自由」ではなく「手足不自由」という用語を使用していた。

ことが明らかとなり，その結果を受けて田代は時の東京市教育局長藤井利誉
(1872-1945) や市会議員の岸辺福雄（1873-1958）らとともに，東京市に対して肢
体不自由児の学校と肢体不自由児のための教育施設の必要性を訴えました（文
部省，1978）。

(3) 療育の提唱

　田代や高木は制度だけでなく様々な用語を提言しました。例えば，「整形外
科」は，整形外科教室を開設するにあたり田代が考案した用語です。また，本
書でも使われている「肢体不自由」は，高木が提唱した用語です。当時，肢体
不自由に対してはいわゆる蔑称しか存在せず不自由であることを適切に表す表
現がないこと，蔑称は肢体不自由児に対して良い影響がないことなどから「肢
体不自由」を提唱したと述べています（北島ら，1967）。

　また，高木はクリュッペルハイムを実現する上で，「療育」という概念も提唱
しています。現在では福祉や医療の世界で当たり前のように使われている療育
ですが，その祖は高木です。高木が提唱した療育の理念とは以下の通りです。

> 療育とは，時代の科学を総動員して不自由な肢体を出来るだけ克服し，それに
> よって幸いにも恢復したら『肢体の復活能力』そのものを（残存能力ではない）
> 出来るだけ有効に活用させ，以て，自活の途の立つように育成することである。
> （高木，1952）

　今から70年あまり前に提唱された理念です。当時とは時代背景も対象となる
子どもたちの実態も大きく変わっていますが，「時代の科学を総動員する」こと，
「肢体の残存能力ではなく復活能力[*3]を有効活用」という考え方は今もまったく変
わるものではありませんし，自立活動にも通じる大切な理念であるといえるで
しょう。

＊3　復活能力：高木は，肢体不自由児に残っている力（残存能力），手術等の医療によって回復した
　　　力（回復能力），職能訓練（現在のリハビリテーション）によって得られた力（代償能力）の3
　　　つの総和として復活能力と称した。

(4)　肢体不自由児に対する教育施設設立の動きと整形外科医の貢献

　田代や高木を中心とした肢体不自由児に対する教育施設設立の動きは，実態調査の結果もあり，ようやく実現の気運が高まっていきます。また，田代や高木の考え方に賛同し，民間においても教育施設を設置する動きが出てきました。

　戦前に設置された肢体不自由児に対する教育施設は，「柏学園」「東京市立光明学校」「クリュッペルハイム東星学園」「整肢療護園」の４施設です（表2-2）。表2-2からわかるようにすべての施設において田代や高木が直接関わっています。

　柏学園は，元々体操教師を務めていた柏倉松蔵（1882-1964）が，田代の下で医療体操（p.27に後述）を学んだ後，同じく小学校の教師であった妻である柏倉とく（1885-1966）とともに設立しました。岡山で教師をしていた柏倉は，体育の時間に運動できずにしょんぼりしている肢体不自由児の姿に心を痛め，肢体不自由児に対する指導方法を学ぶために妻とくとともに上京しました。上京した柏倉は田代のもとで医療体操を学びながらも，病院で「治療」という名目のもと，子どもたちが泣いたり嫌がったりしながら医療体操に従事している姿に疑問を感じました。そこで，自身の経験も踏まえて，「学校で授業風に行うことで，子どもたちが楽しい，そして効果的な体の指導をしたい」と考えるに至り，田代の賛同や後押しを受けて柏学園を設置しました。田代は柏学園の顧問を務めています。

表2-2　戦前に設置された教育等を行う施設の教育概要と比較

施設名	柏学園	東京市立光明学校	整肢療護園	クリュッペルハイム東星学園
設置年（廃止年）	1906（1958）	1932	1943	1939（1944）
施設種別	教育施設	学校	療育施設	療育施設
施設方針	普通教育＋マッサージ 医療体操	普通教育＋治療	療育（医療＋教育）	療育
関わった人物	柏倉松蔵 柏倉とく（元教員） 田代義徳（顧問）	結城捨次郎(初代校長) 竹澤さだめ(初代校医) 田代義徳（東京市会議員） 高木憲次(看護婦派遣)	高木憲次（園長） 松本保平（教育担当：講師として派遣）	守屋東（教育者，女性運動家，社会事業家） 竹澤さだめ（嘱託医） 高木憲次（顧問，医師派遣）

　東京市立光明学校（現在の東京都立光明学園）は 1932 年 6 月に小学校令および小学校令施行規則に基づく「小学校に類する各種学校」として認可を受けて開校した，日本で最初の公立肢体不自由児学校です。(2)で述べたように，東京市会議員であった田代や岸辺，東京市教育局長藤井が中心となり開校にこぎつけました。「光明」という校名は，東京市長永田秀次郎により肢体不自由児の将来の幸福を願ってつけられました。開校当初の校舎は 1932 年 3 月で廃校となった麻布新堀尋常小学校の校舎を改築したものであり，肢体不自由に応じては作られていませんでしたが，1939 年 4 月に現在と同じ世田谷区の梅ヶ丘に新築の校舎が建てられ，肢体不自由に応じた建物となりました。また，光明学校は学校のみの機能であり，田代や高木が主張するような医療機関を併設するクリュッペルハイムではありませんでしたが，各クラスには高木が派遣した看護婦が配置されていました。また，高木に師事していた竹澤が初代校医に就いています。詳細は第 2 節で説明します。

　整肢療護園はまさに高木の尽力により設立された施設です。すでに述べたように，高木は「夢の楽園教療所」の設立に向けた運動を始めていましたが，なかなか思うような成果が上がっていませんでした。そのような中，高木は 1934 年の第 9 回日本医学会総会で講演を行いました。演題は「整形外科学の進歩と『クリュッペルハイム』」であり，適切な治療によって改善が見込まれる多数の肢体不自由児者が治療を受けることができずに放置されている状況を述べました。その上で，クリュッペルハイムのような施設が必要であることを主張したのです。この講演はラジオでも中継され，学術的な内容であったにもかかわらず高木の講演を直接聞きたいという声が多く寄せられるなど大きな反響を呼びました。そして，同年 11 月には要望に応える形で一般向けに学術講演会が開催され，大盛況に終わりました。その後，時間はかかりましたが，1937 年肢体不自由者療護園建設委員会が設置されました。同委員会には，時の内閣総理大臣であった平沼騏一郎（1867-1952）や永井柳太郎（1881-1944）といった政治家も名を連ねました。同委員会は財界の協力を得て資金を得ることができ，1942（昭和 17）年 5 月整肢療護園は開園しました。[*4]

　クリュッペルハイム東星学園は，日本基督教婦人矯風会の幹部を務めるなど，

児童保護に関する社会事業に従事していた守屋 東（1884-1975）が設置した，日
本で最初の肢体不自由児施設です。守屋は万年町で代用教員を務める中で，社
会事業の必要性を強く認識するようになりましたが，その１つに肢体不自由を
はじめとする障害のある児童に対する関心がありました。その頃，守屋が経営
する東京婦人ホームには，竹澤が嘱託医として住み込みで働いていました。守
屋は竹澤からクリュッペルハイムのことを聞き感銘を受けるとともに，自分自
身がクリュッペルハイムを設置しようと，1932年クリュッペルハイム建設を宣
言しました。クリュッペルハイムの建設にあたり守屋は寄付を呼びかけました
が，当時の社会情勢もあり，なかなか寄付は集まりませんでした。それでも守
屋はあきらめることなく活動を続け，1934年に高木が行った講演が大反響を呼
んだこともあり，徐々に寄付が集まり1939年「クリュッペルハイム東星学園」
の開園にこぎつけました。高木がクリュッペルハイム東星学園の顧問に就き，医
師を派遣するなど医療面の支援を行ったほか，竹澤は嘱託医として東星学園に
勤務することになりました。

　以上のように，それぞれの施設において田代や高木は可能な限りの協力をし
ていました。整形外科医としてだけでなく，教育においても田代や高木の貢献
度の高さがわかります。なお，ここまで述べてきたように，肢体不自由児の実
態調査や光明学校の校医，クリュッペルハイム東星学園の嘱託医として尽力し
た整形外科医である竹澤の貢献も見逃せません。竹澤は女性が医学を学ぶこと
が極めて困難であった時代に高木に頼み込み，高木のもとで整形外科学を学び，
日本人女性で初めて整形外科学の医学博士号を取得しました。博士論文のテー
マは「先天性股関節脱臼の治療」についてです。光明学校での竹澤は学校にお
いて校医の役割を明確にするとともに，治療の方針を定め「治療体操[*5]」を行う
など，教育と医療の橋渡しの役割も果たしています。残念ながら，1940年，竹
澤は結核が悪化して光明学校の校医およびクリュッペルハイム東星学園の嘱託

＊4　この時期の歴史について知りたい人は，『新版　日本の肢体不自由教育：その歴史的発展と展望』
　　　村田茂（1997，慶應通信）を参考にしてほしい。
＊5　治療体操：光明学校では，体操科の代替として治療体操という名称を用いており，欠陥部位の治
　　　療を目的として合理的に配列された体育的運動を行っていた。

医を辞して郷里の愛媛に帰ることになり，1943 年に亡くなっています。

第 2 節　肢体不自由教育の嚆矢

　本節では，表 2-2 に紹介した施設について，とくに教育面に着目して概要を紹介していきます。なお，クリュッペルハイム東星学園については，守屋自身に関わることや医療面に関する施設設備等の状況を示す資料は残っていますが，教育面に関わる資料は現在のところ見つかっていません。そのため，本節ではクリュッペルハイム東星学園を除く 3 つの施設について説明します。

(1)　柏学園：日本初の肢体不自由教育機関

　柏学園は小学校に準ずる教育と医療体操が二本柱でした。小学校に準ずる教育については，修身^{*6}，国語（読方，綴方），算術（珠算，筆算），地理，歴史，理科，唱歌，手工といった小学校と同等の教科・内容が指導されていました。これらの教科の指導はおもに柏倉とくが担当していました。

　もう 1 つの柱である医療体操は，柏倉松蔵が田代の整形外科教室で学んだ医療体操を参考に，柏倉松蔵自身が考案し肢体不自由の実態に応じて指導を行っていました。おもな内容としては，器械や器具を使用した歩行運動練習や手指の運動機能の練習であり，毎日 2 〜 3 時間行われました。柏倉が考えた医療体操は，今日の理学療法の原点ともいえるものです。

　なお，柏学園は小学校あるいは小学校に類する各種学校としての認可は受けていませんでした。そのため，公的な援助もなく学費も安くなかったこと，基本的には妻の柏倉とくと 2 人で経営していたことから，在籍人数も多くはありませんでした。太平洋戦争の戦況が悪化すると，多くの児童は退園することになってしまい，柏学園は 1958 年に閉園することとなりました。

＊6　修身：戦前の小学校において開設されていた科目の 1 つであり，戦後に GHQ により廃止された。第二次世界大戦中の修身科において，軍国主義を前面に打ち出し，神話や天皇に関する内容も多かったことから軍事国的な内容のイメージがあるが，大正期においては教科ではなく実生活との結びつきを意識した修身教育が行われていた。戦前の日本において，世相を反映した科目だった。

(2)　東京市立光明学校：日本初の公立肢体不自由児学校

　東京市立光明学校は1932年6月に小学校に類する各種学校として認可を受けて開校しました。柏学園とは異なり，東京市の認可を受けており，日本で最初の公立肢体不自由児学校といえます。初代校長には，私立成城小学校などで教鞭を執っていた結城捨次郎（ゆうきすてじろう）(1890-1939) が任命され，その他2名の訓導[*7]，3名の看護婦が結城とともに光明学校職員として任命されました。また，初代校医には竹澤が就任し，肢体不自由児の治療に当たりました。

　光明学校は教育綱領として「1．即個性の教育，2．性能の発展と伸長，3．体験の教育，4．実用の教育，5．円満なる情操教育，6．自立労作教育」を定めるとともに，教育領域として，普通教育，職業教育，身体の治療・矯正，養護の4つの柱から教育課程が編成されました。普通教育については，読方，綴方，書方，聴方科[*8]等，読み書きを重視した教科で編成され，児童の自発性を尊重し，経験を重視した教育が行われました。職業教育については，適正指導という科目を設け，児童の興味ある科目の指導や，職業的指導等，児童の特性に応じた指導を行っていました。

　治療・矯正および養護は医療的な内容で構成されました。治療・矯正については，マッサージ，日光浴，入浴，ギプス療法，治療体操，玩具治療などが竹澤の診断に基づき看護婦によって行われていました。玩具治療はおもちゃ等を活用して手指の能力を高めるための訓練であり，現在の作業療法に近い内容でした。治療体操は障害の部位別にグループ編成を行い，体操を通じて機能の訓練を図っていました。柏学園と同様に，教育機関であることから児童が主体的に訓練に取り組むことを重視していたことがうかがえます。養護については，1コマの学習時間を30分とし，休憩時間を15分とったほか，毎朝看護婦による検温，脈拍，呼吸の検査が行われるなど，医療的な管理が中心でした。

＊7　訓導：戦前は，教員のことを訓導と呼んでいた。
＊8　聴方科：児童は文字を学習する以前より，聞くことを通じて学習をしていることから，聞くことに重点を置いた国語教育を主眼とした科目。読方，綴方，書方と併せて国語教育に力を入れていた。

(3)　整肢療護園：クリュッペルハイムの実現をめざして

　光明学校は医療機関を持たない学校でした。そのため，クリュッペルハイムを理想とする高木は，自身の掲げた「夢の楽園教療所」の実現に向けてさらに運動を続けました。そうして設置されたのが整肢療護園でした。整肢療護園は高木の理想通り，医療を中核としながら，訓練機能や教育機能も有する施設でした。

　ところで，高木の理想の実現となるはずであった整肢療護園ですが，医療面については当初より高木を中心に整備が進められたのに対して，教育面については十分な整備が進まなかったようです。整肢療護園の教育部長には，光明学校第三代校長の松本保平（1902-1988）が就任しています（整肢療護園，1961）。松本は「結局は各病室を回って，紙芝居をやったり，本を読んで聞かせたり，何のことはない巡回家庭教師である。およそ校長のやる仕事ではない」と回想しています（松本，1967）。高木は教育と医療，機能訓練をうまく連携させることによってより効果の高い療育を展開しようとしていたと考えられますが，医療を中心に展開する中で，教育の中身まで十分に作り上げることはできなかったのだと推察されます。また，当時は戦時下であり，高木自身も1944年には陸軍省から指示を受けて，中華民国南京政府の首相であった汪兆銘の診察のため，名古屋で軟禁に近い状態におかれました。高木の意向を十分に把握しきれず，必ずしも医療と良い関係にはなかった松本は，このタイミングで教育部長を辞職しています（松本，1967）。戦前の整肢療護園の教育の中身については，松本の回想以上のものは残っておらず，戦後の肢体不自由児施設での教育記録を参考にすると，おそらく看護婦等が家庭教師的な役割で教科指導を行っていたと推察されます。

第 3 節　戦時下における肢体不自由教育と戦後復興

(1)　太平洋戦争下における肢体不自由教育

　1942 年 4 月，国民学校令施行規則第 53 条の規定により，東京市立光明学校は「東京市立光明国民学校」として正規の学校に位置づけられました。正規の学校となったこと自体はとても喜ばしいことですが，なぜ，このタイミングで義務教育学校となったのでしょう。それはやはり戦争の影響です。

　1941 年 12 月の真珠湾攻撃により，日本はアメリカと全面戦争状態に突入し，国全体として戦争に向かう必要が出てきました。これまで，就学義務が免除となっていた障害者も例外ではありません。光明学校が正規の学校となったことにより，光明学校の児童生徒も皇民の義務を果たすことが求められ，いわゆる戦争準備のための訓練（軍事教練）を受けることとなったのです。その後も戦争は激しさを増し，日本を取り巻く状況は悪化していきました。1943 年には学徒戦時動員体制がとられ，1944 年には盲聾唖学徒の動員も決定しました。

　また，1942 年 4 月に文部省令第 55 号により養護学級（特殊学級）に関する規定も定められました。養護学級（特殊学級）は，1944 年には 2,486 学級開設され，その多くが身体虚弱児を対象としました（文部省，1978）。そのような中で，1944 年 4 月に養護学級としては初めて肢体不自由児を対象とした学級が東京都立九段中学校に設置されました。この学級は，肢体不自由者による学問保存の目的で編成されたといわれています（小松，1990）。

(2)　戦火による教育施設への影響

　1944 年内閣は「帝都学童集団疎開」を決定します。日本本土に対する空襲が激しくなり，都会に住む子どもたちを地方へと集団疎開させる必要が出てきたからです。残念ながら光明学校には集団疎開の許可が降りず，世田谷の校舎に防空壕を掘り，校舎で集団生活をする「現地疎開」をすることとなりました。1945 年 3 月 10 日の東京大空襲ではかろうじて焼失は免れたものの，空襲による被害はすぐ近くにまで迫っていました。ここに来て，松本保平校長は現地疎

開の限界を感じ，疎開を決意しました。自ら長野県に赴き，関係者と粘り強く
交渉し長野県上山田村（現在の千曲市）にある上山田ホテルにて疎開の受け入れ
を認めてもらうことができました。疎開先が決定した後は移動手段の確保です。
大きな問題は治療機器の輸送でした。松本は陸軍を訪れ「このまま本土決戦と
なったとき，戦争に参加ができない肢体不自由児は足手まといである」と主張
して，疎開の必要性を訴えたと言います。もちろん本心ではありません。肢体
不自由児達の命を守るため，自分自身に嘘をついてでも陸軍を説得したのです。
5 月 15 日光明学校の教職員および児童生徒は上山田ホテルへと疎開をします。
その 10 日後の 5 月 25 日，梅ヶ丘の校舎および分教場として使用していた麻布
の校舎はともに空襲で焼失しました。

　同じく整肢療護園も，1945 年 3 月の空襲により建物のほぼすべてが焼失して
います。また，整肢療護園自体は 1943 年に日本医療団へと移管され，肢体不自
由児者の治療という機能に目が向けられて，傷痍軍員の治療施設として位置づ
けられました。その上，園長である高木自身は上述のように，汪兆銘の治療の
ために名古屋で軟禁に近い状態におかれるなど，園の存続自体が難しい状況に
陥ることになりました。

　クリュッペルハイム東星学園については，戦争の影響に加えて医療体制の問
題がありました。戦時下において家庭に引き取られる児童が増えたこと，空襲
の激化に伴い寄付等を受けられなくなったことから，事業の存続が厳しい状況
となりました。また，1940 年には守屋が肢体不自由療育を展開する上で，盟友
ともいえる存在であった竹澤が結核の悪化により嘱託医を辞し療養のため郷里
へと戻り，1943 年には亡くなってしまいます。竹澤の死自体も守屋を落胆させ
ましたが，竹澤がいなくなったことで医療体制の維持も難しくなっていました。
そのため，1944 年に肢体不自由児療育事業を停止せざるを得なくなりました。

(3)　戦争を終えて

　1945 年 8 月 15 日，ようやく長く苦しかった戦争が終わりました。光明学校
は，この日を疎開の地である上山田で迎えました。終戦後，1946 年 3 月 31 日
には全国的に学童集団疎開は解消されました。しかしながら，光明学校につい

図 2-1　光明学校の疎開を記録する記念碑（上
　　　　山田ホテル内に設置）

出所：筆者撮影。

ては校舎が焼失しており，その復旧の目処すら立っていない状況であり，東京
都議会においても学校の存続が議論されました。松本校長は，光明学校の，肢
体不自由教育の灯をともし続けるべく上山田から上京し，東京都に対して陳情
書を提出しました。そしてその熱意が実り，1946 年 4 月以降も「戦災孤児等学
童集団合宿教育所」として上山田の地で生活を続けることとなりました。光明
学校の新校舎が落成し，光明学校のすべての関係者が上山田を引き揚げたのは
1949 年 5 月のことでした。

　4 年間に及ぶ疎開生活は全国で最長の記録です。肢体不自由教育の灯をとも
し続けるため，児童の教育はもちろん各方面への陳情等に東奔西走した松本校
長をはじめとする光明学校の教職員たち，帰る場所のない光明学校を温かく引
き受け続けてくれた若林社長をはじめとする上山田ホテルの関係者および上山
田村の人々，そして苦難の中力強く学び続けた光明学校の子どもたちがいたか
らこそなし得たことです。その苦悩と努力があったからこそ，戦後の肢体不自
由教育は大きく発展することができたのです。

　なお，この光明学校の疎開の記録を後世に伝えるため，そして当時多大なる
献身への感謝を込めて，2017 年 7 月に「学童疎開記念碑」が上山田ホテル敷地
内に設置されました。

　最後に整肢療護園についてです。整肢療護園も光明学校と同じく空襲により

建物の大半を失いました。また，土地についても陸軍に接収されていたことも
あり，すぐには戻りませんでした。それでも高木はあきらめることなく，1946
年には療育事業を再開しています。土地や建物の問題が片づき，建物が再建さ
れ整肢療護園が再出発をするのは 1952 年のことになります。

【文　献】

小松昭雄（1990）．資料　東京都立公立養護学校教育史：全員就学・義務制への道（肢体不自由教育編）
　　社会福祉法人東京コロニー

北島喜好・堤　直温・田波幸男・小池文英・佐藤孝三・今野文信（1967）．第一部　人と業績編　田波
　　幸男（編）　高木憲次：人と業績　日本肢体不自由児協会

松本昌介（2005）．竹澤さだめ　肢体不自由療育事業に情熱を燃やした女医　田研出版

松本保平（1967）．高木先生の横顔　田波幸男（編）　高木憲次：人と業績　第 3 部追想編　日本肢体不
　　自由児脅威会　pp. 455-462.

文部省（1978）．特殊教育百年史

整肢療護園（1961）．整肢療護園のあゆみ　日本肢体不自由児協会

高木憲次（1952）．療育の根本理念　肢体不自由児の療育　第 1 巻

第
3
章

わが国における戦後の 養護学校の整備と義務化

　　本章では，戦後の肢体不自由教育の歴史・制度について，肢体不自由養護学校の整備と義務化の過程，および在籍児童生徒の障害の重度・重複化とその対応の視点から概説します。

第1節　養護学校の位置づけと整備過程

（1）　学校教育法の制定と養護学校の位置づけ

　1947年に制定された学校教育法では，教育基本法に謳われたすべての国民に対する教育の目標や目的の達成に向けて，第1条に学校として「小学校，中学校，高等学校，大学，盲学校，聾学校，養護学校及び幼稚園」が規定されました。障害のある者が，その障害の状態に応じ，十分な教育を受けられるよう盲学校，聾学校，養護学校は小学校等と並んで位置づけられ，その目的は第71条に次のように示されました。

> 　盲学校，聾学校又は養護学校は，夫々盲者，聾者又は精神薄弱，身体不自由その他心身に故障のある者に対して，幼稚園，小学校，中学校又は高等学校に準ずる教育を施し，併せてその欠陥を補うために，必要な知識技能を授けることを目的とする。

　加えて第75条では，小学校，中学校，高等学校に特殊学級を設置することができる旨が規定され，わが国においては，盲学校，聾学校，養護学校と特殊学級の2つが特殊教育の場として制度設計されました。

　このように，法制度上は障害のある者の就学への道筋が示されましたが，戦前に道府県に設置が義務化されていた盲学校，聾学校については，1948年度か

34

ら学年進行で就学義務が実施され，1956 年度に義務教育が完成しました。しか
し，就学率が低調であった[*2]ことから，寄宿舎入舎の経費や交通費等の経済的負
担を軽減するために，1954 年に「盲学校，聾学校及び養護学校への就学奨励に
関する法律」等が制定されました（細村，2011）。

(2)　養護学校の整備と義務化

　養護学校は学校教育法の第 1 条に規定され，精神薄弱，身体不自由などを対
象としたものの，その実体は存在しませんでした。ここでは，養護学校教育の
義務制に至るまでについて，肢体不自由者の判別基準と実態調査，公立養護学
校整備特別措置法の制定とその後の養護学校の整備，養護学校教育の義務制実
施と課題への対応の観点から概説します。

①　肢体不自由者の判別基準と実態調査

　戦後，盲学校，聾学校を含む義務教育諸学校の整備に目途が立った1951 年に，
文部省は「異常児鑑別基準作成委員会」を設置しました。本委員会の検討結果
に基づき，文部省は 1953 年 6 月，「教育上特別な取扱を要する児童生徒の判別
基準（以下，判別基準）」を事務次官通達として示しました。判別基準のうち，肢
体不自由者の「定義」，「基準」，「教育的措置」について概説します。

　まずは肢体不自由者の定義です。肢体不自由者とは，「肢体（体幹と四肢）に
不自由なところがあり，そのままでは将来生業を営む上に支障をきたす虞のあ
るもの[*3]」とされました。基準と教育的措置は次の通りです。

基準
1.　きわめて長期にわたり病状が持続し，あるいはしばしば再発を繰り返す
　　もの，および終生不治で機能障害が高度のもの。
2.　治療に長期間（2 か年以上）を要するもの。

＊1　学年進行：1 年目は小学部第 1 学年で実施し，2 年目は第 1 学年から第 2 学年，3 年目は第 1 学
　　年から第 3 学年と，年度ごとに順次実施学年を拡大すること。
＊2　本シリーズ第 1 巻第 4 章も参照のこと。
＊3　教育分野において肢体不自由者を初めて定義したものとなる。

3. 比較的短期間で治療の完了するもの。
4. 約一か年で治療が完了するもの，またはこの間に運動機能の相当の自然
　改善，進歩が望まれるもの。

教育的措置
1. 基準1に規定した程度に該当するものに対しては，就学免除を考慮する。
2. 基準2に規定した程度に該当するものに対しては，養護学校（有寮）か
　特殊学級に入れて，教育を行い治療を受けさせることが望ましい。
3. 基準3に規定した程度に該当するものに対しては，特殊学級に入れて指
　導するか，または普通学級で特に留意して指導するのが望ましい。
4. 基準4に規定した程度に該当するものに対しては，就学猶予を考慮する。

　治療の期間に基準を置き，治療が長期に及び，機能障害が重度である者は，就
学免除とすることが明記されています。換言すれば，肢体不自由者の定義にも
あるように，当時，教育の対象とする肢体不自由者は，治療や教育によって将
来生業を営むことが可能となる程度の者を想定しており，障害が重度あるいは
きわめて軽度な程度の者は除外されます。養護学校，特殊学級に加えて，今日
の通常の学級を肢体不自由者の教育の場としていることがわかります。
　次に，肢体不自由者の実態調査についてです。
　文部省は，判別基準に基づき，1953年から1955年度に特殊教育の対象とな
るべき児童・生徒の実態を調査しました。肢体不自由者については，1954年度
に小学校に就学すべき年齢に達した者で実際に就学しなかった児童（就学猶予・
免除者を含む）と，同年度において小学校の各学年に在学する児童（長期欠席児童
を含む）を対象としました。[4]その結果，全国小学校在学児童中の肢体不自由者の
数は約6万8千人で，出現率は0.58％でした。不就学学齢児童中の肢体不自由
者を加えると，その数は約8万人，出現率は0.67％となります。この出現率を
もって中学校における肢体不自由者数を推計し，小学校と合わせて約12万人と
しました（文部省，1978）。
　小学校在学者のうち，肢体不自由者の起因疾患別分類では，「関節疾患」[5]が

＊4　肢体不自由者の実態調査は，1967年度にも実施されたが，本章では1954年度の調査結果を取り
　　上げる。

24.97%，「脊髄性小児マヒ[*6]」20.13%，「脳性小児マヒ[*7]」14.55%，「結核性骨関節炎[*8]」14.22%，「形態異常[*9]」10.35%，「骨疾患[*10]」3.86%などでした。また，適当と考えられる教育的取扱いは，「肢体不自由児養護学校特殊学級または肢体不自由児施設内学級に入れるべき者」は 50.7%，「普通小中学校で教育可能な者」は 35.0%などとされました（文部省，1978）。

② 公立養護学校整備特別措置法の制定とその後の養護学校の整備

　戦後，養護学校，特殊学級の設置が遅々として進まない現状を受け，1954 年中央教育審議会は，「特殊教育ならびにへき地教育振興に関する答申」において，養護学校および特殊学級の設置に対する補助を講じることを提言しました。また，障害児関係団体などが中心となって「養護学校・特殊学級整備促進協議会」を結成し，強力な運動を展開した（村田，1977）結果，1956 年 6 月に「公立養護学校整備特別措置法」が制定されました。本法律は，養護学校の義務教育のすみやかな実施を目標として，公立養護学校の設置を促進し，その教育の充実を図るために，建物の建築費に要する経費，教職員給与費等および教材費の国庫負担等の措置を定めることを目的とするもので，建物の建築費，教職員給与費に関しては，経費の二分の一を負担するとされました。

　養護学校の設置に対する財政的裏付けとなった本法律の制定は，1959 年の中央教育審議会「特殊教育の充実振興についての答申」を得ることにより，肢体不自由養護学校の整備を促進させることになります。本法律制定時の 1956 年度の設置数は 4 校（うち分校 1 校）でしたが，1961 年度には 22 校（2 校），1966 年

＊5　たとえば，先天性股関節脱臼。生まれながらに股関節が脱臼あるいは脱臼しやすい疾患。出生時に股関節脱臼がない場合でもその後脱臼することがあることから，最近では発育性股関節形成不全ともいわれる。女児に多い。

＊6　脊髄性小児マヒ：ポリオあるいは急性灰白髄炎とも呼ばれる。ポリオウィルスによる灰白部の炎症により，下肢に弛緩性まひを呈する。

＊7　脳性まひ（Cerebral Palsy）のこと。CP と略される。本章で後述する。

＊8　結核性骨関節炎：結核菌が関節に感染している状態で，関節のはれや痛みがあり，長期化により関節が変形することもある。

＊9　たとえば，四肢の欠損。

＊10　たとえば，骨形成不全症。骨形成不全症は，生まれながらに骨が折れやすい状態で，わずかな外圧で骨折を頻回する。

表 3-1　戦後における**養護学校整備の状況**

設置時の学校名	学校設置年月	施設名	施設開設年月
大阪府立養護学校	1956 年　4 月	大阪整肢学院	1952 年　9 月
愛知県立養護学校	1956 年　4 月	青い鳥学園	1955 年　6 月
東京都立光明養護学校	1957 年　4 月	（東京都立光明小中学校）	（1947 年　4 月）
神戸市立友生養護学校	1957 年　9 月	（神戸市立友生小学校）	（1956 年　4 月）
東京教育大学教育学部附属 養護学校	1958 年　4 月	整肢療護園	1954 年　4 月
静岡県立養護学校	1958 年　4 月	静岡療護園	1953 年　4 月
群馬県立二葉養護学校	1959 年　1 月	群馬整肢療護園	1950 年　4 月
東京都立小平養護学校	1959 年　4 月	多摩緑成会整育園	1950 年　3 月
福島県立養護学校	1960 年 11 月	福島整理療護園	1952 年 10 月
桐生市立養護学校	1960 年　6 月	両毛整肢療護園	1956 年　9 月

出所：文部省（1978）を改変。

度 68 校（15 校），1971 年度 102 校（24 校）と増加しました（文部科学省，2024）。この間，1969 年の滋賀県立養護学校の開設をもって，肢体不自由養護学校の全都道府県設置が実現しました。肢体不自由養護学校は，精神薄弱養護学校や病弱養護学校に先んじて整備されました。

　なぜ，このことが可能となったのでしょうか。表 3-1 は，戦後いち早く設置された肢体不自由養護学校です。設置時の学校名と設置年月に加えて，施設名，施設開設年月を掲載しました。学校教育法が制定された 1947 年に，児童福祉法が成立しました。児童福祉法において肢体不自由児施設は規定され，1951 年の改正により施設長は保護者に準じて入所児童の就学義務を負うこととなりました。その結果，学齢期の施設入所者に対する義務教育については，施設内に小・中学校の特殊学級や分校を設けて実施されるようになりました。戦後の肢体不自由教育は，まさに小・中学校による教育からスタートとしたといえます。そして，1956 年の公立養護学校整備特別措置法は，小中学校による肢体不自由児に対する教育を，施設内に養護学校を開設する，いわゆる施設併設養護学校として引き継ぐ，形態の転換を促したのです。なお，愛知県立養護学校，大阪府立養護学校の 2 校は，1956 年に開校した公立養護学校であるため，県府の独自経費によって設置されました。また，わが国でもっとも歴史のある肢体不自由児のための学校である東京都立光明小中学校と，神戸市立として開校された友生小学校は，本法律の完全実施となった 1957 年にそれぞれ東京都立光明養護学

校，神戸市立友生養護学校となりました。

③　養護学校教育の義務制実施と課題

　肢体不自由児施設に入所する児童を対象に設置が進んだ肢体不自由養護学校
は，その後 1979 年度からの養護学校教育の義務制実施に向けてさらに学校数を
増やす必要がありました。文部省は 1972 年度からの養護学校整備 7 年計画を立
案し，243 校（うち，肢体不自由養護学校 46 校）を順次整備することになりました。
肢体不自由養護学校は，主に在宅等の肢体不自由児等を対象とした学校（単独
養護学校）としての設置が図られ，1979 年には 158 校（21 校）を数えるまでにな
りました。この間，1973 年 11 月には，「学校教育法中養護学校における就学義
務及び養護学校の設置義務に関する部分の施行期日を定める政令」が公布され，
養護学校における就学義務の開始を 1979 年 4 月 1 日としました。養護学校が学
校教育法に規定されてから，実に 32 年を要しました。

　以上の経緯から，養護学校教育の義務制が実現しましたが，義務制に伴う課
題も次のように浮き彫りになりました。

　まず 1 つは，養護学校教育の義務制は，障害のある子どもを地域から分離す
るものではないかとの懸念，指摘です。1970 年代に入り，国連総会は「精神遅
滞者の権利に関する宣言」(1971 年) や「障害者の権利に関する宣言」(1975 年)
を矢継ぎ早に採択し，その後 1981 年を「完全参加と平等（full participation and
equality）」をテーマとした「国際障害者年（International Year of Disabled Persons）」
を宣言しました。国際的には，障害者の権利に関する理念とその実現を図るこ
とが明確にされたのです。1947 年の学校教育法において第 1 条として位置づけ
られた養護学校でしたが，就学義務化に 32 年を要したことで，1970 年代以降
の国際的な障害者施策動向と乖離したといえます。

　もう 1 つは，肢体不自由養護学校に在籍する児童生徒の障害の重度化，重複
化です。表 3-2 は，肢体不自由児施設の入所児の主な起因疾患の推移を示した
ものです。この表からは，1962 年から 1974 年の間，ポリオ，先天性股関節脱
臼，結核性骨関節炎が急激に減少したのに対して，脳性まひのみ大きく増えて
いるのがわかります。ポリオはわが国で 1960 年に流行し，これを機にポリオワ

表 3-2　入所児の起因疾患

（数値は％）

年度	脳性まひ	ポリオ	先天性股関節脱臼	結核性骨関節炎
1962	31.7	29.7	12.3	5.1
1965	45.5	19.7	11.6	2.1
1968	57.2	11.9	7.4	0.5
1971	60.8	5.4	5.4	0.1
1974	64.8	1.2	4.9	0.1

出所：日本肢体不自由児協会（1979）。

クチンの開発，投与が行われたこと，先天性股関節脱臼は乳児健診により早期発見し治療を行うことで，そして結核性骨関節炎は公衆衛生予防の普及により，それぞれが減少することとなりました。これら疾患の減少は，結果として脳性まひの割合を相対的に押し上げることとなり，それまで就学猶予となっていた脳性まひの子どもが養護学校の整備により入所することになりました。

　脳性まひ（cerebral palsy: CP）とは，「受胎から新生児期[*11]までの間に生じた脳の非進行性病変に基づく，永続的な，しかし変化しうる運動および姿勢の異常」（厚生省脳性麻痺研究班，1969）です。その症状は，満2歳までに発現します。病変の部位と拡がりによって様々な随伴障害[*12]を有するといわれています。脳性の疾患である脳性まひは，運動の障害を共通に有しつつ様々な障害も随伴することになります。したがって，状態像としては多くが重複障害を仮定できるのです。学校教育法第71条に規定されたように，特殊教育諸学校の目的は，小学校等に準ずる教育を施すとされたことから，知的障害等を併せ有する重複障害者に対して，どのような基準から教育課程を編成し，どのような教育の形態を用意するのかが大きな課題となりました。肢体不自由養護学校における重複障害，あるいは重度・重複障害児[*13]の教育をどう具現するのかの課題といえます。

＊11　生後4週。
＊12　随伴障害としては，知的障害，健康障害，言語障害，視覚障害，聴覚障害，てんかん，知覚認知障害などがある。
＊13　特殊教育の改善に対する調査研究会は，1975年に「重度・重複障害児に対する学校教育の在り方について（報告）」をとりまとめた。その中で，重度・重複障害者は「盲・聾・知的障害・肢体不自由・病弱の障害が2以上重なっている重複障害児及び，発達的側面や行動的側面からみて，障害の程度がきわめて重い重度障害児の両者を含む状態をいう。」としている。

第 2 節　障害の重度化，重複化への対応

(1)　重複障害教育に関わる施策の充実

　特殊教育総合研究調査協力者会議は，1969 年に「特殊教育の基本的な施策のあり方について（報告）」をまとめました。報告では，特殊教育の改善充実のための施策の 1 つとして，重複障害児教育の拡充を掲げました。その後，1975 年に特殊教育の改善に関する調査研究会は，「重度・重複障害児に対する学校教育の在り方について（報告）」において，「重度・重複障害児に対する教育のための基本的な考え方」を，以下のように示しました。

> 　心身障害児に対する教育は，その者の障害がいかに重度であり重複している場合であろうとも，もとより教育基本法に掲げる目的の達成を目指して行われるべきものであって，そのために不断の努力が払われなければならない。

　このことについて西川（2000）は，「重複障害に対する学校教育では，一人一人の児童生徒の障害の状態や発達段階等に応じて，各教科等の内容ばかりでなく，例えば，食事，排泄，移動，衣服の着脱等の日常生活動作の指導なども含んだ，個々の児童生徒に必要な指導内容を適宜取り入れて行うものである」として，その特色を述べています。

　肢体不自由養護学校の整備過程で顕在化した在籍児童生徒の障害の重度化，重複化を踏まえた施策の充実が図られたといえます。

(2)　学習指導要領における関係規定の整備

　ここでは，児童生徒の障害の重度化，重複化等に対して，学習指導要領においてどのような規定が整備されたのかを整理します。

　特殊教育諸学校の学習指導要領は，1956 年度に盲学校，聾学校教育の義務制が完了したことを受けて，1957 年度版盲学校およびろう学校小学部・中学部学習指導要領一般編としてそれぞれ制定されました。特殊教育諸学校における初めての学習指導要領の成立として注目できます。

　それでは肢体不自由養護学校および特殊教育諸学校学習指導要領において，これまで指摘した諸課題に対してどのような規定が整備されたのでしょうか。以下に，順を追って解説します。

① 　養護学校小学部学習指導要領肢体不自由教育編（1962年度版）および養護
　　 学校中学部学習指導要領肢体不自由教育編（1963年度版）
　肢体不自由養護学校学習指導要領として初めて制定されたものです。本学習指導要領は，基本的には小学校及び中学校学習指導要領に準じて制定されましたが，第1章総則 第1教育課程の編成の「特例」として，小学部では「重症脳性まひ児童のために特別に編成された学級や肢体不自由児施設等に入院治療中の児童については，実情に応じた特別な教育課程を編成し実施することができる」，中学部では「肢体不じゆう以外に他の心身の故障を併せ有する生徒に係る教育課程については，特に必要がある場合は，特別の教育課程によることができることとなっている（規則第73条の11第1項）」とするとともに，機能の障害を改善するための「機能訓練」を，小学部では体育と，中学部では保健体育とあわせて，それぞれ「体育・機能訓練」，「保健体育・機能訓練」として各教科に位置づけました。

② 　養護学校（肢体不自由教育）小学部・中学部学習指導要領（1971年4月施行）
　第1章総則の第2教育課程一般では，肢体不自由以外に他の心身の障害を併せ有する児童または生徒（以下，重複障害者）について，次のように規定しました。
　第一は，各教科の目標および内容に関する事項の一部を，併せ有する障害の種類に対応する養護学校（精神薄弱教育）小学部・中学部学習指導要領等に示す各教科の目標および内容に関する事項の一部によって代えること，第二は，重複障害者のうち，脳性まひ等の児童および生徒に係る各教科について，特に必要がある場合は，第2章各教科の第3節「脳性まひ等の児童および生徒に係る各教科についての特例」に示すところによること，そして第三は，重複障害者のうち，学習が著しく困難な児童または生徒については，各教科，道徳および特別活動の目標および内容に関する事項の一部を欠き，養護・訓練を主として

指導を行うこととされました。

　第2章各教科では，指導計画の作成と各学年にわたる内容の取り扱いについては，小学校および中学校学習指導要領第2章に示すものに準ずるほか，各教科の指導計画の作成，あるいは具体的な事項の指導にあたっては，児童生徒の実態等に応じた工夫，配慮の必要性を明示しました。加えて，上述のように第3節に「脳性まひ等の児童および生徒に係る各教科についての特例」を示しました。

　さらに第5章では新設された養護・訓練の目標，内容，指導計画作成と内容の取り扱いを明記しました。

　以上の総則および各教科に関わる規定は，その後改訂が重ねられ，現行の特別支援学校小学部・中学部学習指導要領第1章総則の「重複障害者等に関する教育課程の取扱い」に，養護・訓練は「自立活動」に引き継がれることになりました。

　また，この学習指導要領では，これまで示されていなかった特殊教育の目標が，第1章総則の第1に教育目標として以下のように明記されました。

　　小学部および中学部における教育については，学校教育法第71条に定める目的を実現するために，児童および生徒の心身の障害の状態および能力・適性等をじゅうぶん考慮して，次に掲げる目標の達成に努めなければならない。
1　小学部においては，学校教育法第18条各号に掲げる教育目標。
2　中学部においては，学校教育法第36条各号に掲げる教育目標。
3　小学部および中学部を通じ，肢体不自由に基づく種々の困難を克服するために必要な知識，技能，態度および習慣を養うこと。

　特殊教育の目標は，特殊教育の目的の前段部に規定した小学校等に準ずる教育を行うとしたことに対応して特殊教育の目標の1と2を，後段部の規定を受けて目標の3をもって成立していることがわかります。新たに領域として誕生した養護・訓練の目標は，「児童または生徒の心身の障害の状態を改善し，または克服するために必要な知識，技能，態度および習慣を養い，もって心身の調和的発達の基盤をつちかう。」とされ，特殊教育の目的と目標とに整合させて規定されていることが看取できます。自立活動となった今日においても，三者の関連は整合性をもって説明されるゆえんです。

③　盲学校，聾学校及び養護学校小学部・中学部学習指導要領（1979年7月告示）

　これまで，学習指導要領は各障害別に制定されていました。本学習指導要領ではこれを改め，盲学校，聾学校および養護学校共通とされました。

　第1章総則第2教育課程一般には，心身の障害のため通学して教育を受けることが困難な児童または生徒に対して，教員を派遣して教育を行う「訪問教育」が重複障害者に関する特例として規定されました。また，「児童又は生徒の経験を広め，社会性を養い，好ましい人間関係を育てるため，学校の教育活動全体を通じて，小学校の児童又は中学校の生徒及び地域社会の人々と活動を共にする機会を積極的に設けるようにすること」として「交流教育」が規定されました。1971年4月施行の養護学校（肢体不自由教育）小学部・中学部学習指導要領の特別活動において，「学校行事などを通して，できるだけ地域の小学校および中学校との交流の機会を設けるようにすることが望ましい」とされたことを，さらに踏み込んで総則に明示したのです。これらの規定は，上述した養護学校教育の義務制に伴う課題を踏まえた規定の整備の結果といえます。

④　その後の学習指導要領等における関連規定

　交流教育に関わる規定は，1989年10月告示の盲学校，聾学校及び養護学校高等部学習指導要領の総則において，「生徒の経験を広め，社会性を養い，好ましい人間関係を育てるため，学校の教育活動全体を通じて，高等学校の生徒及び地域社会の人々と活動を共にする機会を積極的に設けるようにするものとする」とされました。加えて，1998年12月告示の小学校学習指導要領総則で「小学校間や幼稚園，中学校，盲学校，聾（ろう）学校及び養護学校などとの間の連携や交流を図るとともに，障害のある幼児児童生徒や高齢者などとの交流の機会を設けること」とされました。交流教育については，これまで特殊教育諸学校学習指導要領においてのみ規定されていたことから，このことに対する小学校等の関心は高まることはありませんでした。小学校学習指導要領等での交流教育の規定の整備は，交流教育の実施拡大の端緒となったといえます。なお，2004年6月の障害者基本法の改正により，第14条3（現行では第16条3）に，障害者である子どもと障害者でない子どもとの「交流及び共同学習」を規定し，国

および地方公共団体に積極的な取り組みと相互理解の促進を求めました。これを受けて，2008 年 3 月告示の小学校学習指導要領等と 2009 年 3 月告示の特別支援学校小学部・中学部学習指導要領では，交流及び共同学習の機会を設けることを明記しました。

　また，訪問教育に関わる規定は，1999 年 3 月告示の盲学校，聾学校及び養護学校高等部学習指導要領の総則において，重複障害者等に関する特例として規定されました。ちなみに，2022 年度の訪問教育の対象者は，小学部で 1,224 人，中学部で 714 人，高等部で 764 人，合計 2,702 人でした（文部科学省，2024）。1997 年度にその数は 3 千人を超えていましたが，2018 年度には 2 千人台となり漸減傾向にあります。

(3)　特別支援学校（肢体不自由）における医療的ケアの現状と課題

　特別支援教育が始まった 2007 年当時，全国の特別支援学校の在籍者 103,181 人のうち，医療的ケアを必要とする幼児児童生徒（以下，医療的ケア児）の数は 6,136 人で，その割合は 5.9% でした（下山，2008）。注目すべきは医療的ケア児の 3 分の 2 が特別支援学校（肢体不自由）在籍者であり，障害の重度・重複化が特別支援学校（肢体不自由）における顕著な今日的課題となっていることです。ここでは平成 29 年度特別支援教育資料（文部科学省，2018）を参考に，医療的ケアの現状と課題を整理します。

①　特別支援学校全体での医療的ケアの現状

　2017 年 5 月時点の特別支援学校全体での医療的ケア児の数は 8,218 名で，全在籍者 137,284 名に占める割合は 6.0% でした。特別支援学校全体の在籍者に占める医療的ケア児の割合は 2007 年から大きく変化していません。実際にどのような行為が取り組まれているか，行為別対象者数をみると，口腔・鼻腔内吸引など呼吸に関する行為（延べ 18,284 名）が最も多く，経管栄養など栄養に関する行為（延べ 6,223 名），導尿など排泄に関する行為（延べ 670 名）へと続き，その他の行為を含めて医療的ケアを受けた延べ人数は 26,883 名となっています。医療的ケア児に対して，複数の行為が行われていることがわかります。

②　特別支援学校（肢体不自由）における医療的ケアの現状と課題

　全国の特別支援学校 1,135 校のうち，医療的ケア児が在籍している学校は 636 校（56.0%）でした。また，636 校のうち特別支援学校（肢体不自由）は 327 校でした。同時期の特別支援学校（肢体不自由）の数は 350 校ですから，その 93.4% に医療的ケア児が在籍していることとなり，肢体不自由教育を担う学校への在籍割合が際立って高いことがわかります。そのような中，特別支援学校（肢体不自由）においては，医療的ケアを実施する上でどのような課題があるのでしょうか。

　特別支援学校で医療的ケアを実施するために，平成 29 年度では 1,807 名の看護師が学校職員として勤務しています。特別支援学校（肢体不自由）には，医療的ケア児の在籍割合の高さから，より多くの看護師が勤務しています。看護師の役割は，対象者への医療的ケアの実施，健康把握のほか，教員への助言などが，教員の役割は，医療的ケアの手順や内容を理解の上姿勢や言葉がけなどを的確に補助し，緊張を高めずに短時間で医療的ケアを実施できるようにすることがそれぞれあげられます（柳沼，2022）。授業中に活動を止めずに看護師が医療的ケアを行うことで，対象児の緊張が和らぎ，教育効果もいっそう高められる（柳沼，2022）ことから，看護師と教員の連携をより深めていくことが医療的ケア実施上の今後の課題であるといえます。

▌第 3 節　インクルーシブ教育システム下における
　　　　　肢体不自由教育の現状と課題

　わが国では，インクルーシブ教育システムの下，障害がある者と障害がない者とが同じ場で共に学ぶことを追求するとともに，特別な教育的ニーズのある子どもに対して，その時点で教育的ニーズに最も的確に応える指導を提供できる多様で柔軟な仕組みとして，小・中学校における通常の学級，通級による指導，特別支援学級，特別支援学校といった，連続性のある「多様な学びの場」を用意しておくことが必要であるとしました。

　ここでは，小学校等において連続性のある「多様な学びの場」を構成する通級による指導，特別支援学級および通常の学級での肢体不自由者の就学の一端を紹介します。

（1）　小学校等における肢体不自由教育の現状

　文部科学省（2024）の特別支援教育資料（令和 4 年度）によれば，通級による指導を受ける肢体不自由者は，小学校で 105 人，中学校で 50 人，そして高等学校で 4 人の 159 人でした。通級による指導を受ける者のうち，肢体不自由者の割合は約 0.09％でした。また，都道府県別の内訳では千葉県が 99 人と突出していることがわかります。

　特別支援学級の在籍者は，小学校 3,353 人，中学校 1,134 人，義務教育学校 52 人でした。特別支援学級全在籍者のうち，肢体不自由者の割合は 1.3％でした。小学校を例に，都道府県別の内訳を示すと，大阪府 801 人，兵庫県 244 人で合わせると全体の 31.2％を占めています。ほかに，愛知県 304 人，神奈川県 201 人が多い一方で，ゼロを含めて 10 人未満の自治体も 5 つありました。地域による偏在が見て取れます。

　通常の学級に在籍する肢体不自由者の数は把握されていませんが，軽度肢体不自由者を中心としつつ，学校教育法施行令第 22 条の 3 に該当すると判断された者も含めて相当な数にのぼると考えられます。

（2）　小学校等における肢体不自由教育の課題

　小学校等における通級による指導，特別支援学級で学ぶ肢体不自由者は，きわめて少ないことがわかります。また，通級指導教室および特別支援学級の地域偏在を指摘できます。連続性のある「多様な学びの場」は，子どもの多様な教育的ニーズに的確に応える指導の場として位置づけられていますが，肢体不自由者の就学状況を見る限り，いずれの場も整備においていまだ途上にあるといえます。まずは，量的な課題として指摘できるでしょう。

　次に，このように量的整備が進まないことは，通級による指導および特別支援学級における指導の積み上げやこれに伴う専門性の蓄積への影響が指摘できます。さらに，小学校等の通常の学級に目を向けると，就学する肢体不自由者のうち，脳室周囲白質軟化症（PVL）[*14]を含む脳性まひの占める割合が少なくないとみなせます。彼らは知的障害がなく，比較的障害の程度は軽く，日常生活

動作 ADL も自立しているため，担任教師にとっては身体の不自由さに目が行きがちです。しかし，脳性まひには視覚認知等の課題が指摘されており，これが教科学習上の困難さにつながる可能性があることから，このことへの対応，配慮が求められるのです（安藤ら，2009）。いわば質的な課題といえます。

　小学校等における肢体不自由者の学びの場が地域的に偏在することや，結果として地域における肢体不自由教育に関わる専門性の蓄積が困難となることの課題を指摘しました。まずは肢体不自由者の多様な教育的ニーズを考慮した学びの場の整備を図りつつ，小学校学習指導要領等に明記された特別支援学校（肢体不自由）のセンター的機能のさらなる活用も考慮すべきではないでしょうか。

【文　献】

安藤隆男・丹野傑史・佐々木佳菜子・城戸宏則・田丸秋穂・山田綾乃（2009）．通常学級に在籍する脳性まひ児の教科学習の困難さに対する教師の気づき　障害科学研究, 33, 187-198.
細村迪夫（2011）．肢体不自由教育の歩みと展望　肢体不自由教育, 200, 4-9.
厚生省脳性麻痺研究班（1969）．脳性小児麻痺の成因と治療に関する研究
文部科学省（2018）．平成 29 年度特別支援教育資料　https://www.mext.go.jp/a_menu/shotou/tokubetu/material/1406456.htm
文部科学省（2024）．特別支援教育資料（令和 4 年度）
　　https://www.mext.go.jp/content/20240117-mxt_tokubetu01-000033566_2.pdf
　　https://www.mext.go.jp/content/20240117-mxt_tokubetu01-000033566_3r.pdf　（2024 年 1 月 20 日閲覧）
文部省（1978）．特殊教育百年史　東洋館出版社
村田　茂（1977）．日本の肢体不自由教育：その歴史的発展と展望　慶應通信
日本肢体不自由児協会（1979）．肢体不自由児白書 1979
西川公司（2000）．重複障害児の教育の意義　全国心身障害児福祉財団（編）　重複障害児の指導ハンドブック　pp. 1-9.
下山直人（2008）．特別支援教育体制における医療的ケア　日本肢体不自由教育研究会（監修）これからの健康管理と医療的ケア　慶應義塾大学出版会　pp. 84-93.
柳沼　哲（2022）．特別支援学校（肢体不自由）における教育の現状：児童生徒の実態と保護者支援　福島大学人間発達文化類論集, 35, 103-114.
　　https://www.lib.fukushima-u.ac.jp/repo/repository/fukuro/R000005802/?lang=0&cate_schema=100&chk_schema=100

────────────────

＊14　脳室周囲白質軟化症（PVL）：早産や低出生体重の子どもに一定割合で生じる脳室周囲の白質に軟化をきたすもの。脳室周囲には多くの神経が走っており，最も脳室に近い下肢の神経路への影響が大きい。軟化症の広がりによって，上肢，体幹，言語などの障害も仮定される。認知障害による学習への影響も指摘されている。

Reflection

WORK　レポートを書こう！

　第 I 部では，肢体不自由教育の歴史について学習しました。下記の 1）〜5）のそれぞれの時期を取り上げ，肢体不自由教育の対象となった子どものおもな疾患と教育実践上の課題について，1000 字程度でレポートにまとめましょう。レポートの作成にあたっては，文部科学省等の特別支援教育に関する資料を含む関連文献を参考にしましょう。

1）昭和 30 年代まで
2）昭和 40 年代〜昭和 50 年代半ば
3）昭和 50 年代半ば〜昭和 60 年代
4）平成元年〜平成 18 年
5）平成 19 年以降

POINT

・ 疾患の変化から，肢体不自由教育の特徴を読み取り，教育実践上の課題を考察しましょう。
・ 本シリーズ第 1 巻第 I 部の内容も参考に整理してみましょう。

Work の取扱い方（例）

　第 I 部の授業回が終わるまでに受講者に対してレポート作成を課します。講義の途中あるいは最後に約 40 分の時間を設け，時期ごとに発表者を選出し，それぞれ 5 分程度で発表します（約 25 分）。すべての発表終了後，ディスカッションを行います（約 15 分）。

専門的教育を支える立場から
これからの肢体不自由教育を担う学び手へのメッセージ

NPO 法人理事長
西川公司

わが国の肢体不自由教育の歴史を振り返ってみると，第1章，第2章でも見てきたように，欧米諸国と同様，医療が先行し，教育がそれに追随してきたといえます。わが国最初の公立の肢体不自由児学校である東京市立光明学校設立においても，田代義徳（1864～1938）や高木憲次（1888～1963）ら整形外科医師による，肢体不自由児のための教育施設設置を求める主張が実を結んだといえるでしょう。そして，その後の数々の先人の努力が，戦後の全国各地における肢体不自由養護学校の創設へとつながっていったのです。1969年の肢体不自由養護学校の全都道府県設置を契機に，肢体不自由教育の質的向上を切望していた村田茂（1933～2023）らが「日本肢体不自由教育研究会」を創設し，翌1970年から今日まで，わが国で唯一の肢体不自由教育に特化した定期刊行物である『肢体不自由教育』を刊行し，肢体不自由教育に関する最新の情報や全国各地の教育実践を紹介し続けています。

これからの肢体不自由教育を担う学び手のみなさんに肢体不自由教育に携わる魅力を端的に表すと，第一に教育対象である肢体不自由児の実態の幅広さ，第二に教育内容の奥深さをあげることができます。第一については，同一学年であっても肢体不自由の状態，発達の段階や特性等が一人一人異なっている子どもへの対応があげられます。第二については，学校に在籍する肢体不自由児の実態に即した多様な教育課程の編成，個別の教育支援計画や個別の指導計画に基づいた柔軟な授業や指導の展開があげられます。このように，肢体不自由教育の場では，各学校や指導を担当する教師に具体的な指導内容の設定や指導方法の工夫を任されている部分が数多くあります。すべてが決められている道を歩んでいくほうが楽でよいという考えもありますが，長い教職人生においては仕事のやりがいを見つけることも大切なことです。これから肢体不自由教育の道に進もうとしているみなさんには，これまで学んできた知識・技能を存分に発揮するとともに，まだ十分には確立されていない重度・重複障害児等の教育内容・方法の解明にも果敢に挑戦し，やりがいのある充実した教職人生を歩んでほしいと心から願っています。

日本肢体不自由教育研究会 ▶ ▶ ▶

第 II 部

肢体不自由の
ある子どもの
授業設計と指導の実際

　第II部は，肢体不自由のある子どもの授業設計と指導の実際について5章から構成しました。授業設計については，小学校等の教員免許状に関わる「各教科の指導法」等で学びます。障害のある子どもを対象とした授業設計では，加えて，①子どもの障害の特性の理解，②各教科等の学習への影響の把握と適切な手立ての考案，③多様な個々の実態に応じた授業設計，④自立活動の授業設計についての学修が欠かせません。

　そこで，第4章では，肢体不自由のある子どもの実態を踏まえた授業設計（第II部）や教育課程の編成（第III部）を理解する上で不可欠な内容として，肢体不自由者に関する教育の領域の「心理，生理及び病理に関する科目」で扱う内容を厳選し，概説します。第5章では，特別支援学校における授業設計について，小・中学校等との共通点と特別支援学校の独自性や，各教科と自立活動の考え方の違いを，第6章では，肢体不自由のある子どもに各教科の指導を行う際に必要な配慮事項（特別支援学校の学習指導要領第2章各教科第1款）を解説します。第7章，第8章は肢体不自由のある子どもの個々の実態に応じた授業設計の実際について，各教科の指導と自立活動の指導に分けて，それぞれ概説します。しっかり理解を深め，教育実習で出会う子どもを対象とした授業設計に生かしてください。

学びをつなぐ！

第Ⅱ部

　第1欄の科目（本シリーズ第1巻対応）では，障害のある子どもの実態に応じた教育課程編成の考え方や自立活動の理念，個別の指導計画と授業の関係について学修しました。

　第2巻第Ⅱ部では，第2欄の肢体不自由に関する教育の領域のうち，「指導法」に関わる内容を中心に取り上げます。

　みなさんは，小学校等の教員免許状取得に際し「各教科の指導法」を履修しますが，肢体不自由の子どもの実態は多様です。そこで，特別支援学校小学部・中学部学習指導要領の第2章各教科第1節第1款に示される，肢体不自由の子どもに各教科を指導する際に必要な配慮事項について理解を深めます（「指導法」到達目標（1）の1）～4））。また，一人ひとりの肢体不自由の状態や特性，心身の発達段階等を踏まえて授業を設計する道筋について，「各教科の場合」と「自立活動の場合」とを区別しながら理解し（「教育課程」到達目標（2）の3）），学習指導案を作成できるようになる（「指導法」到達目標（1）の4））ことをめざします。

　学修を終えたら，第1欄の学修内容（本シリーズ第1巻第Ⅱ部）を振り返りましょう。授業設計の「実際」に学び，これからの授業の「創造」に生かすためには，「基本」の理解が不可欠です。通常教育と共有する授業設計の考え方を基盤に，特別支援教育としておさえるべき「基本」について，理解を確かなものにしましょう。

●特別支援学校教諭免許状コアカリキュラム――指導法――

> 全体目標：肢体不自由のある幼児，児童又は生徒の障害の状態や特性及び心身の発達の段階等を踏まえた各教科等（「自立活動」を除く。）の指導における配慮事項について理解し，具体的な授業設計を行う方法を身に付ける。
> ＊以下，この「指導法」における「各教科等」について同様とする。
>
> **(1) 各教科等の配慮事項と授業設計**
> 一般目標：肢体不自由の状態や特性及び心身の発達の段階等を踏まえた各教科等における配慮事項について理解するとともに，自立活動及び自立活動の指導と関連付けた具体的な授業場面を想定した授業設計を行う方法を身に付ける。
> 到達目標：1) 肢体不自由の状態や特性及び心身の発達の段階等を踏まえ，思考力，判断力，表現力等の育成に必要となる体験的な活動を通して基礎的な概念の形成を的確に図ることについて理解している。
> 　　　　　2) 肢体不自由の状態や特性及び心身の発達の段階等を踏まえ，各教科等を効果的に学習するために必要となる姿勢や認知の特性に応じて指導を工夫することについて理解している。
> 　　　　　3) 肢体不自由の状態や特性及び心身の発達の段階等を踏まえ，指導の効果を高めるために必要となる身体の動きや意思の表出の状態に応じて，適切な補助具や補助的手段を工夫することや，ICT及び教材・教具を活用することについて理解している。
> 　　　　　4) 肢体不自由の状態や特性及び心身の発達の段階等に応じた自立活動及び自立活動の指導との関連を踏まえた各教科等の学習指導案を作成することができるとともに，授業改善の視点を身に付けている。

本シリーズ第1巻と第2巻の主な関連

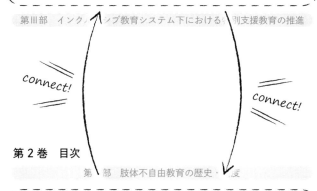

connect!　connect!

第4章 肢体不自由の理解

本章では，肢体不自由の中でも代表的な疾患である脳性まひを中心に，「姿勢・運動」や「感覚・認知・コミュニケーション」の障害について解説をします。あわせて，肢体不自由者への教育支援における留意点についても述べます。

第1節　肢体不自由における姿勢・運動の障害について

(1) 肢体不自由・脳性まひとは？

肢体不自由[*1]とは，医学的には，「発生原因のいかんを問わず，四肢・体幹に永続的な障害があるもの」（文部科学省，2021）と定義されます。また，心理学・教育学的には「上肢，下肢又は体幹の運動・動作の障害のため，日常生活や学習上の運動・動作の全部または一部に困難がある状態」[*2]を指します。肢体不自由に含まれる疾患には，脳性まひや進行性筋ジストロフィー[*3]，二分脊椎[*4]や骨形成不全症[*5]などがありますが，本章では，肢体不自由者の学習上・生活上の困難さとその背景を深く理解するために，まずは，脳性まひを例に姿勢・運動の障害について論じていきます。

---

*1　肢体不自由：学校教育・教育行政上の肢体不自由の定義については第3章 p.35 を参照。

*2　上肢・下肢・体幹：一般的には，上肢は「腕」，下肢は「脚」，体幹は「胴体」と呼称されることが多いが，本章では，上肢・下肢・体幹という用語を使用する。

*3　進行性筋ジストロフィー：骨格筋の変成・壊死による進行性の筋力低下・筋萎縮をきたす遺伝性の疾患。代表的なタイプとして，デュシェンヌ型，ベッカー型，福山型などがある。

*4　二分脊椎：胎生期の神経管閉鎖不全によって，両下肢の運動・感覚障害や膀胱直腸障害などが発生しやすい疾患。開放型と潜在型に分類され，水頭症等の合併症をともなうこともある。

*5　骨形成不全症：全身の骨脆弱性により進行性の骨変形や易骨折が生じやすい疾患。先天性疾患であり，結合組織の主要な成分であるI型コラーゲンの遺伝子変異が原因となることが多いとされている。難病情報センターの情報（QRコード）も参照のこと。

*5

表 4-1　脳性まひの定義について

厚生省脳性麻痺研究班会議による定義 （1968 年）	脳性まひに関する国際会議で 設定された定義（2004 年）[8]
受胎から新生児期（生後 4 週間以内）までに生じた脳の非進行性病変に基づく永続的なしかし変化しうる運動及び姿勢の異常である。 　その症状は，満 2 歳までに発現する。進行性疾患や一過性運動障害，または将来正常化するであろうと思われる運動発達遅延は除外する。	脳性まひの言葉の意味するところは，運動と姿勢の発達の異常の 1 つの集まりを説明するものであり，活動の制限を引き起こすが，それは発生・発達しつつある胎児または乳児の脳のなかで起こった非進行性の障害に起因すると考えられる。 　脳性まひの運動障害には，感覚，認知，コミュニケーション，認識，それと／または行動，さらに／または発作性疾患が付け加わる。

出所：日本リハビリテーション医学会（2014）より筆者作成。

　脳性まひ（Cerebral Palsy: CP）は，出生児 1,000 人に 2 人の割合[6]で発生しています。特別支援学校（肢体不自由）に在籍する幼児児童生徒では，およそ 40％を占める最多疾患です（全国特別支援学校肢体不自由教育校長会，2015）。日本では 1968 年の厚生省脳性麻痺研究班会議による定義がよく知られていますが，世界的な動向として，脳性まひを「障害の複合体」として捉えることが主流となっています（表 4-1 参照）。

　脳性まひは，胎生期（妊娠中）・周産期（妊娠 22 週〜出生後 7 日未満）・新生児期（生後 28 日）などに生じた脳の形成不全，損傷，炎症等を原因とする運動機能障害です。そのため，身体上の特徴（動きの不自由さや変形など）が症状とされ，脳損傷等に起因する障害として捉えられてきました。しかし，多くの脳性まひ者[7]と接してみると，視覚障害，聴覚障害，知的障害をはじめとして，言語障害，てんかん症候群，自閉性障害等も含めた様々な障害が併存する事例も少なくないことがわかってきました。感覚・認知やコミュニケーションなどの発達に制約が生じることは，姿勢・運動発達にも大きな影響を及ぼします。このことから，

＊6　世界中を見渡すと，「先進国」と称される国々においては同様の割合である。一方，新生児医療の「開発途上国」では，発生頻度の割合が多くなることが知られている。

＊7　脳性まひ者：本章では，脳性まひのある子どもや大人を総称して，脳性まひ者と表記する。

＊8　脳性まひに関する国際会議で設定された定義（2004 年）：2004 年にアメリカのメリーランド州 Bethesda で開催されたワークショップをさす。詳細については，Web で公開されている「脳性麻痺リハビリテーションガイドライン第 2 版」（QR コード）の pp. 16-17 を参照のこと。

＊8

脳性まひ者が抱える身体的な不自由さは，様々な要因が複合した結果であると理解する視点が必要となります。

(2)　脳性まひの姿勢・運動機能障害の特徴について

人間の姿勢・運動発達の特徴は，以下の3点に要約できます。

- 原始反射からの解放にあわせて背臥位，腹臥位，座位，立位へと発達する。
- 獲得する姿勢の順番と獲得までの時間（月齢）がおおむね決定している。
- 生後8か月頃より移動運動が開始され，12か月頃には二足歩行を獲得する。その後，3歳までに基本的な運動を習得する。

　一方，脳性まひでは，上記の3点について少なからず障害による影響が生じます。原始反射の残存による姿勢保持の困難さ，四つ這いや立位・歩行の獲得困難に伴う移動運動の制限などがその代表例です。これらは，外界探索を通した興味・関心の増大や日常生活動作（Activities of Daily Living: ADL）[*9]の獲得を通した社会性の育成といった心理・社会的発達にも影響を及ぼすことがあります。
　脳性まひの姿勢・運動機能障害は，生理学的分類と障害部位による分類[*10]の観点から行われています（表4-2，図4-1参照）。生理学的分類について，痙直型は，脳性まひの70%を占めるといわれる代表的な型であり，四肢まひや両まひに加え，上述した知的障害等の他障害が併存することも多い型です。アテトーゼ型は，脳性まひの20%を占めるとされ，不随意運動のため座位や立位等の左右対称の姿勢保持が困難になりやすい特徴があります。一方，知的発達（知能指数）は正常域にある者が多いことも知られています。
　このような分類に基づく脳性まひの理解に加えて，彼らの成長過程から障害の状態像を見ていくことも大切です。その理由として，成長に伴い筋緊張の様

＊9　日常生活動作（ADL）：基本的日常生活動作（Basic ADL: BADL）と手段的日常生活動作（Instrumental ADL: IADL）とがある。前者は，「起居・移乗・移動・食事・更衣・排泄・入浴・整容」をさす。対して後者は，「掃除・料理・洗濯・買い物などの家事，交通機関の利用，電話対応，スケジュール調整，服薬管理，金銭管理」など幅広い日常生活動作のことをさす。

＊10　生理学的分類：動画資料などを用いて視覚的にも理解をしておくことが望ましい。Cerebral Palsy Alliance が公開している動画はYouTubeで視聴が可能である。

＊10

表 4-2　脳性まひの運動機能障害の分類

分類方法	分類の具体例	
生理学的分類	痙直型	上肢や下肢が突っ張り，硬直する
	アテトーゼ型	意図せず身体各部が動いてしまう
	運動失調型	身体の協調が難しく，バランスが取りづらい
	混合型	上記の３つの型のうち複数の特徴がみられる
障害部位による分類	四肢まひ・両まひ・片まひ・単まひ　など	

出所：日本リハビリテーション医学会（2014）より筆者作成。

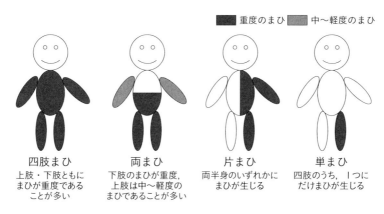

■ 重度のまひ　■ 中〜軽度のまひ

四肢まひ
上肢・下肢ともに
まひが重度である
ことが多い

両まひ
下肢のまひが重度，
上肢は中〜軽度の
まひであることが多い

片まひ
両半身のいずれかに
まひが生じる

単まひ
四肢のうち，１つに
だけまひが生じる

図 4-1　脳性まひにおける障害部位の分類例

出所：東條（2015）をもとに筆者作成。

態が変化する（田巻ら，2016）ことがあるからです。痙直型とアテトーゼ型の割合を単純に合計すれば脳性まひの９割を占めることになりますが，ここで注意すべき点は「たとえ同一の型であってもその実態が個々に異なる」ということです。換言すれば，「脳性まひ者の多様性に目を向ける必要がある」ということになります。

(3) 脳性まひ者の上肢障害について

　定型発達[*11]において，上肢操作は，自身の身体に触れるセルフタッチから始ま

＊11　定型発達：発達上の大幅な遅れ・障害がないという意味での「一般的な」発達，または「典型的な」発達のこと。

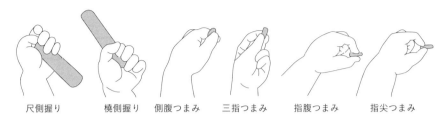

| 尺側握り | 橈側握り | 側腹つまみ | 三指つまみ | 指腹つまみ | 指尖つまみ |

図 4-2　生後 5 ～ 12 か月の把握・つまみ動作の発達

出所：浅野（2021）。

り，外界へのリーチング行動，対象物を把持する，つまむといった手指を使った細かく精密な動作（微細運動）へと発達が進んでいきます。この過程を通して，肩・肘・手といった各部位を協調的に操作することが身についていきます。図 4-2 は，生後 5 か月頃からみられる手掌全体での握り（尺側握り）から橈側握りと側腹つまみ（生後 7 ～ 8 か月）へ，そして生後 9 ～ 12 か月にかけて，三指つまみから指腹つまみ，指尖つまみへと発達が進んでいく様子を示したものです。一連の動きの変化は，操作の向上という効率性に加えて，外界とのやりとりが変化するという新奇性をもたらします。上肢操作の発達は，乳児の外界に対する興味・関心の飛躍的向上に一役買っているといえます。

　一方，脳性まひ者においては，痙縮（強い筋緊張状態）や拘縮（関節が伸びず固まった状態）などに加えて，原始的パターンの残存や手指が過度に伸びきってしまう・折れ曲がってしまうことや利き手のまひなどを筆頭に，上肢操作を妨げる要因が多数存在します。上肢を用いた対象操作は，初期発達では「見る」「聞く」「味わう」「嗅ぐ」「触る」といった感覚の活用につながります。そして，後には「並べる」「合わせる」「分ける」「描く」といった学習活動の礎となる行動につながっていきます。

　よって，脳性まひ者における上肢障害に対しては，動きの制約に加えて，過去にどのような操作経験を重ねてきたのかを観る視点が必要となります。

＊12　原始的パターンの残存：例としては，目の前の対象物に手を伸ばそうとすると頸が反対方向に向いてしまう反射（非対称性緊張性頸反射）が残存することにより，対象物を見ることが難しくなることがあげられる。

2 か月頃　　　　4 か月頃　　　　6 か月頃　　　　8 か月頃

図 4-3　乳児期初期・中期の座位姿勢の様子

　さらに，上肢操作の困難さは既述した姿勢保持の困難さとも関係してきます。
具体的に説明するために，ここでは座位姿勢を例にあげます。座位の獲得をお
よそ生後 7 か月前後と考えた場合，生後 2 〜 4 か月の乳児は当然座ることがで
きず，上肢で身体を支えることも困難です。しかし，生後 6 か月頃より，手掌
を広げて上肢を支えにした座位が見られるようになります。その後すぐに上肢
支持を伴わない座位を獲得します（図 4-3）。このように上肢を姿勢保持のため
に「一時的に」使用することは，初期の姿勢・運動発達では随所に観察されま
す。[*13] 脳性まひ者の場合，このような上肢を活用した姿勢保持の機会が制限され
ることにより，姿勢保持やバランス調整の学習機会が得られにくい可能性があ
ります。よって，脳性まひ者の姿勢を観察する際は，上肢の動きを含めて観察・
評価していくことが必要です。

（4）　脳性まひ者の下肢障害および体幹機能障害について

　四肢まひや両まひにおいて，下肢に重度のまひが生じることはすでに図 4-1
で紹介しましたが，改めて同図を眺めてみましょう。上肢と下肢の障害に加え
て，体幹にも運動機能障害が生じていることが理解できます。その障害の程度
によって，脳性まひ者の粗大運動能力は大きく変わってきます。かつては，重
症度を簡便に評価する方法がなく，運動機能障害の程度は専門家間でも意見が
分かれていました。その結果として，個人の将来像を見据えた効果的なリハビ

＊13　腹臥位の際に肘や手掌で姿勢を保持し頸を高く持ち上げることや，つかまり立ちの際に転倒しな
　　　いように両手で壁につかまることなど。

リテーションや療育の実施が困難であったとされています。そのような状況を打破したのが，パリサーノら（Palisano et al., 1997）が作成した粗大運動能力分類システム（Gross Motor Function Classification System: GMFCS）でした。GMFCSは，カナダのキャンチャイルド研究センターで開発され，瞬く間に全世界で活用されるようになりました。とくに，6歳以降の年齢で最終的に到達する5段階が示されたことにより，学齢期の脳性まひ者のリハビリテーションは大きく変化したといわれています。その理由として，GMFCSでは一部の例外を除き，ある時点で分類されたレベルがその後も継続するという捉え方をするということがあげられます。よって，本人の将来像をある程度見据えて，習得させるべきスキルや補助具，人的支援や必要な環境設備などを考え，QOL*14の向上を目指すことにつなげていくことができるようになったのです。以上を踏まえ，下肢や体幹の機能障害については理学療法士等の専門職と連携を図りながら，学校教育現場においても将来を見据えた教育的評価を行うことが必要となります。

▌第2節　肢体不自由における感覚・認知の障害について

（1）　脳性まひ者における視覚・視知覚・視認知の障害

　脳性まひ者は，弱視・近視・乱視による見えにくさや斜視*15による距離感覚や段差の知覚に困難さを抱えている場合があります。これらは，視覚から情報を取り入れること（見ること）の困難さと言い換えることができます。

　また，見ること自体に困難さがない場合でも，視覚から入力された情報を処理し理解する視知覚（見てわかること）の障害が生じることもあります。とくに，在胎30週前後で出生した早産児・低出生体重児の罹患率が高いとされる脳室周囲白質軟化症*16（periventricular leukomalacia: PVL）では，視知覚の困難さを有する者

＊14　QOL：Quality of Life の略語。Life の多義性を考慮し「生命の質」や「人生の質」といった訳をすることもあるが，通常は「生活の質」と訳されることが多い。

＊15　斜視：私たちの目は対象物を見るときに，右目も左目も対象の方向に向く。しかし，片目は真っ直ぐ向いていても，もう一方の目が違う方向を向いてしまうといった様子が見られる場合があり，これを斜視と呼ぶ。斜視は人口の約3％に見られる。

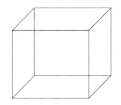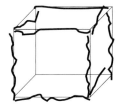

図 4-4　脳性まひ者における立方体の知覚例 (左：モデル
図，右：脳性まひ者 (9歳児) によるなぞり描き)

が多いことがわかっています (伊藤・宇野，2014)。

　図 4-4 は，脳性まひ者に立方体の図を提示し，同様の図になぞり描きをする
よう教示したものです。平面を構成する線については比較的知覚しやすく，線
分も丁寧になぞれている様子がうかがえます。一方で，奥行きを生み出す線を
なぞろうとすると，なぞること自体が困難になること，さらに線の見落としが
生じていることがわかります。

　さらに視覚・視知覚の障害に加えて，文字の読み・書きの障害を示すことも
あります。かつて，肢体不自由者における読み・書きの困難さは，運動面の問
題と関連づけて考えられていました。しかし，文章中の文字の読み飛ばしや
「め」と「ぬ」のような類似文字の読み違い (読字障害)，漢字のへんとつくりを
逆に書く，文字の大きさを調整できない (書字障害) といった高次の視認知障害
を併せ持つ脳性まひ者が一定数存在することもわかってきました。これらのこ
とを踏まえると，脳性まひ者の「見え」に関する課題は，その背景を丁寧に探
る必要があります。

(2)　脳性まひ者における前庭覚・固有覚・触覚の障害

　「情報の 8 割から 9 割は視覚から得られている」とする説があるように，人間
は視覚優位な生物であるとされています。他方，感覚の成熟速度や初期発達に
おける活用度では，視覚や聴覚に先んじて，前庭覚，固有覚，触覚 (表 4-3 参

＊16　脳室周囲白質軟化症については，第 3 章の脚注＊14 (p. 48) を参照のこと。

表4-3　前庭覚，固有覚，触覚の定義や役割について

	関与する身体部位	定義	役割
前庭覚	前庭（耳石器）三半規管	上下振動，左右への揺れ，回転刺激，加速や減速などの刺激を受容することで生じる感覚。	重力の方向や自身の身体に生じている変化を感じ，姿勢の傾きなどを検知する。
固有覚	関節　筋肉　腱	関節，筋肉，腱の動きなどから身体各部の位置や筋緊張，身体に加わる抵抗や重量を感知する感覚。	自身の身体部位がどの位置にあるのか，筋肉にどの程度力が入っているか，関節はどの程度曲がっているか等を把握する。
触覚	全身に存在する感覚点	身体に触れている対象物の感触，温度，圧力や痛みなどから生じる感覚。	対象物の感触，温度（温覚・冷覚），圧力，痛みなどを検知し，環境探索や対象操作，危険から身を守ることに活用する。

出所：木村（2012）。

照）が優勢とされています。人間は，胎児期に羊水環境下で自由闊達に動き回っています。出生後は，重力環境下で一時的な運動機能低下がみられますが，姿勢・運動や上肢操作の発達に伴い，前庭覚，固有覚，触覚の成熟が「自然に進んでいく」と考えられています。

　脳性まひ者では，すでに述べてきた障害特性により，「自然に進んでいく」ことが妨げられやすいといえます。その代表的なものとして，ここでは，各種の感覚の過敏と鈍麻について取り上げます。

　感覚過敏は，刺激の程度から予想されるものより過剰な反応を示す状態です。それに対して，感覚鈍麻は，刺激の程度から予想されるものより鈍い反応を示す状態です。もちろん，「感じ方」には個人差があり，どの程度を普通として，敏感さや鈍さを判断するかは容易ではありません。その際，1つの目安となるのが，日常生活上で支障が生じている（本人が困っている）場面を取り上げることです。比較的よくある例を表4-4に整理しました（ただし，これらの様子は感覚過敏や鈍麻以外の原因が強く影響していることも多々ありますので，その点は注意してください）。

　肢体不自由者においては，本人が困っていることの原因が，中枢神経系や筋・骨格系の問題にあると判断されやすい傾向があります。しかし，私たちの身体は，普段は意識されにくい各種の感覚の働きによって成り立っていることを念頭に置きながら，学習上・生活上の困難さを多角的に捉える視点を持つことが肝要です。

表 4-4　前庭覚，固有覚，触覚の過敏と鈍麻の例

	敏感さ（感覚過敏）の例	鈍さ（感覚鈍麻）の例
前庭覚	・揺れや回転等の動きが苦手（重力不安） ・大型遊具で遊ぶことを回避する	・回転する動きなどを過度に繰り返す ・特定の動きに執着する様子がみられる
固有覚	・身体に水圧がかかることを嫌がる ・身体を動かされることを嫌がる	・力加減の調整が難しい（筋緊張の制御） ・手指を用いた微細動作の苦手さ
触覚	・顔や手などに触れられることを嫌がる ・対象物に触れてもすぐに手を引いてしまう	・触れている対象物に関心が向きにくい ・痛みや寒暖への反応が乏しい

出所：岩永（2010）。

第 3 節　肢体不自由における言語・コミュニケーションの障害について

（1）　脳性まひ者における言語および発声・発語の障害

　人間の言語獲得に向けた準備は，胎児期から開始され，3〜4歳頃には日常生活に支障のない程度の言語能力を獲得します。脳性まひ者では，言語発達に遅れがみられるケースが多いことに加えて，発語の不明瞭さや聞き取りにくさを伴うことがあります。また，脳性まひ者の場合，発声・発語器官の運動が阻害されると呼吸，発声，鼻咽腔閉鎖[*17]，構音[*18]などに障害が発生します。表 4-5 は，脳性まひの病型別にみた発声・発語の障害の状態です。痙直型やアテトーゼ型といった各型に固有の特徴も認められますが，不明瞭な構音のように脳性まひ者に共通する特徴があることもわかります。よって，脳性まひ者では発語の流暢性が阻害されることが多い点に注意を払う必要があります。

表 4-5　脳性まひの病型別にみた発声・発語の障害の状態

脳性まひの病型	発声・発語の障害の状態
痙直型	発声持続時間の短縮，声量の低下，不明瞭な構音　など
アテトーゼ型	吸気発声，爆発的な発声，不明瞭な構音　など
運動失調型	発話速度の低下，単調な発話，声量の低下，不明瞭な構音　など

出所：角山（1988）。

＊17　鼻咽腔閉鎖：鼻腔と口腔は，口蓋という仕切りによって分けられており，通常発話するときと飲食のときに鼻咽腔閉鎖が生じる。鼻咽腔閉鎖不全では，明瞭な母音で発話できなくなる。
＊18　構音：喉や唇などの構音器官を使って言語音を生成する過程のことをさす。

(2)　脳性まひ者におけるコミュニケーションの障害

　コミュニケーションとは「人と人が，意思を伝達し合うために何らかの手段（言語・非言語）を用いてやりとりを行うこと」と定義され，なかでも，「意思を伝達し合う」という双方向性が鍵となります。人間は，生まれた直後からしばらくの間，自らの意思を伝達することができませんが，関わり手（養育者）が身体の動き，表情，アイコンタクトといった非言語情報を手がかりとしながらコミュニケーションを巧みに成立させていきます。その後，言語発達に伴い多様なコミュニケーションが展開されるようになります。

　一方，脳性まひ者においては，約4割が何らかのコミュニケーション障害を抱えているとされています[19]。その原因として，視覚障害や難聴といった感覚機能障害，構音などの運動機能障害，さらに自閉スペクトラム症や知的障害があげられています（瀬下，2014）。いずれの原因であっても，自身の意思や思いがうまく伝えられないことで苦痛を感じやすいことは共通しており，他者とのコミュニケーションを避けることや表出をあきらめてしまうといったことにつながりかねません。そこで，拡大代替コミュニケーション[20]（Augmentative and Alternative Communication: AAC）の考え方が必要となってきます。

　例えば，十分な言語理解力を有しているものの言語表出が困難な脳性まひ者が周囲とのコミュニケーションを図る際には，入力した文章を機械に読み上げさせる支援機器（トークエイド）や「はい」「いいえ」等の意思表示をボタンスイッチで行う支援機器（Voice Output Communication Aids: VOCA）を使用することができます。近年，急速に普及しているタブレット端末は，1台の機器に複数のアプリケーションを導入することが可能であり，TPOにあわせたコミュニケーション支援機器として優れた性能を発揮しています。

　以上より，脳性まひ者のコミュニケーションを阻害している原因を的確に見

＊19　カンら（Kang et al., 2010）の報告では，学齢期の脳性まひ者の55％が同級生との関わり方について困難を感じていることが明らかにされている。

＊20　拡大代替コミュニケーション（AAC）：話すこと・聞くこと・読むこと・書くことなどに障害のある人が，残存する能力（言語・非言語問わず）とテクノロジーの活用によって，自分の意思を相手に伝える技法。

定めた上で，必要な配慮や支援を行うことが求められています。

第 4 節　肢体不自由者の教育支援に向けて

（1）　学びを通して「生きる力」の育成と調和的発達の実現をはかる

　子どもは，発達段階に応じて様々な遊びや生活経験を積み重ね，それらを「体験」として文字通り自らの身体に蓄えていきます。学習理論の中に偶発的学習（学習しようとする意図がない状態で生じる学び）という概念がありますが，学齢期以前の子どもは偶発的学習を体験化し，就学以降の意図的学習（特定のスキルを習得するための意図的な学び）に向けた基盤を形成しているといえます。

　本章でこれまで述べてきた内容に照らしてみると，脳性まひ者では，障害特性や身体的・心理的発達の制約により，偶発的学習にも一定の影響が生じることが予想されます。彼らに適切な環境や学習体験が保障されない場合，機能障害が最大化されてしまう危険性もあります（図 4-5 参照）。そのため，学校教育段階における教育支援は極めて重要となります。

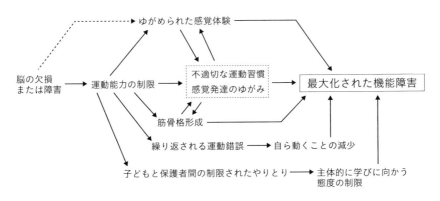

図 4-5　脳性まひ者における機能障害の増幅過程

出所：山口（2002）をもとに筆者改変。

(2)　子どもたちの将来を見据えた教育支援

　筆者は，学校教育の本質は，子どもたちの「過去」を考慮し，「将来」を見据えた上で「現在」の学びを最適化することにあると考えています。当然のことながら，このことは障害の有無を問いません。ただし，肢体不自由者の場合は成長（身長や体重の増加）や加齢に伴う身体的機能低下について，一定の見通しを持ちながら教育を行うことが求められます。図4-6は，脳性まひ者に生じやすい二次的な障害[*21]です。この図を見るときに大切なことは，「脳性まひ者は，やがてこのような問題を持つに至る」と考えることではなく，「このような問題が生じるリスクを最小化するために何をすべきか」を考えることです。

　山口（2002）は，肢体不自由者における二次障害は，行動や運動が制限されることが，望ましい生活習慣の形成・維持を妨げる原因となることを指摘した上

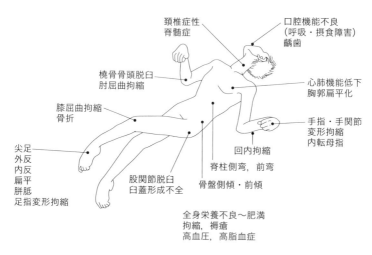

図4-6　脳性まひ者に生じやすい二次的な障害

出所：山口（2002）。

＊21　二次的な障害：脳性まひ者に限らず，肢体不自由者では，「廃用（動かさない）」「過用（必要以上に動かし続ける）」「誤用（誤った動きを続ける）」の3つが二次障害につながりやすいことが知られている。

で，二次障害を「生活習慣病」として捉える視点を持つことを主張しています。
つまり，意欲的に身体を動かすこと，食事・睡眠・排泄が良好に維持されるこ
と，規則正しい生活習慣を形成することなどが二次障害を予防するためには重
要であり，学校生活や家庭生活，さらには地域生活を通して，活動や参加を高
めていく視点を持つことが大切になります。これに加えて，キャンチャイルド
研究センターのピーター・ローゼンバウム（Rosenbaum, P.）博士は，脳性まひ
者の発達を支えるための6つの言葉をキーワード[22]として示しています。子ども
たちと関わり，その家族を支援する上で常に念頭に置きたいものです。

* * *

　本章では，肢体不自由者の学習上・生活上の困難さとその背景を深く理解す
ることを目的として，脳性まひという障害の特徴とその障害とともに発達し続
ける脳性まひ者について取り上げました。紙幅の都合により，筋ジストロフィー，
二分脊椎，先天性骨形成不全症や希少疾患による肢体不自由者については取り
上げることができませんでした。また，特別支援学校（肢体不自由）の現状を考
えれば，重度・重複障害のある子どもたちや医療的ケア[23]を必要とする肢体不自
由児についても取り上げる必要があったかもしれません。学生のみなさんには，
ぜひこれらのことについても，機会を見つけて学びを深めてほしいと思います。
　繰り返しになりますが，本章が目指したことは，肢体不自由者が抱える困難
さや生きづらさを身体面に限定して捉えるのではなく，学びや心の育ちとのつ
ながりを含めて総体的に捉えることでした。このことは，疾患や障害の種類・
程度を超えて大切にすべきことであると筆者は考えています。

＊22　脳性まひ者の育ちを支える6つのキーワード（通称：six F-words）：Function, Family, Fitness,
　　　Friend, Fun, Future の6つ。
＊23　医療的ケアについては，シリーズ第1巻第10章に詳しく解説している。また，本書第3章でも
　　　ふれているので参照のこと。

【文　献】

浅野大喜（2021）．Crosslink basic リハビリテーションテキスト 人間発達学　運動の発達メジカルビュー
　　社　pp. 38-60.

伊藤健司・宇野彰（2014）．脳室周囲白質軟化症による視知覚障害が特異的書字障害の原因と推測され
　　た一例　音声言語医学, 55(2), 173-179.

岩永竜一郎（2010）．自閉症スペクトラムの子どもへの感覚・運動アプローチ入門　東京書籍

角山富雄（1988）．脳性麻痺児の言語病理と治療　聴能言語学研究, 5, 2-15.

Kang, L., Palisano, R., Orlin, M., Chiarello, L., King, G., & Polansky, M.（2010）. Determinants of social
　　participation: with friends and others who are not family members for youths with cerebral palsy. *Physical
　　Therapy*, *90*(12), 1743-1757.

木村　順（2012）．発達障害の子を理解して上手に育てる本 幼児期編　小学館

栗原まな（2006）．小児リハビリテーション医学　医歯薬出版

日本リハビリテーション医学会（監修）（2014）．脳性麻痺リハビリテーションガイドライン 第2版　金
　　原出版株式会社

Palisano, R., Rosenbaum, P., Walter, S., Russell, D., Wood, E., & Galuppi, B.（1997）. Development and reliability
　　of a system to classify gross motor function in children with cerebral palsy. *Developmental medicine and
　　child neurology*, *39*(4), 214-223.

Rosenbaum, P., & Gorter, J.（2011）. The 'F-words' in childhood disability: I swear this is how we should think!.
　　Child: care, health, and development, *38*(4), 457-463.

瀬下　崇（2014）．コミュニケーション障害への対応は，どのように進めたらよいか？　日本リハビリ
　　テーション医学会（監修）　脳性麻痺リハビリテーションガイドライン 第2版　金原出版株式会社
　　pp. 209-211.

田巻義孝・宮地弘一郎・堀田千絵・加藤美朗（2016）．脳性麻痺（2）：脳性麻痺の部位別分類と類型分
　　類　信州大学教育学部研究論集, 9, 249-272.

東條　惠（2015）．脳性まひ（脳性疾患）の医学　安藤隆男・藤田継道（編著）　よくわかる肢体不自由
　　教育　ミネルヴァ書房　pp. 18-21.

山口和正（2002）．青年期・成人期　穐山富太郎・川口幸義（編著）　脳性麻痺ハンドブック：療育にた
　　ずさわる人のために　医歯薬出版　pp. 126-141.

全国特別支援学校肢体不自由教育校長会（2015）．「全国特別支援学校（肢体不自由）児童生徒病別調査
　　（平成 27 年 5 月 1 日現在）」　全国特別支援学校肢体不自由教育校長会発行

第5章 個々の実態に応じた授業設計の考え方

　障害の有無にかかわらず，授業設計の考え方の基本は共通です。本章では，その基本を確認した上で，特別支援学校における個々の実態に応じた授業設計に際し必要な視点について学びます。

第1節　個々の実態に応じた授業設計

(1)　教育課程と授業

①　授業における教師の役割

　佐伯（1995）は，学習の主体である子どもと学びの対象，そして双方を橋渡しする教師や教材の関係を2つのドーナッツ論として示しました（図5-1）。学び手（I）が外界（They世界：現実の社会・文化的実践の場）の認識を広げ，深めていくときに，必然的に二人称的世界（You世界）との関わりを経由するとしたものです。教師は二人称的他者として，教材は二人称的道具として，You世界に位置します。教師は，学び手（I）と外界（They世界）の双方への理解を深め，学び手（I）の外界（They世界）との関わりを実現する教材（二人称的道具）を選定し，自らも二人称的他者として橋渡しの役割を果たします。学校での〈学び＝教え〉を健全に育てるためには，それぞれの接面（第一接面，第二接面）が適切に構成されてい

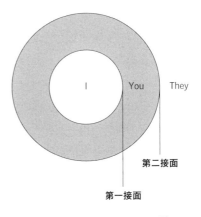

図 5-1　2つのドーナッツ論

出所：佐伯（1995）。

るかが重要な鍵になると述べています。

　授業を通して子どもたちにどのような力を育むのか，どのような「外界」を提示し，子どもと「外界」のどのような関わりの成立を図るのか。そのためにどのような学習活動のまとまり（単元）を設定し，どのような関わりを心がけるのか。教師は，これらについて授業に先立って検討しなければなりません。

　なお，教育課程編成における教育内容の選択は，自校の子どもたちが出会う「外界」の選択と捉えることができます。

②　授業に関わる教師の知識領域

　では，二人称的他者の役割を果たすために，教師はどのような知識を獲得する必要があるでしょうか。吉崎（1988）は，授業に関わる教師の知識領域として，「教材内容についての知識」「教授方法についての知識」「児童生徒についての知識」をあげています（図5-2）。

　各教科については，学習指導要領に目標の系統性と扱う内容の順序性が明記されます。各学年（特別支援学校（知的障害）の各教科は各段階）の目標・内容を十分に理解した上で，教材の内容やその価値を吟味し，知識として身につけることが大切です（「教材内容についての知識」）。みなさんは，小学校等の各教科については，小学校等の教員免許状取得に関わる教職科目「各教科の指導法」で，特別支援学校（知的障害）の各教科については，「知的障害者領域に関する教育課程に関する科目」で学修します。

　肢体不自由児が学ぶ各教科には，小学校等の各教科の場合と，特別支援学校（知的障害）の各教科の場合がありますが，いずれの目標・内容も，肢体不自由ゆえの学びにくさを踏まえて整理されたものではありません。そこで，授業の実際では，各教科の内容を習得し目標を達成する過程に，その子どもの肢体不自由の状態がどのように影響するのかをあらかじめ吟味した上で，適切な手だてを講じる必要があります（「教授方法についての知識」）。みなさんが本書を通して「肢体不自由者領域に関する指導法に関する科目」の内容を学修するのはこのためです。

　また，指導方法の工夫を図るためには，子どもを深く理解することが必要で

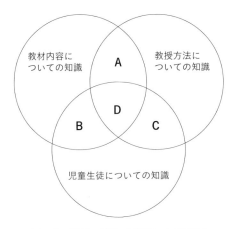

図 5-2　授業に関わる教師の知識領域

出所：吉崎（1988）。

す（「児童生徒についての知識」）。肢体不自由者の「心理，生理及び病理に関する科目」で学修しますが，本書第 4 章でそのポイントを概説しています。

　そして，すべての知識が複合する「D」に位置づくのが授業です。授業では，教授内容と子どもの実態に即してあらかじめ検討した指導の工夫を実践しつつ，授業時の子どもの姿を踏まえながら適宜アレンジを図る営みを重ねます。

③　学習活動のまとまりとしての単元

　教師は，授業に先だって，学習のまとまりとしての単元を設定します。みなさんは，小学校等の教員免許状取得に関わる教職科目「教育課程の意義及び編成の方法」に関する科目を通して，カリキュラムの類型には「教科カリキュラム」と「経験カリキュラム」があることを学びます。わが国の学校教育は，おもに「教科カリキュラム」を採用してきました。「教科カリキュラム」では，学習指導要領が示す各教科の内容のまとまりを基盤として単元を設定します（「教材単元」）。これに対し，「経験カリキュラム」では，「児童・生徒の当面している問題を中心にして，その解決に必要な価値ある学習活動のまとまり」（文部省，1951）として「経験単元」を設定します。総合的な学習（探究）の時間や特別活動はこちらに該当します。

　小学校等の学習指導要領が1958年に改訂されて以降，「教材単元」を配列した教科書に沿って系統的な指導を重ねてきた教師が，1998年の改訂により総合的な学習の時間が創設された際に，授業設計の段階で戸惑った背景として，単元構想の違いを指摘できます。

　なお，特別支援学校では，同じ学習集団を構成する子どもの実態が多様なために，共通の教科書を用いた授業実践が困難な場合が少なくありません。授業者自らが「教材単元」を考案する必要が生じます。特別支援学校の教師には，教授内容や子ども理解に基づく単元を構想する力がいっそう求められます。

(2)　個別の指導計画に基づく授業設計

①　教育課程と個別の指導計画

　特別支援学校では，個別の指導計画に基づき授業を設計する手続きが重要です。図5-3に，学校教育目標と教育課程，各種計画の関係を示しました。

　各学校は，学校教育目標やめざす子ども像を掲げ，その実現に向けて教育課程を編成します。教育課程に自立活動の指導が位置づけられ，「重複障害者等に関する教育課程の取扱い」の適用が認められている特別支援学校では，個別の指導計画が作成されます。授業者は，個別の指導計画に記された年間目標や目標達成に必要な手だて等を踏まえ，授業を設計し（年間指導計画や単元計画），日々の実践に臨みます。なお，「個別の教育支援計画」は，福祉，医療，労働等の関係機関が連携して一人ひとりのニーズに応じた支援を効果的に実施するために作成される計画です。

②　一人ひとりの個別の指導計画を踏まえた年間指導計画の作成

　自立活動の指導では，個別の指導計画と年間指導計画は実質的に同一のため，ここでは，各教科の指導に焦点化して説明します。

　「重複障害者等に関する教育課程の取扱い」の適用が可能な特別支援学校では，学年は同じでも達成を目指す目標が子どもによって異なることがあります。よって，それぞれの子どもの個別の指導計画には，1年間の指導を通して何年生（特別支援学校（知的障害）の各教科は何段階）相当の目標達成をめざすのかを明記し，

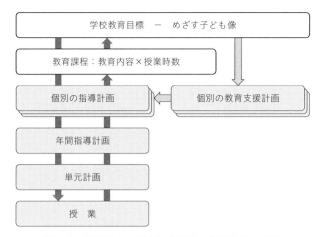

図 5-3　学校教育目標と教育課程，各種計画の関係

出所：一木（2021）。

指導を担う教師間で共通理解を図ります。

　一方，年間指導計画は，学習集団に対して作成します。小学校等の通常学級の場合，同じ学習集団の子どもたちが達成をめざす目標は共通です。例えば，小学校 4 年生の算数の授業では，全員が 4 年生の目標達成をめざします。ところが，特別支援学校の場合，小学部 4 年生の学習集団に，4 年生の目標達成をめざす子どもと 2 年生の目標達成をめざす子どもがいることも少なくありません。では，このように子どもの実態が多様な場合，どのような手順で年間指導計画を作成するとよいのでしょうか。以下に，その手順を示します。

❶　一人ひとりの目標を把握する

　多様な実態に応じた授業を実践するためには，まず，どのように多様なのかを把握しなければなりません。それぞれの子どもは，1 年間の指導を通して何年生（何段階）相当の目標達成をめざすのか，学習集団を構成する一人ひとりの個別の指導計画に基づき確認します。

❷　扱う内容を検討する

　目標達成のために扱う必要のある内容は，学習指導要領に規定されます。例えば，A さんの算数の目標が 3 年生相当であれば，3 年生の内容を扱うことに

表 5-1　特別支援学校（知的障害）「生活」の評価の観点およびその趣旨

	知識・技能	思考・判断・表現	主体的に学習に取り組む態度
3段階	活動や体験の過程において，*自分自身，身近な人々，社会及び自然の***特徴のよさ，それらの関わりに気付いている**とともに，**生活**に必要な習慣や技能を身に付けている。	*自分自身や身の回りの生活のことや，身近な人々，社会及び自然と自分との関わりに*ついて**理解し，考えたことを表現**している。	*自分のことに取り組もうとしたり，身近な人々，社会及び自然に***自ら働きかけ**，意欲や自信をもって学ぼうとしたり，**生活を豊かにしようとしたり**している。
2段階	活動や体験の過程において，*自分自身，身近な人々，社会及び自然の***特徴や変化に気付いている**とともに，**身近な生活**において必要な習慣や技能を身に付けている。	*自分自身や身の回りの生活のことや，身近な人々，社会及び自然と自分との関わりに*ついて**気付き，感じたことを表現しようと**している。	*自分のことに取り組もうとしたり，身近な人々，社会及び自然に***自ら働きかけ**，意欲や**自信**をもって学ぼうとしたり，生活に生かそうとしたりしている。
1段階	活動や体験の過程において，*自分自身，身近な人々，社会及び自然の***特徴に関心**をもっているとともに，**身の回りの生活**において必要な基本的な習慣や技能を身に付けている。	*自分自身や身の回りの生活のことや，身近な人々，社会及び自然と自分との関わりに*ついて**関心をもち，感じたこと**を**伝えようと**している。	*自分のことに取り組もうとしたり，身近な人々，社会及び自然に***関心をもち**，意欲をもって学ぼうとしたり，生活に生かそうとしたりしている。

出所：文部科学省（2020）をもとに筆者作成。太字及び斜体字は筆者による。

なります。国立教育政策研究所（特別支援学校（知的障害）の各教科の場合，文部科学省特別支援教育課）が示す「学習評価に関する参考資料」[*1] [*2] を参照し，扱う内容のそれぞれについて，授業で子どもがどのような姿を発揮することをもって目標を達成したとみなすことができるのかを，個別に検討します。

❸　単元を設定し，配当時数を検討する

❷の姿をそれぞれの子どもから引き出すためには，どのような活動のまとまり（単元）を設定し，どのような文脈で展開するとよいのか，必要な配当時数を含め検討します。多様な子どもの目標達成を実現する単元設定の鍵を握るのは，評価の観点の趣旨を踏まえた各教科の目標分析です。用語の違い（表 5-1 の太字）に着目すると，各学年（各段階）の特徴をつかむことができます。また，各段階に共通する用語（表 5-1 の斜体字）は当該教科の内容の特徴を表しています。なお，各単元の時期や順序も重要です。それぞれの単元を，どの時期に，どのような順序で配列すると，子どもにとってより自然な文脈で主体的な学びとな

＊１　国立教育政策研究所（2020）．「指導と評価の一体化」のための学習評価に関する参考資料（小学校編・中学校編）。

＊２　文部科学省（2020）．特別支援学校小学部・中学部学習評価参考資料。

＊1 　＊2

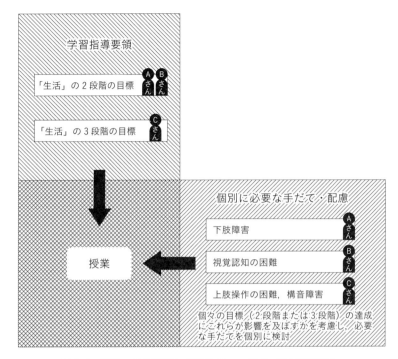

図 5-4　授業の目標設定に必要な 2 つの視点（L 字型構造）

出所：筑波大学附属桐が丘養護学校（2005）をもとに筆者作成。

るのかを考え，年間指導計画を作成します。

③　個別の指導計画に基づく授業設計

　肢体不自由児の場合，各教科の目標を達成する力を備えていても，活動に取り組むことや自らの思いを表現することに困難を伴うことが少なくありません。授業でどのような姿を引き出すことができれば目標を達成したとみなすことができるのかを，個別に検討する際に必要な 2 つの視点（L 字型構造）を図 5-4 に示しました。1 つは，学習指導要領に示された各教科の目標の系統性に A さん（B さん，C さん）の実態を照らし，達成をめざす目標を見極める視点です（縦軸）。もう 1 つは，A さん（B さん，C さん）がその目標を達成するうえで障害の状態から想定される学習上の困難を把握し，必要な手だてを検討する視点です（横軸）。

　「下肢に障害があるAさんは，植物と自分の生活の関わりに気づくための土台となる経験を，これまでどれだけ積んできただろうか」「Bさんの視覚認知の困難は，植物の観察に影響するだろうか」「上肢操作に制約があり構音障害も伴うCさんが，気づいたり感じたりしたことを表現するためには，どのような手だてが必要だろうか」。それぞれの子どもの授業の目標にその子どもの障害の状態を照らし，想定される学習上の困難を踏まえた指導の工夫を図ります。

(3)　各教科の指導と自立活動の時間における指導

　各教科の授業では，各教科の目標の達成をめざします。小学部であれば，45分のすべてを当該教科の目標達成のために費やします。その際に，障害ゆえの学習上の困難が想定される場合は，必要な手だてを個別に講じます。

　しかし，各教科の授業で，学習上の困難自体を改善する指導は行いません。それぞれの子どもの学習上の困難をもたらす背景要因を探り，改善を図るための指導を担うのが，自立活動の指導です。よって，各教科の指導では，自立活動の時間における指導による学習上の困難の改善状況を踏まえながら，手だてや配慮を見直す必要があります。このように，各教科の指導では，自立活動の時間における指導との密接な関連を保つことが重要です。

　図5-5に，各教科の指導と自立活動の時間における指導の関連を示しました（それぞれの指導目標設定の手続きは第2節以降で説明します）。各教科の実態把握で得た学習上の困難に関する情報を，自立活動の視点で捉えた実態把握に基づき子どもの課題を理解する段階（課題関連図）に照らすことにより，学習上の困難がなぜ生じるのかを把握することができます。授業時の子どもの変容を適宜共有し，各教科，自立活動のそれぞれの授業に還元することが大切です。

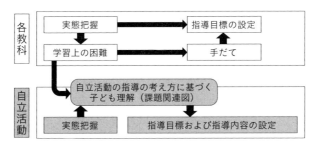

図 5-5　各教科の指導と自立活動の時間における指導の関連

第 2 節　各教科の授業設計の考え方

(1)　各教科の指導目標設定の手続き

①　学習指導要領の示し方

　各教科は，目標の系統性や扱う内容の順序性が学習指導要領に明示されます。2017 年に告示された学習指導要領では，育成すべき資質・能力との関連で各教科の目標が整理されました。このことは，特別支援学校（知的障害）の各教科についても同様です。特別支援学校の場合，前述の通り，「重複障害者等に関する教育課程の取扱い」の適用が可能なために，何年生（何段階）の目標を拠り所として指導目標を設定するとよいか，一人ひとり個別に検討することが不可欠です。

②　指導案の作成

❶　実態把握と年間目標の設定

　学習指導要領が示す当該教科の目標の系統性に，子どもが今持てる力を照らします。例えば，小学校 2 年生の目標を十分に達成していることを確認できれば，小学校 3 年生の目標の達成を今年度の目標として設定します。各教科の場合，目標が定まれば，扱う内容は自ずと規定されます（小学校 3 年生「算数」の目標の達成をめざす場合，小学校 3 年生「算数」の内容）。

❷　評価の観点の趣旨

　小学校等の各教科については国立教育政策研究所が，特別支援学校（知的障害）の各教科については文部科学省が，各学年や各段階の評価の観点の趣旨を示しています。これらを参照し，子どもにどのような気づきや思考，納得，理解等を保障できるとよいのかについて，個別に吟味します。

❸　単元の設定

　学習集団を構成する一人ひとりの子どもが，（1）で確認した学年（段階）の内容の習得を通して目標を達成するための単元を設定する段階です。評価の観点の趣旨を踏まえて，それぞれの子どもが，外界（扱う内容）に対してどのように関心を向け，思考をめぐらせることを期待するのか（達成をめざす目標），そのための最適な活動のまとまりや，展開の工夫を考えます。

　単元設定の実際では，自らが設定した単元について，学習指導要領のいずれの内容を扱うものかにのみ言及し，目標が十分に踏まえられていない実践を目にすることがあります。例えば，国語の内容「聞くこと・話すこと」を扱う単元であることが説明される一方で，学習活動を通して一人ひとりの子どもにどのような力を育むのか，目標分析に関わる意識が希薄であるといった具合です。また，「教室に設置した模擬店ではお金の受け渡しができるようになったのに，スーパーでは発揮できなかった」と子どもの行動のみに着目し，繰り返し経験する機会の設定に注力してしまうといった語りを耳にすることもあります。子どもは何を手がかりとしてどのような思考を働かせ，その行動に至ったのか。行動に至るまでに，算数として育む思考過程を保障できたのか。授業では，学習の主体である子どもの思考を揺さぶることが肝要であり，そのための活動であることを十分認識すること，授業時には子どもが見せる行動から，子どもの内面を丁寧に想像することが重要です。

❹　単元の目標と評価規準

　❶で確認した目標（小学校3年生の目標）を，設定した単元で扱う内容（例えば，図形）に即して具体化し，単元目標を設定します。また，「学習評価に関する参考資料」が示す手順に沿って「内容のまとまりごとの評価規準」を作成し，単元の評価規準を導き出します。

❺　個別の評価基準

　小学校等の各教科の指導では，評価規準の到達状況を判断する目安を量的に示した「評価基準」が設定されます。肢体不自由児の場合，評価規準が示す姿を引き出すためには，障害の状態に応じた手だてが不可欠になります。障害の状態は一人ひとり異なるため，手だては個別に検討する必要があります。よって，それぞれの子どもに必要な手だてを評価基準に盛り込み，「個別の評価基準」として整理します。

③　特別支援学校（知的障害）の各教科

　知的障害のある肢体不自由児の中には，特別支援学校（知的障害）の各教科を学ぶ子どもが少なくありません。前述の通り，特別支援学校（知的障害）の各教科の目標や内容には，肢体不自由の障害特性は考慮されていない点に留意が必要です。指導に際しては，子どもの肢体不自由の状態が目標達成に及ぼす影響をあらかじめ想定し，必要な手だてを検討することが肝要です。

(2)　一人ひとりの多様な実態に応じた授業設計

①　学習集団を構成する子どもの多様な実態

　授業の目標設定に必要な2つの視点（L字型構造）については，授業のL字型構造として図5-4に示しました。特別支援学校では，「重複障害者等に関する教育課程の取扱い」の適用により，同じ学習集団でも，目標（L字型の縦軸）が一人ひとり異なる場合があります。また，目標の達成を図るために講じる必要のある手だて（L字型の横軸）も，それぞれの障害の状態により変わります。

②　同単元異目標による授業設計

　学習集団を構成する子どもの実態に幅がある場合，同じ単元の中で異なる目標の達成を図る「同単元異目標による授業設計」が必要になります。何らかの活動を設定した後に，その中でねらえそうな一人ひとりの目標を設定するのではなく，一人ひとりの当該教科の目標を達成させるための単元を構想することが重要です。

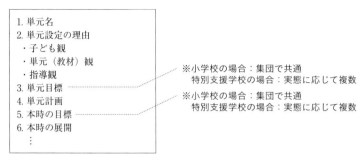

図 5-6　指導案の項立て

　各教科の指導案の項立てを図5-6に示しました。各教科の指導案の基本は，小学校等と特別支援学校で同一です。特別支援学校の場合，学習集団を構成する子どもの実態によっては，単元目標や本時の目標を複数設定します。この同単元異目標による授業設計こそが，特別支援学校における教科指導の特徴です。

(3)　評価と授業改善

　子どもの学習評価は，学習指導要領が示す各教科の目標に準拠した評価を行います。授業の評価については，教師の発問の仕方や授業展開，配当時数，教材等も検討・改善の対象となりますが，特別支援学校の場合，加えて，それぞれの子どもに講じた手だては妥当だったかを評価する視点が欠かせません。

第3節　自立活動の授業設計の考え方

(1)　学習指導要領の示し方

　自立活動については，学習指導要領に唯一の目標が明示されます。内容は6区分のもとに計27項目が示されますが，各教科のようにすべてを扱うことを前提とせず，子どもに必要な項目のみ選定することになります。よって，各教科のように目標の系統性や扱う内容の順序性が規定されず，「今，何を目標にどのような指導を行うか」は，授業を担う教師の判断に委ねられます。

(2)　自立活動の指導における指導目標設定の手続き

　自立活動の指導における指導目標設定の手続き[*3]について，本章ではポイントを絞って説明します。

　2018 年告示の特別支援学校学習指導要領解説自立活動編には，実態把握から指導目標を導き出し，指導内容を設定するまでの手続きを例示するとともに（表5-2），「流れ図」による解説が示されました[*4]（文部科学省，2018）。

　この手続きは，子どもの障害により変わるものではなく，すべての障害に共通の手続きです。以下，①〜⑤のそれぞれについて，大事なポイントを確認します。

① 　実態把握

　学校では子どもの実態把握を行う機会が多くありますが，実態把握の視点はその目的により変わります。自立活動の指導目標を導き出すための実態把握で落とせない視点は，6 区分（健康の保持，心理的な安定，人間関係の形成，環境の把握，身体の動き，コミュニケーション）です。なお，「提示された物に手を伸ばすことができない」という実態が，「環境の把握」から把握された実態である場合（目と手の協応が困難）と，「身体の動き」から把握された実態である場合（上肢操作の制約）とで，意味は変わります。把握した実態に関する情報は，区分と対応

表 5-2　実態把握から指導内容の設定に至る手続きの一例

①　個々の児童生徒の実態（障害の状態，発達や経験の程度，生育歴等）を的確に把握する。
②　実態把握に基づいて指導すべき課題を抽出し，課題相互の関連を整理する。
③　個々の実態に即した指導目標を明確に設定する。
④　小学部・中学部学習指導要領第 7 章第 2 の内容の中から，個々の指導目標を達成するために必要な項目を選定する。
⑤　選定した項目を相互に関連付けて具体的な指導内容を設定する。

出所：文部科学省（2018）。

＊3 　自立活動の指導における指導目標設定の手続きについては，本シリーズ第 1 巻第 9 章に詳しく解説している。
＊4 　文部科学省（2018）．特別支援学校教育要領・学習指導要領解説　自立活動編（幼稚部・小学部・中学部）。

＊4

させて記録し整理することが大切です。

② 指導課題の選定

　「実態」に関する多くの情報を，いくつかの視点（表5-3）で精選します。精選を経て残った情報が「課題」です。「実態」がそのまま「課題」になるのではないことに留意が必要です。複数の「課題」はいずれも一人の子どもが示す姿です。子どもの中でそれぞれがどのように関連し合っているのかを紐解くことで，中心的な課題を見出すことができます（図5-7）。課題間の関連を紐解くことを通して，子どもの学習上や生活上の困難について理解を深める作業が，自立活動の肝であり，教師ならではの営みだと考えます。

③ 指導目標の設定

　中心的な課題が1年間の指導により改善された姿を描き，指導目標として設定します。「○○することができない」という「実態」の文末を「○○することができる」と変換し，指導目標として設定するわけではありません。

④ 内容の選定

　指導目標に掲げる姿を子ども自身が発揮するためには，どのような力を培う必要があるのかを考え，27項目から必要な項目を選定します。

表5-3　「実態」から「課題」を整理する際の視点の例

視点	具体的な内容
ボトムアップの視点	子どもの今の姿から1年間の指導で期待できる変容はどの程度か
トップダウンの視点	想定される3年後（または卒業後）の姿から今どのような力を優先して育む必要があるか
学びの履歴を踏まえる視点	これまでの自立活動で指導したこと・していないこと，子どもの達成状況や伸び悩み等
子どもの年齢や障害の特性に関する視点	第二次性徴を迎える時期への配慮なのか，進行性の疾患の場合の進行の程度等
各教科の指導と区別する視点	各教科の指導で育む力は，自立活動の指導では扱わない（各教科で指導する）

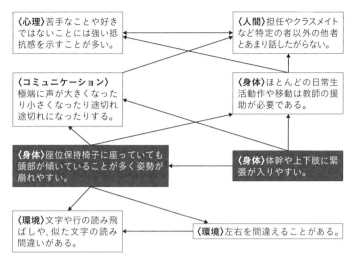

「〈身体〉緊張のコントロール」がうまくいかず「〈身体〉姿勢が崩れやすい」ことが,「〈環境〉読み間違い」や「〈身体〉日常生活動作や移動」の困難に影響していると考えられる。また,安定した深い呼吸が難しいために周囲にとって聞き取りやすい「〈コミュニケーション〉発声」にならず,「〈人間〉対人的な消極性」をもたらしているのではないか,また,姿勢の崩れがものを視覚的に捉えることに影響を及ぼしているのではないか。以上を踏まえ,「〈身体〉体幹や上下肢の適切な力の入れ方や抜き方」を身につけ,「〈身体〉頭部や体幹を適切に動かせる」ようになることを,中心的な課題と判断した。

図 5-7 課題関連図の例

出所:古川・一木(2020)の事例をもとに筆者作成。

⑤ 具体的な指導内容の設定

選定した項目を関連付けて具体的な指導内容を設定します。④と⑤の手続きは,指導目標ごとにたどる必要があるため,指導目標が2つであれば,2回行うことになります。

(3) 一人ひとりの多様な実態に応じた授業設計

① 個別指導と集団指導

自立活動は,一人ひとりの実態に即して指導を具体化する指導ですが,授業の形態を個別指導に限定するわけではありません。子どもの実態や教員数,教室の数等を考慮し,よりよい学習集団の編制や指導体制を検討します。学習集団については,個別の指導計画の作成手続きとの関連で編制のタイミングを工夫することが肝要です。まず,子どもたちが見せる特定の「実態」に着目して

学習集団を編制し，その後，集団で行う活動を前提に個々の指導目標を設定する場合，一人ひとりの子どもの「課題」やその背景を考察する機会はなくなってしまいます。一人ひとりの子どもの「中心的な課題」を見出し，指導目標を設定した上で，指導目標の共通性に着目しながら学習集団を編制することが大切です。

　なお，一人の教師が一人（または複数）の子どもの指導を行うのか，複数の教師が複数の子どもを指導するティーム・ティーチングを導入するのか，指導形態の検討も重要です。自立活動の指導を担う教師も授業実践を重ねながら成長します。各教師の教職経験年数や得意な指導分野等を考慮しながら，一人一人の子どもの多様な実態に応じた指導の実現をめざします。

② 　指導案の作成

　自立活動の場合，学習指導要領が示す目標（Ｌ字型構造の縦軸）は唯一かつ大綱的であるため，日々の授業は，個別の指導計画に記した指導目標や指導内容に基づき行うことになります。よって，実質的には個別の指導計画が指導案の機能を果たします。みなさんが教育実習で指導案を作成する際は，個別の指導計画に記された指導目標や指導内容を踏まえて，自身が指導を担う期間を視野に授業設計に臨むことになるかと思いますが，「今，なぜこの指導目標なのか」を改めて考え，自身の言葉で丁寧に説明することにチャレンジしてください。

(4)　評価と授業改善

　自立活動の学習評価は，個別の指導計画に記した指導目標に照らして達成状況を把握します。自立活動では，指導目標や指導内容の設定が教師の判断に委ねられるため，教師の判断自体（課題の整理や課題間の関連，内容項目の選定等）を評価し，授業改善に生かす視点が不可欠です。

【文　献】

古川勝也・一木　薫（2020）．自立活動の理念と実践 改訂版　ジアース教育新社

一木　薫（2021）．特別支援教育のカリキュラム・マネジメント　段階ごとに構築する実践ガイド　慶應義塾大学出版会

文部科学省（2018）．特別支援学校教育要領・学習指導要領解説　自立活動編（幼稚部・小学部・中学部）

文部科学省（2020）．特別支援学校小学部・中学部学習評価参考資料　https://www.mext.go.jp/content/20200515-mxt_tokubetu01-1386427.pdf（2023 年 4 月 2 日閲覧）

文部省（1951）．学習指導要領一般編（試案）

佐伯　胖（1995）．「学ぶ」ということの意味　岩波書店

筑波大学附属桐が丘養護学校（2005）．文部科学省特殊教育研究協力校　研究成果報告書　肢体不自由教育における小中高一貫の教育計画と評価：学習評価の改善を通して実現する「個の教育的ニーズ」に応じた指導　研究紀要, *40*, 1-192.

吉崎静夫（1988）．授業研究と教師教育（1）：教師の知識研究を媒介として　教育方法学研究, *13*(0), 11-17.

各教科の指導において必要な配慮事項

　　肢体不自由児は，その障害に関連して，各教科を学習する際に様々な困難に
直面することがあります。本章では，肢体不自由児の学習上の困難につながり
うる特性について解説するとともに，学習指導要領において示された「各教科
の指導における配慮事項」の 5 点について具体例をあげつつ解説します。

第 1 節　肢体不自由児の学習上の困難

　　2017 〜 2019 年の学習指導要領の改訂では，教育課程全体を通して育成を目
指す資質・能力の三つの柱（「知識及び技能」「思考力，判断力，表現力」「学びに向か
う力，人間性等」）に基づいて，各教科等の「目標」や「内容」が整理されました。
また，知的障害児のための各教科の内容の充実が図られるなど，特別支援学校
において各教科を学ぶ意義が改めて強調されています。各教科の指導を通して
児童生徒のどのような資質・能力を育成するのか，明確な意図を持って指導に
あたる必要があります。特別支援学校（肢体不自由）においても，児童生徒はそ
れぞれの実態に応じて各教科を学びますが，当然，肢体不自由があることで学
習上の困難につながることがあります。そのため，指導にあたっては肢体不自
由児の障害特性等を踏まえて，適切な手だてや配慮を提供することが必要にな
ります。筑波大学附属桐が丘特別支援学校（2011）は，教科学習上の困難をもた
らす肢体不自由児の障害特性を「姿勢や運動の不自由」「感覚や認知の特性」
「経験や体験の不足」の 3 つに分けて整理しています。表 6-1 には，筑波大学附
属桐が丘特別支援学校（2008）を参考にしつつ，3 つの障害特性がもたらす学習
上の困難の例を示します。ここでは，表 6-1 の内容に沿って 3 つの障害特性に
ついて概観します。

表 6-1　障害特性と学習上の困難の例

障害特性	学習上の困難	指導の工夫及び配慮
姿勢や運動の不自由	・文字を書くことが難しい	・滑り止めマットや文鎮等を活用し，ノートを固定 ・パソコン，トーキングエイド等の代替機器の活用
	・手指を使った作業が難しい（道具の使用，楽器演奏，制作活動，球技・器械運動，実験器具の操作，調べ学習など）	・不随意的な動きにも対応した作業スペースの確保 ・机や楽器，制作物の位置等，活動を行う位置の工夫 ・扱いやすい素材や題材の利用 ・作業法の工夫や手順の単純化
	・移動運動，跳躍運動等の制限	・個に応じたルールや課題の設定
	・意見が伝わりにくい，伝えるのに時間がかかる	・パソコンやトーキングエイド等の代替手段の活用
	・リコーダーや歌唱などが難しい	・呼吸のコントロールが必要な楽器は他の楽器で代替
	・疲れやすい，見えにくい，活動しにくい，技能の習得に時間がかかる	・集中できる時間にする，繰り返し行う，ゆったり行うなど，授業時間配分の工夫
	・時間がかかる，集中力が途切れやすい	・目標の重点化，作業時間の確保
	・活動場所の制約，実地調査等の難しさ	・遠隔コミュニケーション手段やネットサービス等の活用 ・生活と関連付けた具体的・体験的活動の導入
感覚や認知の特性	・図形の認知能力にかける，図形の位置関係をとらえづらい，見えにくさ，読みにくさ，測定器具の数値が読めない	・太くする，拡大する，形ごとに色分けする，辺や頂点等構成要素ごとに色分けするなど，見えやすくする
	・文字を読むことができない，文字識別の困難さや行飛ばしが見られる，文章の内容がわからない	・教員が指し示す，拡大する，色をつける，書見台等を利用して角度を工夫するなど，見えやすくする ・読み上げソフトの活用，教員の代読
	・楽譜を読むのに困難がある	・階名唱・リズム唱等，楽譜の情報を音で示す
	・統計資料や地形図を正確に読み取ることが難しい，図や表，グラフの読み取りが難しい	・拡大地図，ルーペ等補助具の活用，情報量の少ない地図や資料の活用，中止ポイントを提示するなど，見えやすくする
	・位置や形をとらえづらく，文字を書きにくい	・文字や漢字の学習では筆順に沿って，縦・横など運動の方向を言語化し，視覚情報を聴覚情報に置き換える
	・観察図が描けない	・形や全体像を指でなぞらせるなど，触覚を利用する
	・パソコン画面が見えにくい	・使いやすい画面設定（サイズ，コントラスト）の提示
経験や体験の不足	・学習した内容が定着しづらい	・繰り返し学習ができるような計画の立案
	・興味関心の幅が狭い ・受け身であったり，自信がなかったりする	・具体的操作や経験の機会を多く持つ（家庭との連携） ・模型などの具体的なモデルの提示 ・見通しを持って学習に取り組める工夫

出所：筑波大学附属桐が丘特別支援学校（2008）pp. 200-201 をもとに筆者一部改変。

(1)　姿勢や運動の不自由がもたらす学習上の困難

　手や足が不自由であることが学習上の制限を生じさせるというのは，比較的イメージしやすいかもしれません。例えば，上肢にまひがあり筆記が難しければ，教科学習全般にわたって影響します。筆記だけでなく，定規やハサミなどの道具の使用，楽器演奏や絵画・工作，スポーツ等の実技にも影響します。下肢の障害はとくに，体育への参加の制限につながりうることは容易に想像できます。また，脳性まひ児の多くは言語機能に何らかの困難を抱えているとされますが，そのことが授業中の発表や話し合い活動，歌唱などの様々な場面で制限を生じさせます。

　しかし，影響は上記のように何らかの動作や活動が「できない」「制限される」ことだけではありません。体幹保持に困難がある場合，黒板やノートの見え方にも影響しますし，授業中座り続けているだけで疲れてしまう，ということも生じます。筆記の困難に関しても，「がんばれば書ける」けれども，疲れてしまったり，時間がかかったりして，教師の話を聞く余裕がなくなったり，集中力が途切れやすくなったりするといった影響があることも指摘されています。そうすると，繰り返し課題を解くなどの学習の積み重ねが難しくなり，知識が定着しづらくなることが考えられます。

　特別支援学校では，個別の指導計画等において児童生徒の肢体不自由の程度や運動機能の詳細について事前に把握されてはいますが，個々の児童生徒の運動機能の状態が学習場面でどのように影響しているのか，日常的に学習中の様子を観察する中で丁寧に把握していく必要があります。

(2)　感覚や認知の特性がもたらす学習上の困難

　脳性まひ児においては，弱視や近視，乱視や斜視など視機能の障害を有する者が多いことが指摘されています。視力や視野などの視機能に問題がある場合，授業中に提示される教材・教具や教科書などの見え方に影響します。また，脳室周囲白質軟化症[*1]を原因とする脳性まひ児などの中に，視力には問題がないものの，視覚認知の障害，いわゆる「見えにくさ」のある児童生徒が一定数存在

することがわかっています。「見えにくさ」の影響は教科学習においていろいろな形で現れます。例えば，立体図形を平面図として認識してしまったり，複雑な図形の中から特定の形を見つけ出すことが難しかったりする場合があります。文字を読むことが難しかったり，文章を読む際に行を飛ばしてしまったり，文章の中から特定の語句や文を見つけ出せなかったり，という「読み」に関わる困難も指摘されています。その他，視覚的な情報の得にくさという点では，音楽の楽譜を読みづらい，グラフや表，地図帳など様々な資料から必要な情報を抜き出して捉えることができない，といったこともあげられます。

　また，字形を正しく捉えられない，字画の始点・終点の位置を定めづらい，文字や図形の構成要素（部分）の位置関係を正しく捉えたり構成したりできない，といった難しさから「書く」ことの困難にもつながります。例えば「親」という漢字の場合，「立」は左上，「木」はその下，「見」は右側，とそれぞれをバランスよく配置することが必要ですが，形や部分同士の位置関係の認識が難しければ整った字を書くことは難しくなります。

　このような，感覚や認知の特性は，姿勢や運動の不自由と比べて，一般的な肢体不自由のイメージとはつながりにくく，また，他者にとって気づきにくいものかもしれません。学習中の児童生徒の様子や，課題場面への取り組み方を丁寧に観察することなどを通して，学習上の困難の背景に気づく必要があります。とくに特定の教科や単元等に関して，他の教科や科目，同一教科・科目内の他の単元等と比べて，特異的に学習上の困難を示しているような場合には，丁寧にその背景を探ろうとする視点が必要です。また，例えば視野等の視機能や視覚認知能力等に関しては，一般化された評価・測定ツール[*2]等もありますので，必要に応じてそういった客観的なアセスメントを行うことも重要です。

(3)　経験や体験の不足がもたらす学習上の困難

　肢体不自由児の場合，(1) で述べたように，例えば書字が困難だったり，時間がかかったりするため，繰り返し書いたり問題を解いたりする経験が少なく

なりやすい傾向があります。その影響によって，学習したことが身につきにくいということが生じます。こうした学習上の困難は，学習内容の定着に必要な経験の不足がもたらすものとして捉えることができます。

　また，これは「生活上の困難」ともいえますが，生活全般を通して，同年齢の児童生徒と比べて様々な側面で直接的な経験が少なくなりがちです。そうした生活経験の少なさは，全般的な興味・関心の狭さにつながりやすいことが指摘されています。教科の学習内容は，生活の様々な側面と直結する内容も含まれているため，そうした興味・関心の狭さは学習上の困難にもつながります。また，学習中の様々な経験も制限されがちです。細かい道具の操作や実験等に取り組んで直接的に経験・体験するということが難しい場合があります。また，(1) や (2) で述べた困難との関連により，経験はできていても，具体的にどのように取り組んだのかといった記憶として残りづらく，学習上有用な経験になりづらい場合があることも指摘されています（田丸，2017）。様々な事柄について実感を持って学ぶことができなければ，当然学習に対する興味・関心の薄さにつながりますし，学習した内容が定着しづらくなることにもつながります。

　そのほか，これも「生活上の困難」と直結しますが，肢体不自由があることで，幼い頃から主体的に外界に働きかけ，自己選択する，といった経験が得られないということがあります。例えば，乳幼児は身近なものに手を伸ばしてそれを手に取り，口に触れたり動かしたりして確かめ，主体的に遊ぶ中でいろいろなことを学習しますが，そうした経験が不足しがちです。移動動作についても同様で，休み時間に図書室に行って本を読むのか，校庭に行って遊ぶのか，といった，障害のない子どもたちであれば日常的な経験も，肢体不自由があることでその機会が乏しい，ということになり得ます。日常的に動作や移動に伴う様々な場面で周囲，とくに大人からの介助を受けて生活していることで，受け身的な態度になりやすいこと，自信のなさにつながりやすいことなどが指摘されています。そうした主体性の乏しさ，受動的な態度，自信のなさは学習に対する態度や意欲にも影響します。

　このような経験や体験の不足に伴う学習上の困難も，姿勢や動作の不自由がもたらす学習上の困難と比べて，直接的にはイメージしづらく，学習場面で直

接的に把握しづらい側面かもしれません。日常的な行動観察によって，児童生徒の興味・関心や主体性といった側面の実態を把握するとともに，日常的な支援や介助の方法等を工夫し，生活経験の幅を広げていくようなアプローチも求められています。

(4)　3つの特性に基づく学習上の困難の現れ方とその理解

　おもに桐が丘特別支援学校の知見に基づいて，3つの障害特性がもたらす学習上の困難について解説してきました。これらの困難は学習場面においてそれぞれが独立して現れるとは限りません。例えば，上述のように，動作の不自由さがあって「書く」ことが難しいために，学習上「有用な」経験を積み重ねにくい，といったことが生じます。また，体幹保持に困難がある子どもの場合，学習中の姿勢が不安定になっていると，黒板や資料の文字や図形を正面から見ることが難しくなり，字形を正しく捉えたり，字や図形の部分同士の位置関係を正しく理解したりすることが難しくなる，ということが生じ得ます。もともと「見えにくさ」の問題を持っている児童生徒の場合は，よけいに文字や図形の認識が困難になります。この場合，「姿勢や動作の不自由さ」と「感覚や認知の特性」とが合わさって学習上の困難に影響しているということになります。

　すでに，特性に基づく学習上の困難をどのように捉えるかという点については各項で触れてきましたが，肢体不自由児に対する各教科の指導を行うにあたっては，3つの障害特性それぞれについて把握する視点に加えて，それらが関連し合っているという点も踏まえて，具体的な学習上の困難について理解していく視点が必要です。

　また，ここであげた具体的な困難はあくまでも一例であり，当然同じ診断名の児童生徒であっても，具体的な困難の状況には大きな個人差があります。あくまでも，実際の学習場面や生活場面における丁寧な観察や各種アセスメント等の活用などを通して，一人一人の児童生徒の実態を注意深く把握していくことが重要です。

第2節　教科指導における配慮事項

　前節では，肢体不自由児の障害特性に基づいて，学習上どのような困難が生じ得るのか，という点について解説しました。教科指導を行うにあたっては，そうした児童生徒の困難を捉えた上で，その実態に応じた支援や手だて，配慮を行っていくことが求められます。すなわち，肢体不自由児の困難を踏まえて，指導内容の設定や指導方法の工夫について検討していく必要があります。当然，個々の実態によって，また，各教科によって，その具体的な中身は異なります。本節では，多くの肢体不自由児に対して，また様々な教科に関して，これまでの実践の蓄積から示されてきている一貫して把握しておくべきポイントについて確認します。

　特別支援学校学習指導要領では，肢体不自由特別支援学校における各教科の指導計画の作成や指導内容の取り扱いについて，児童生徒の「障害の状態や特性及び心身の発達段階等を十分考慮すること」が必要であることが述べられています。さらに，配慮事項として5つのポイントがあげられています。それぞれのポイントは上述の3つの障害特性（姿勢や運動の不自由，感覚や認知の特性，経験や体験の不足）を踏まえたものであり，そうした児童生徒の困難を前提として事前に把握しておくべき指導の観点が示されているといえます。

　以下，特別支援学校学習指導要領解説各教科等編（小学部・中学部）（文部科学省，2018）をもとに解説します。

(1)　「思考力，判断力，表現力等」の育成

> 　体験的な活動を通して言語概念等の形成を的確に図り，児童の障害の状態や発達の段階に応じた思考力，判断力，表現力等の育成に努めること。

　学習指導要領解説では，肢体不自由児の知識の習得や言語等の概念の獲得における不確かさ，という課題について大きく2つ説明されています。

　1つ目は，姿勢や動作の不自由からくる経験・体験不足によって，体験を伴わずに言葉や知識を習得することが多いことや，言葉の意味の理解が不十分だっ

たり，概念が不確かなまま用語や数字を使ったりすることがある，という点です。例えば，1kmという距離は1mの千倍（1,000m）であるということは知識として理解できているとしても，自分の足で1kmを歩いたり走ったりする経験がなければ，実際の長さは具体的にはイメージしづらいかもしれません。また，例えば，「てこの原理」のような理科で学ぶ様々な原理や法則も，授業中の実験への参加，日常生活におけるその原理を使った様々な道具の使用の経験がなければ，知識としての原理の理解だけでなく，そういった原理が生活でどのように活用されているのかをイメージしたり，自らほかの場面で応用的に活用したりすることは難しくなります。

　2つ目は，視覚的な情報や複数の情報の処理を苦手とするような感覚や認知の特性から，知識の習得や言語，数量などの基礎的な概念の形成に偏りが生じている場合があるという点です。これは，前節の(2)で紹介した「見えにくさ」等に代表される認知特性から生じる困難に関連します。例えば，理科で気圧配置を示す天気図を使用することがありますが，低気圧・高気圧を示す図や記号，等圧線，日本列島を示す線等の複数の情報から必要な情報を見出すことの難しさや，方角に関する認識の低さなどがあることで，「西高東低」といった言葉や現象の理解が難しくなるといったことが考えられます。このような知識や言語概念等の不確かさは，今あげたような例に限らず，あらゆる教科において様々な形で起こりうることは言うまでもありません。

　そこで，各教科の指導にあたっては，体験的な活動を設定し，さらにその体験と言語とを結びつけることが重要です。例えば，具体物を見る，触れる，数えるなどの活動，実物を観察する，測る，施設等を利用するなどの体験的な活動を効果的に取り入れ，感じたことや気づいたこと，見た物や現象の特徴等を言語化することで，言葉の意味付けや言語概念等の形成を的確に図ることができるとされています。

　教科の指導を通して育成を目指す三つの柱という点で考えると，適切な「知識及び技能」の習得が「思考力・判断力・表現力等」の育成に大きく関連します。教科学習においては，単に知識や技能の習得が目指されているのではなく，それらがきちんと生活の中で活かされ，自ら考えたり，判断したり，発信した

りする力につながるよう指導することが求められているといえます。体験したことを言語化しながら，知識や技能を着実に習得する学習を基盤としつつ，それらを他の場面で活用する中で思考力・判断力・表現力を育成し，さらに学びを深めていくことが重要です。

(2)　指導内容の設定等

> 　児童の身体の動きの状態や認知の特性，各教科の内容の習得状況等を考慮して，指導内容を適切に設定し，重点を置く事項に時間を多く配当するなど計画的に指導すること。

　学習指導要領解説では，肢体不自由児が，身体の動きやコミュニケーションの状態などから学習に時間がかかること，自立活動の時間があること，療育施設等において治療や機能訓練等を受ける場合があることから，授業時間が制約されやすいことが指摘されています。また，感覚や認知の特性による学びにくさに応じて，習得に多くの時間がかかったり，特別な配慮や手だてが必要となったりする内容もあります。

　そうした課題への対応として，「重点を置く事項に時間を多く配当する」など，指導内容の設定における工夫を行うことが求められています。つまり，時間制約の関係で，通常学級と同等の時間配分では授業を実施できないことなどから，指導内容の取扱いに軽重をつけ，時間をかけるべき部分は時間を多く配当して丁寧に指導し，そうでない部分は必要最小限の時間で指導するというふうに，計画的に配当時間を調整することなどが必要です。

　「重点を置く事項」としては，例えば，面積の学習で量概念の形成を図るため，立方体の積み木を並べて長さ（連続量）を丹念に確認することや，説明文の学習で文の全体構成を把握させるため，段落要旨や段落相互の関係を丁寧に確認することなどがあげられています。

　このような「重点を置く事項」を適切に把握したり，年間の指導内容を計画的・系統的に設定したりするためには，児童生徒一人一人の運動機能の状態や感覚・認知の特性，各教科の習得状況を丁寧に把握することに加えて，教師自

身が各教科に関する学びを深める必要があります。すなわち，各教科の目標と指導内容との関連を十分に研究し，各教科の内容の系統性や基礎的・基本的な事項を確認した上で，重点の置き方や指導の順序，まとめ方，時間配分などを工夫して，指導の効果を高められるよう，指導計画を作成することが重要です。

　なお，この配慮事項は「指導内容」の精選について示したものであり，「内容」の精選ではないことに留意が必要です。

(3)　姿勢や認知の特性に応じた指導の工夫

> 児童の学習時の姿勢や認知の特性等に応じて，指導方法を工夫すること。

　学習指導要領解説では，「学習時の姿勢」と「認知の特性」に関して具体的な困難や手だての例が示されています。

　「学習時の姿勢」に関して，児童生徒が適切な姿勢を保持できるようにすることで，疲れにくくなったり，身体の操作を行いやすくなったりして，学習を効果的に進めることができる，とされています。筆記や，定規やコンパスなどの道具の使用，粘土を使った制作など，おもに上肢の操作に関わる作業であっても，上肢を自由に動かせるようにするためには，体幹が安定していることが重要です。また，「上下・前後・左右」といった方向や遠近等の概念の理解や習得においても，良い姿勢を保持することが重要であるとされています。それらの概念は自分の身体を起点として形成されるものであるため，安定した姿勢を保つことで，そうした概念を基礎とする学習内容の理解が深まりやすいのです。

　そのため，教科指導の際に，学習活動に応じて適切な姿勢がとれるようにすることが重要です。例えば，体幹保持を行いやすい机や椅子（図6-1）を用意すること，机や椅子の位置や高さを調整することなど，道具や環境を適切に整えることが重要です。またその際には，児童生徒本人と教師が適切な姿勢や環境設定について相談しますが，実態に応じて児童生徒自らが良い姿勢を保つことに注意を向けられるよう，日頃から指導することも大切だとされています。自立活動においては，児童生徒自ら学習環境を調節していくことの重要性が指摘

肘掛けがあるため体幹を支えやすくなり，姿勢が横に崩れにくくなる。

天板が切り抜かれた部分に体幹を入れることで，天板に肘を置いて体幹を支えやすくなる。車椅子のまま使用できるタイプもある。

図6-1　カットアウトテーブルと養護椅子

されていますが，当然そういった側面が各教科の指導においても発揮されることが期待されています。

　次に，「認知の特性」に関して，脳性まひ児に見られる視覚認知の困難があることが示されています。具体的には「視覚的な情報や複合的な情報を処理することを苦手とし，提示された文字や図の正確な把握，それらの書き写し，資料の読み取りなど」の困難です。そうした課題に対する指導上の工夫として，「文字や図の特徴について言葉で説明を加えたり，読み取りやすい書体を用いたり，注視すべき所を指示したりすること」や，「地図や統計グラフのように多数の情報が盛り込まれている資料を用いる場合は，着目させたい情報だけを取り出して指導した後，他の情報と関連付けたり比較したりする」ことなどがあげられています。

　この項目は，前節の(1)と(2)それぞれの困難への対応の重要性を述べたものといえます。姿勢に関しては主に体幹保持の工夫があげられていますが，当然学習内容やその目標に応じて，適切な姿勢を選択できることも重要です。ポジショニング（姿勢づくり）と呼ばれる考え方やアプローチがありますが，学習や活動の目的に応じて適切な姿勢を整えることで，学習に対する興味・関心や意欲を高め，集中力や活動力をより引き出すことが求められます。また，障害の状態から臥位姿勢で授業を受ける児童生徒も存在します。常に体が横向きの児童生徒にとって，先にあげた「上下」「左右」といった概念はなおさら理解が難しくなることは容易に想像できると思います。そうした児童生徒には，指導内

容や教材・教具の工夫が欠かせません。あくまでも，一人一人の実態に応じて，また，そのときの学習内容や目標に応じて，指導の在り方を検討する必要があります。

　感覚や認知の特性に関しては，教材や教具の工夫，言葉かけや教示の仕方の工夫，指導の手順の工夫など様々な観点からの対応例があげられています。認知の特性に関わる手だてのポイントとしては，「視覚的な情報の整理」や「他の感覚の活用」，「順序化」等があげられています（田丸，2017）。

　「視覚的な情報の整理」とは，児童生徒が見るべき場所や，板書や資料を見ていく際の方向性等を整理することで，視覚的な情報を捉えやすくするような手だてのことをさします。単にフォントやフォントサイズ等を見やすいものにするだけではありません。授業中，注視すべき点が明確であったり，板書や資料において取り上げる部分が行ったり来たりせず，順序良く示されていたりすることも重要で，そのためには事前の指導の順序や板書等の計画も必要になります。

　次に，「他の感覚の活用」とは，視覚的な情報を取り入れやすくするために聴覚や触覚，運動感覚といった他の感覚を活用することです。例えば，漢字の習得のために，ただ視覚的に字を示すだけでなく，なぞりや空書き[*4]など動作化したり（触覚や運動感覚），書き順に沿って「タテ」「ヨコ」「カックン」など字画の方向や特徴を言語化したり（聴覚）することなどがあげられます。

　「順序化」とは，学習内容の構成要素を確認し，順序付けて見ていくことで，全体像を把握しやすくする手だてのことをさします。上記の学習指導要領解説の例でいえば，地図やグラフなど様々な要素が含まれる資料を使って，全体的・視覚的に示すのではなく，特定の要素や部分に着目させることから始めて，その後他の要素との関連付けや比較へと進んでいくように，1つ1つ要素を確認したり，部分から全体へと話を進めたりするような指導の順序における工夫がこれにあたります。

＊3　臥位姿勢：寝た姿勢のこと。体の向きによって仰臥位（仰向け），側臥位（横向きに寝た姿勢），腹臥位（うつ伏せ）に分類される。
＊4　空書き：筆記具を使わず，空中で指を動かして文字を書くこと。空書。

　これらの手だても，もちろんすべての肢体不自由児にとって効果的，という
ものではありませんし，指導する教科の目標等に応じて，適切に選択して用い
られることが重要です。また，各教科の指導を効果的に行うためには，個々の
児童生徒の実態を適切に把握したうえで，指導計画を立てる時点で，それぞれ
の手だてについて事前に検討が行われることが必要となります。

(4) 補助具や補助的手段，コンピュータ等の活用

> 　児童の身体の動きや意思の表出の状態等に応じて，適切な補助具や補助的
> 手段を工夫するとともに，コンピュータ等の情報機器などを有効に活用し，
> 指導の効果を高めるようにすること。

　学習指導要領解説では，補助具の例として，歩行の困難に対するつえ，車椅
子，歩行器など，筆記等の困難に対する筆記用自助具やコンピュータ等の情報
機器，および児童生徒の身体の動きの状態に対応した入出力機器，滑り止めシー
トなどがあげられています。ここでいう入出力機器とは，パソコン等の情報機
器を操作するために必要なスイッチ等をさしています。児童生徒のわずかな動
きで操作可能なスイッチのほか，近年では極めて重い肢体不自由がある人の視
線の動きや表情，身体部位のわずかな動きを，カメラを利用して検出し，入出
力に活用する様々な支援機器等も開発されています。パソコンやタブレットな
どの情報機器と，スイッチ等の入出力機器の組み合わせは，そのままコミュニ
ケーションの補助具としても広く活用されています。学習に関わる動作の様々
な困難に対して適切な道具を使用することで，児童生徒が主体的に学びやすい
環境を整えることが重要です。

　次に，コミュニケーションに関わる補助的手段として，身振りやコミュニケー
ションボードなどがあげられています。各教科の指導を中心に学ぶ知的障害の
ない肢体不自由児を想定した場合，身振りサイン等よりは，いわゆる50音表な
ど，文字をシンボルとして用いたコミュニケーションボードの使用が有用だと
考えられるかもしれません。

　例えば，全身性の不随意運動が顕著で発話が困難であり，安定的なスイッチ

操作も極めて困難な事例などで，腕全体の粗大な動きを使って，机上に広げた文字盤を使ってコミュニケーションをとるケースがあります。文字盤にはコミュニケーションボードとしての利便性を考慮し，文字だけでなく，体調やYes/Noを示すような顔のイラストなどが用いられることもあります。また，様々な教科学習において活用するために，複数のボードを用意し，例えば算数・数学の時間には数字や計算式等で用いる記号や「cm」「ml」等の単位を，理科では元素記号などを，英語ではアルファベットを，それぞれシンボルとして活用するケースもあります。このような活用方法はあくまでも一例ですが，児童生徒の実態に応じて柔軟に様々な入出力の方法が用意されていることが望ましいでしょう。

　近年，上述の視線入力装置等の支援機器の発展は目覚ましく，指導において適切な補助具を活用するために，機器に関する情報を収集することも教師の重要な役割であるといえます。様々な知見を集め，目の前の児童生徒に適した機器やツールを適切に選択できることが重要です。学習指導要領解説においても，「児童生徒の身体の動きや意思の表出の状態，またそれらの改善の見通しに基づいて慎重に判断」するように，と示されています。それらの補助具や補助的手段の使用が合理的配慮として認められる場合，そのことを個別の指導計画に明記するなどして，適切な学習環境を保障することも求められています。

　なお，コミュニケーションに関して，障害のある人が使用可能なあらゆる手段を活用することを重視したアプローチとしてAAC（拡大・代替コミュニケーション）という考え方がありますが，そこで重視されているのは，コミュニケーションを行う相手や場面に応じて使用可能な複数の手段が用意されていることです。学習においても同様ですが，指導する側が特定の機器や道具の使用にこだわってしまうと，本人にとって主体的なコミュニケーションではなくなってしまいます。教科学習の文脈でいえば，あくまでも「その教科の指導の効果を高める」ことが重要であり，当然，児童生徒の実態や，学習内容等に応じて，適した道具は異なります。特定の機器ありきになったり，機器の使用が目的化してしまったりしないよう注意する必要があります。

　また，そのように複数の学習方法やコミュニケーション手段が用意されてい

る場合，児童生徒自身が場面や活動に応じて適切な方法を選べることも重要です。例えば，自立活動の内容において，「身体の動き」の「(2) 姿勢保持と運動・動作の補助的手段の活用に関すること」や，「コミュニケーション」の「(4) コミュニケーション手段の選択と活用に関すること」という項目があります（文部科学省，2017）。どちらの項目においても，児童生徒自身が自ら適切な手段を選択し，活用できるように指導することの重要性が述べられています。各教科の指導と自立活動の指導との関連については後述しますが，児童生徒の主体的な学びを促すためにも，自ら適切な機器や手段を選択する力を育てることが重要です。

(5)　自立活動の時間における指導との関連

> 各教科の指導に当たっては，特に自立活動の時間における指導との密接な関連を保ち，学習効果を一層高めるようにすること。

　学習指導要領解説では，「身体の動きやコミュニケーションの状態，認知の特性等」による教科学習上の困難を改善・克服するための指導の視点の必要性が述べられています。当然，それらは自立活動の指導においてアプローチされるところですので，各教科の指導と自立活動の時間における指導との関連を図ることで，教科学習の効果を高めることが求められています。

　学習効果を高めるためには，児童生徒の学習上の困難について，指導にあたる教師間で共通理解を図り，一貫した指導を組織的に行う必要があります。つまり，自立活動の時間における指導を担当する教師と，学級担任や各教科の担当教師との連携が欠かせません。自立活動の時間における指導の内容やその目標を把握した上で，各教科において適切な関連が図られる必要があります。例えば，自立活動の時間における指導において，筆記に替わる出力の手段としてコンピュータやスイッチ等の機器の使用方法等を学んでいる児童生徒がいる場合，その方法が各教科において必要な場面で導入され，効果的な学習方法として適切に用いられることで，自立活動の指導の意味も伝わりやすくなります。ただし，あくまでも各教科の指導では各教科の目標が重要です。教科の授業中に，

新たな機器を使いこなせるようになることなど，筆記の困難の改善に重点が置かれすぎるあまり，各教科の授業内容の理解が疎かになってしまうなどして，その時間の各教科の目標を逸脱してしまうことのないよう注意する必要があります。

　また，児童生徒自身が，自らの学習上の困難を理解し，自分に合った改善・克服の仕方を身につけたり，自ら学習環境を調整したり，必要な支援や配慮を周囲に求めたりして対処できるような指導の方向性も大切です。上述したように，複数の学習方法を選べる児童生徒の場合，その時間の活動に適した方法や補助具等を適切に選べるようになることも重要です。そのためには，教師側が先回りして手だてや配慮をしすぎないようにしましょう。ただし，繰り返しになりますが，児童生徒のそうした力を伸ばすことが重視されすぎると，各教科の学習効果を下げることにもなりかねません。担当する教師間で意思疎通を図り，適切な指導の在り方や関連付けのバランスを検討していく必要があります。

　以上，文部科学省が示した，肢体不自由児への教科指導における配慮事項について解説してきました。上述の通り，これらの配慮事項はあくまでも多くの児童生徒や教科に共通しやすい内容の例としてあげられているものです。実際の指導にあたっては，目の前の児童生徒の実態の丁寧な把握に基づいて，指導する各教科の内容や目標に応じた適切な手だてや配慮が選択される必要があります。本稿ではあまり具体的な事例を取り上げられませんでしたが，様々な書籍や雑誌等で示されている多くの先行事例等から具体的な知見を学ぶことで，自身の引き出しを増やしておくことが重要です。

【文　献】

文部科学省（2017）．特別支援学校小学部・中学部学習指導要領　第7章 自立活動
文部科学省（2018）．特別支援学校学習指導要領解説 各教科等編（小学部・中学部）
田丸秋穂（2017）．教科指導における障害特性を踏まえた指導・支援のコツ（1）　教科指導における手だてと配慮のポイント　肢体不自由教育，230，42-47.
筑波大学附属桐が丘特別支援学校（2008）．肢体不自由教育の理念と実践　ジアース教育新社
筑波大学附属桐が丘特別支援学校（2011）．「わかる」授業のための手だて 子どもに「できた！」を実感させる指導の実際　ジアース教育新社

第7章

個々の実態に応じた各教科の授業設計の実際

本章では，特別支援学校小学部 4 年生の教室で学ぶ 3 人の肢体不自由児（Aさん，Bさん，Cさん）を対象とした算数の授業を例に，各教科の指導における個々の実態に応じた授業設計の実際について説明します。

第 1 節　一人ひとりの多様な実態に即した算数の指導

(1)　1 年間を通した目標・内容の確認

①　算数の目標と育む資質・能力

授業の目標設定に必要な 2 つの視点（以下，L 字型構造[*1]）については，第 5 章で述べました。まずは，縦軸です（図 7-1）。それぞれの子どもは学習指導要領

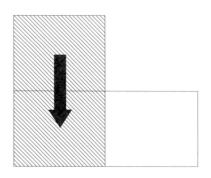

図 7-1　L 字型構造（縦軸）：達成をめざす目標を確認

[*1]　L 字型構造：学習指導要領に示された各教科の目標の系統性（縦軸）と，障害の状態から想定される学習上の困難を踏まえて必要な手だてを検討する視点（横軸）に基づき，授業で達成をめざす目標を具体化する考え方。

のいずれの目標達成をめざすのか，個別に確認します。学習指導要領には，算数の目標として，小学校6年間を通して達成をめざす目標と各学年の目標が示されます。一人ひとりの多様な実態に即した授業を行うためには，各学年の目標や資質・能力（表7-1）の特徴について，他学年と照らしながら理解を深めることが不可欠です。

　算数の授業では，子どもたちがどのような「外界」に対してどのように注意や関心を向け，思考することをめざすのでしょうか。表7-1の「〜に着目して」の文言に注目すると，例えば，「B　図形」の場合，「ものの形」や「図形の特徴」「図形を構成する要素及びそれらの位置関係」「図形間の関係」等であることがわかります。2年生であれば「図形の性質」と「身の回りの事象」を結びつけることや「数理的な処理のよさに気付き」活用しようとする姿勢を，4年生であれば図形の「性質」や「計量」について考察し，「多面的に捉え検討」することや「数学のよさ」に気づくことを重視することがわかります。

　なお，これらの力を育むために扱うものが，学習指導要領に明示される各教科の「内容」です。目標と内容の関係を踏まえた上で，まずは，目標についての理解を深めることが重要です。

② 　それぞれの子どもの目標・内容を吟味する

　今回，対象とする3人の子どもの実態には幅があります。AさんとBさんは4年生の目標，Cさんは2年生の目標の達成をめざして学習に取り組んでいます。以下，「B　図形」を例に，授業設計の手続き（第5章）をたどります。

　❶　4年生の目標・内容

　AさんやBさんの目標達成を図るためには，授業を通してそれぞれの頭の中をどのように揺さぶることができるとよいのでしょうか。学習指導要領で4年生の目標と内容[*2]を確認した上で，「内容のまとまりごとの評価規準（例）」（国立教育政策研究所，2020）を参照します（表7-2）。

＊2　小学校学習指導要領（平成29年告示）　第2章 各教科，第3節 算数　第4学年，目標と内容。

表7-1　算数科で育む資質・能力

	A　数と計算	B　図形	C　測定	C　変化と関係	D　データの活用	学びに向かう力,人間性等
第1学年	ものの数に着目し,具体物や図などを用いて数の数え方や計算の仕方を考える力	ものの形に着目して特徴を捉えたり,具体的な操作を通して形の構成について考えたりする力	身の回りにあるものの特徴を量に着目して捉え,量の大きさの比べ方を考える力		データの個数に着目して身の回りの事象の特徴を捉える力	数量や図形に親しみ,算数で学んだことのよさや楽しさを感じながら学ぶ態度
第2学年	数とその表現や数量の関係に着目し,必要に応じて具体物や図などを用いて数の表し方や計算の仕方などを考察する力	平面図形の特徴を図形を構成する要素に着目して捉えたり,身の回りの事象を図形の性質から考察したりする力	身の回りにあるものの特徴を量に着目して捉え,量の単位を用いて的確に表現する力		身の回りの事象をデータの特徴に着目して捉え,簡潔に表現したり考察したりする力	数量や図形に進んで関わり,数学的に表現・処理したことを振り返り,数理的な処理のよさに気付き生活や学習に活用しようとする態度
第3学年	数とその表現や数量の関係に着目し,必要に応じて具体物や図などを用いて数の表し方や計算の仕方などを考察する力	平面図形の特徴を図形を構成する要素に着目して捉えたり,身の回りの事象を図形の性質から考察したりする力	身の回りにあるものの特徴を量に着目して捉え,量の単位を用いて的確に表現する力		身の回りの事象をデータの特徴に着目して捉え,簡潔に表現したり適切に判断したりする力	数量や図形に進んで関わり,数学的に表現・処理したことを振り返り,数理的な処理のよさに気付き生活や学習に活用しようとする態度
第4学年	数とその表現や数量の関係に着目し,目的に合った表現方法を用いて計算の仕方などを考察する力	図形を構成する要素及びそれらの位置関係に着目し,図形の性質や図形の計量について考察する力		伴って変わる2つの数量やそれらの関係に着目し,変化や対応の特徴を見いだして,2つの数量の関係を表や式を用いて考察する力	目的に応じてデータを収集し,データの特徴や傾向に着目して表やグラフに的確に表現し,それらを用いて問題解決したり,解決の過程や結果を多面的に捉え考察したりする力	数学的に表現・処理したことを振り返り,多面的に捉え検討してよりよいものを求めて粘り強く考える態度,数学のよさに気付き学習したことを生活や学習に活用しようとする態度
第5学年	数とその表現や計算の意味に着目し,目的に合った表現方法を用いて数の性質や計算の仕方などを考察する力	図形を構成する要素や図形間の関係などに着目し,図形の性質や図形の計量について考察する力		伴って変わる2つの数量やそれらの関係に着目し,変化や対応の特徴を見いだして,2つの数量の関係を表や式を用いて考察する力	目的に応じてデータを収集し,データの特徴や傾向に着目して表やグラフに的確に表現し,それらを用いて問題解決したり,解決の過程や結果を多面的に捉え考察したりする力	数学的に表現・処理したことを振り返り,多面的に捉え検討してよりよいものを求めて粘り強く考える態度,数学のよさに気付き学習したことを生活や学習に活用しようとする態度
第6学年	数とその表現や計算の意味に着目し,発展的に考察して問題を見いだすとともに,目的に応じて多様な表現方法を用いながら数の表し方や計算の仕方などを考察する力	図形を構成する要素や図形間の関係などに着目し,図形の性質や図形の計量について考察する力		伴って変わる2つの数量やそれらの関係に着目し,変化や対応の特徴を見いだして,2つの数量の関係を表や式,グラフを用いて考察する力	身の回りの事象から設定した問題について,目的に応じてデータを収集し,データの特徴や傾向に着目して適切な手法を選択して分析を行い,それらを用いて問題解決したり,解決の過程や結果を批判的に考察したりする力	数学的に表現・処理したことを振り返り,多面的に捉え検討してよりよいものを求めて粘り強く考える態度,数学のよさに気付き学習したことを生活や学習に活用しようとする態度

出所：文部科学省（2017a）をもとに筆者作成。

表7-2　内容のまとまりごとの評価規準（例）平行四辺形，ひし形，台形などの平面図形

知識・技能	思考・判断・表現	主体的に学習に取り組む態度
・直線の平行や垂直の関係について理解している。 ・平行四辺形，ひし形，台形について知っている。	・図形を構成する要素及びそれらの位置関係に着目し，構成の仕方を考察し図形の性質を見いだしているとともに，その性質を基に既習の図形を捉え直している。	・平行四辺形，ひし形，台形などについて，数学的に表現・処理したことを振り返り，多面的に捉え検討してよりよいものを求めて粘り強く考えたり，数学のよさに気付き学習したことを生活や学習に活用しようとしたりしている。

出所：国立教育政策研究所（2020）をもとに筆者作成。

表7-3　数学的活動（4年生）

ア	日常の事象から算数の問題を見いだして解決し，結果を確かめたり，日常生活等に生かしたりする活動
イ	算数の学習場面から算数の問題を見いだして解決し，結果を確かめたり，発展的に考察したりする活動
ウ	問題解決の過程や結果を，図や式などを用いて数学的に表現し伝え合う活動

出所：文部科学省（2017b）。

　4年生の「B　図形」では，子どもが図形を構成する要素やそれらの位置関係に着目し，図形の性質や図形の計量について多面的に考察できるようになることをめざします。また，正方形や長方形について平行，垂直といった視点から捉え直すなど，既習の図形を新たな見方で捉え，それぞれの性質に関する理解を深めます。学習指導要領には，そのための内容として「平行四辺形やひし形，台形，立方体，直方体」や「見取図，展開図」「面積」が示されています。

　また，表7-3のような数学的活動に取り組むことや，「平行四辺形，ひし形，台形で平面を敷き詰めるなどの操作的な活動を重視するよう配慮するものとする」ことも明記されています（文部科学省，2017b）。

❷　2年生の目標・内容

　Cさんについても同様に，学習指導要領で2年生の目標と内容を確認した上で，「内容のまとまりごとの評価規準（例）」（国立教育政策研究所，2020）を参照します（表7-4）。

　2年生の「B　図形」では，子どもが平面図形を構成する要素に着目し，図形の特徴を捉えることや，身の回りの事象を図形の性質から考察することができるようになることをめざします。1年生の算数で培われた，ものの形の特徴を

表 7-4　内容のまとまりごとの評価規準（例）三角形や四角形などの図形

知識・技能	思考・判断・表現	主体的に学習に取り組む態度
・三角形，四角形について知っている。 ・正方形，長方形，直角三角形について知っている。 ・正方形や長方形の面で構成される箱の形をしたものについて理解し，それらを構成したり分解したりすることができる。	・図形を構成する要素に着目し，構成の仕方を考えているとともに，身の回りのものの形を図形として捉えている。	・図形に進んで関わり，数学的に表現・処理したことを振り返り，数理的な処理のよさに気付き，生活や学習に活用しようとしている。

出所：国立教育政策研究所（2020）をもとに筆者作成。

表 7-5　数学的活動（2 年生）

ア	身の回りの事象を観察したり，具体物を操作したりして，数量や図形に進んで関わる活動
イ	日常の事象から見いだした算数の問題を，具体物，図，数，式などを用いて解決し，結果を確かめる活動
ウ	算数の学習場面から見いだした算数の問題を，具体物，図，数，式などを用いて解決し，結果を確かめる活動
エ	問題解決の過程や結果を，具体物，図，数，式などを用いて表現し伝え合う活動

出所：文部科学省（2017b）。

捉えたり，形の構成について考えたりする力を土台に，身の回りの事象を図形として捉える段階です。学習指導要領には，そのための内容として，「三角形や四角形，正方形，長方形，直角三角形，箱の形」が示されています。また，表7-5のような数学的活動に取り組むこと，「正方形，長方形が身の回りで多く使われていることが分かるようにするとともに，敷き詰めるなどの操作的な活動を通して，平面の広がりについての基礎的となる経験を豊かにするよう配慮するものとする」ことも明記されています（文部科学省，2017b）。

　2017（平成 29）年の学習指導要領改訂では，数学的に問題発見し解決する過程を重視し，その過程を遂行する数学的活動が位置づけられていますが，肢体不自由児の場合，いっそうの工夫が必要になります。AさんやBさん，Cさんの算数としての思考過程を培うために，どのような教材や展開の工夫を図れるとよいか，障害の状態等を踏まえた検討が重要不可欠です。

③　対象児の実態と想定される学習上の困難
　次は，L字型構造の横軸です（図 7-2）。それぞれの子どもの実態を，それぞ

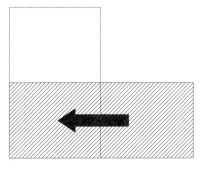

図 7-2　L字型構造（横軸）：個別に必要
な手だてを検討

れの目標や内容に照らして，想定される学習上の困難を具体的に把握します。ま
た，学習上の困難が想定される場合，算数の目標を達成するためにどのような
手だてが必要かを個別に検討します。

❶　Aさん

- 脳性まひアテトーゼ型。発語や動作に伴い体幹や上下肢に緊張が入りや
  すい。座位の保持が困難で，学習時は座位保持椅子を，校内の移動時は
  電動車椅子を使用している。食事や排泄など，日常生活全般において援
  助が必要。

- 算数の指導では，「重複障害者等に関する教育課程の取扱い」の適用は不
  要だが，上肢操作や発表を伴う活動や，学習の前提として必要となる経
  験の不足が想定される場合は，代筆やAAC[*3]の活用等，手だてを講じる
  必要がある。

❷　Bさん

- 骨形成不全症。座位の保持が困難。短い距離であれば手動車椅子で自走
  するが，腕の疲労骨折を避けるため，教室外の移動時は教師が介助する。
  難聴のため補聴器を利用している。

- 算数の指導では，「重複障害者等に関する教育課程の取扱い」の適用は不

＊3　AAC（拡大代替コミュニケーション）については，第4章の脚注＊20（p. 64）を参照のこと。

要だが，物の操作を伴う活動や学習の前提として必要となる経験の不足が想定される場合は，操作しやすい教具の活用等，手だてを講じる必要がある。また，過重負荷による変形・拘縮を避けるため，長時間の同一姿勢を避ける等，学習時の姿勢への配慮を要する。[*4]

❸ Cさん

• 脳性まひ痙直型。手動車椅子を利用。校内の移動では介助を必要としない。

• 視力は両眼とも1.5だが，視覚認知に困難がある。

• 「重複障害者等に関する教育課程の取扱い」の1（2）を適用し，2年生の目標・内容で学習に取り組んでいる。複数の情報が同時に提示される場面や，方向や位置関係を把握する活動，学習の前提として必要となる経験の不足が想定される場合は，情報量や色の工夫，触覚の活用等，個別に手だてを講じる必要がある。

（2） 指導案作成時のポイント

① 単元名

3人の子どもの目標・内容を踏まえて設定します。今回は，学習指導要領が示す算数の4年生の目標と内容「B　図形」，2年生の目標と内容「B　図形」（文部科学省，2017b）を踏まえ，「形の特徴を調べよう」と設定しました。

② 単元設定の理由

小学校等の通常学級における授業の指導案と同様，本単元の年間指導計画における位置づけや，本単元を通してどのような資質・能力を育み，子どものどのような成長を期待するのか，本単元に関わる学習経験の状況等を記します。

ただし，特別支援学校の授業設計では，学習集団を構成する子どもの多様性を踏まえる必要があります。育む資質・能力は，それぞれの目標水準（Aさんと

＊4　拘縮：関節が伸びず固まった状態。第4章も参照のこと。

Bさんは4年生，Cさんは2年生）により異なります。本単元に関わる学習経験については，障害の状態やこれまでの学習および生活経験も考慮しながら，個別に検討することが重要です。その上で，同単元異目標の授業を成立させるための授業展開の工夫や，選定した教材の特徴について記します。

③　単元の目標と評価規準

　Aさん，Bさんの単元目標は4年生，Cさんの単元目標は2年生の目標に基づき設定します。小学校や中学校の通常学級の場合，学習集団に対して共通の単元目標を設定します。しかし，特別支援学校（肢体不自由）では，「重複障害者等に関する教育課程の取扱い」の適用が可能なため，同一の学習集団でも，集団を構成する子どもたちの実態によっては，単元目標を複数設定する必要が生じます。この点が，特別支援学校における各教科の指導の特徴であり，指導案作成のポイントです。

　それぞれの単元の目標と評価規準を表7-6，表7-7に例示しました。

④　個別の評価基準

　L字型構造の縦軸と横軸が複合する段階です（図7-3）。それぞれの単元の評価規準にAさん，Bさん，Cさんの実態を照らし，学習上の困難が想定される場合は，必要な手だてを検討します。評価規準に，適宜必要な手だてを盛り込み設定した「個別の評価基準」を表7-8，表7-9に示しました。

　上肢操作に制約のあるAさんは，三角定規を用いて平行な直線や図形を描くことに困難が想定されるため，「思考・判断・表現」の評価規準については，手だてを講じる必要があると判断しました。一方で，「知識・技能」および「主体的に学習に取り組む態度」については，特に手だてを必要としないと判断しました。この場合，「個別の評価基準」は「単元の評価規準と同じ」になります。

　Bさんは，本単元の評価規準については，特に手だてを必要としないと判断しました。この場合も，「個別の評価基準」は「単元の評価規準と同じ」になります。

表 7-6　Aさん，Bさんの単元の目標と評価規準（例）

単元の目標	直線の位置関係や四角形の構成について理解し，図形についての見方や感覚を豊かにするとともに，構成の仕方を考察する力を養う。また，図形の性質を考察した過程を振り返り，そのよさに気付き生活や学習に活用しようとする態度を養う。	
単元の評価規準	知識・技能	直線の垂直や平行の関係を理解するとともに，それらを活用して平行四辺形，ひし形，台形の意味や性質を理解している。
	思考・判断・表現	図形を構成する要素やそれらの位置関係に着目して，平行四辺形，ひし形，台形の性質を見いだして表現したり，見いだした図形の性質を基に既習の図形（正方形，長方形）を捉え直している。
	主体的に学習に取り組む態度	身の回りから直線の垂直や平行の関係，平行四辺形，ひし形，台形を見つけ，どのような性質を活用しているかを考え，そのよさに気付いているとともに，多面的に捉え検討しよりよいものを求めて粘り強く考えたり，学習したことをを生活や学習に活用しようとしたりしている。

出所：東京書籍（2020a）をもとに筆者作成。

表 7-7　Cさんの単元の目標と評価規準（例）

単元の目標	平面図形に自ら関わり図形についての感覚を豊かにしながら，三角形や四角形の構成要素に着目して，その意味や性質を理解し，図形を捉える力を養うとともに，それらを生活や学習に活用しようとする態度を養う。	
単元の評価規準	知識・技能	三角形や四角形，正方形，長方形，直角三角形の意味や性質を理解するとともに，紙を折って直角やそれらの形を作ったり，作図したりすることができる。
	思考・判断・表現	直線で囲まれた図形について，図形を構成する辺や頂点に着目しながら分類し，三角形や四角形，正方形，長方形，直角三角形の特徴を見出して説明することができる。
	主体的に学習に取り組む態度	身の回りにあるものの形の中から，三角形や四角形，正方形，長方形，直角三角形を見つけ，どのように活用されているか調べようとするとともに，それらの形を敷き詰める活動を通して，できる模様の美しさや平面の広がりに気付いている。

出所：東京書籍（2020b）をもとに筆者作成。

図 7-3　授業における「個別の評価基準」
　　　　を設定

表7-8　Aさんの個別の評価基準（例）

知識・技能	単元の評価規準と同じ
思考・判断・表現	図形を構成する要素やそれらの位置関係に着目して，平行四辺形，ひし形，台形の性質を見い出すとともに，**代理で操作や描画をする教師に指示を出し**ながら表現したり，見い出した図形の性質を基に既習の図形（正方形，長方形）を捉え直している。
主体的に学習に取り組む態度	単元の評価規準と同じ

注）太字斜体部分が「手だて」。
出所：東京書籍（2020a）をもとに筆者作成。

表7-9　Cさんの個別の評価基準（例）

知識・技能	三角形や四角形，正方形，長方形，直角三角形の意味や性質を理解するとともに，**紙粘土を用いたり，適宜教師に指示を出して代行してもらったりし**ながら，紙を折って直角やそれらの形を作ったり，作図したりすることができる。
思考・判断・表現	**辺や頂点を色分けした**直線で囲まれた図形について，図形を構成する辺や頂点に着目しながら分類し，三角形や四角形，正方形，長方形，直角三角形の特徴を見出して説明することができる。
主体的に学習に取り組む態度	身の回りにあるものの形の中から，三角形や四角形，正方形，長方形，直角三角形を見つけ，どのように活用されているか調べようとするとともに，それらの形を敷き詰める活動を通して，できる模様の美しさや平面の広がりに気付いている。

注）太字斜体部分が「手だて」。
出所：東京書籍（2020b）をもとに筆者作成。

　Cさんについては，視覚認知の困難が，図形を構成する要素に着目することや図形の特徴の把握に影響すると想定されます。また，紙を折る活動では思うように頂点や辺と辺を合わせることができないかもしれません。そこで，辺や頂点を色分けしたり，紙粘土を用いて触覚も活用させたり，教師が指示を受けて代替する等の手だてを講じることにしました。

　なお，主体的に学習に取り組む態度や数学的活動（表7-3，表7-5）には，いずれも「日常の事象」から見いだす，「身の回りの事象」を観察，とあります。それぞれの子どもの日常生活の活動範囲や，車椅子利用時の目線で捉えることのできる視野等について，個別に踏まえながら，移動可能な範囲に直線の垂直や平行の関係，様々な図形を配置できるよう工夫を図ります。

⑤　単元計画

　子どもにとってはどのような文脈が自然で，主体的な学びにつながり，その

表7-10　単元計画（評価計画）のイメージ

	学習活動[注]		評価の観点（Aさん，Bさん）			評価の観点（Cさん）		
	Aさん，Bさん	Cさん	知識・技能	思・判・表	主体的に〜	知識・技能	思・判・表	主体的に〜
第1次			○		○	○		○
第2次			○	○		○	○	
第3次			○			○		
第4次			○	○		○	○	
第5次				○	○		○	○

注）例えば，Aさん，Bさんは「四角形の仲間分けをする」「編の長さや角の大きさを調べ，平行四辺形の特徴を考える」，Cさんは「辺や頂点の数に着目しながら図形（三角形と四角形）を仲間分けする」「格子点を直線で結び三角形や四角形を描く」等，それぞれの目標・内容を踏まえた学習活動を記す。

結果として，個別の評価基準に整理した姿を引き出すことができるのでしょう。学習者である子どもの頭の中を動かすための授業展開を考えます。また，達成をめざす目標水準は異なっていても，学びの共同体としての関係性を大切にしたいところです。例えば，第1次では，3人に複数の図形を提示した上で，AさんやBさんには図形を構成する要素やそれらの位置関係に着目しながら様々な四角形の特徴について，Cさんには辺や頂点の数に着目しながら三角形，四角形，直角三角形の特徴について，見出した考えを互いに発表するような展開にしてはどうか……。これから教育実習に臨むみなさんや教職経験の浅い教師にとっては，何の拠り所もなく構想することは難しいかもしれません。小・中学校の教科書をつくる会社のホームページには，各教科の年間指導計画作成資料が掲載されています。小学校等の通常学級とは子どもの実態や授業時数が異なるため，そのまま活用するわけにはいきませんが，学習指導要領のいずれの目標・内容を扱うために作成された単元計画なのかを理解する視点で参照すると，授業展開を考える際のヒントが得られます。

　なお，単元計画は評価計画と表裏一体です。毎時，3観点で評価する必要はありません。単元全体を通じていずれの個別の評価基準の姿も引き出す（評価する）ことができるように計画します（表7-10）。また，毎時の指導案には，「本時の目標」を記載しますが，本単元の目標と同様，Aさん，Bさんの目標と，Cさんの目標のそれぞれを併記することになります。

第2節　特別支援学校（知的障害）の各教科を指導する際の ひと工夫

（1）　特別支援学校（知的障害）の各教科を指導する際の難しさ

　L字型構造の縦軸（学習指導要領のいずれの目標達成をめざすのか）を押さえて，横軸（学習上の困難を考慮した手だて）を踏まえる授業設計の考え方は，特別支援学校（知的障害）の各教科も小学校等の各教科も共通です。特別支援学校（知的障害）の各教科は，小学校等で各教科のような学年ごとではなく，段階別に目標・内容が示されます。小学部における各段階で想定する子どもの実態やねらいは，次の通りです（文部科学省，2018）。

> 【小学部1段階】　主として知的障害の程度は，比較的重く，他人との意思の疎通に困難があり，日常生活を営むのにほぼ常時援助が必要である者を対象とした内容を示している。この段階では，知的発達が極めて未分化であり，認知面での発達も十分でないことや，生活経験の積み重ねが少ないことなどから，主として教師の直接的な援助を受けながら，児童が体験し，事物に気付き注意を向けたり，関心や興味をもったりすることや，基本的な行動の一つ一つを着実に身に付けたりすることをねらいとする内容を示している。
>
> 【小学部2段階】　知的障害の程度は，1段階ほどではないが，他人との意思の疎通に困難があり，日常生活を営むのに頻繁に援助を必要とする者を対象とした内容を示している。この段階では，1段階を踏まえ，主として教師からの言葉掛けによる援助を受けながら，教師が示した動作や動きを模倣したりするなどして，目的をもった遊びや行動をとったり，児童が基本的な行動を身に付けることをねらいとする内容を示している。
>
> 【小学部3段階】　知的障害の程度は，他人との意思の疎通や日常生活を営む際に困難さが見られる。適宜援助を必要とする者を対象とした内容を示している。この段階では，2段階を踏まえ，主として児童が自ら場面や順序などの様子に気付いたり，主体的に活動に取り組んだりしながら，社会生活につながる行動を身に付けることをねらいとする内容を示している。

　特別支援学校（知的障害）の国語について，評価の観点の趣旨を表7-11に示しました。1段階では，言葉への気づきを促し，人の言葉を用いた関わりに注意を向け，受け止める力を育みます。2段階では，言葉から事柄を想起したり，

表 7-11　特別支援学校（知的障害）の評価の観点の趣旨

	知識及び技能	思考力，判断力，表現力等	学びに向かう力，人間性等
小学部	日常生活に必要な国語について，その特質を理解し使っている。	「聞くこと・話すこと」，「書くこと」，「読むこと」の各領域において，日常生活における人との関わりの中で伝え合う力を身に付け，思い付いたり考えたりしている。	言葉を通じて積極的に人と関わったり，思い付いたり考えたりしながら，言葉で伝え合うよさを感じようとしているとともに，言語感覚を養い，言葉をよりよく使おうとしている。
3段階	日常生活に必要な国語の知識や技能を身に付けているとともに，我が国の言語文化に触れ，親しんだり理解したりしている。	「聞くこと・話すこと」，「書くこと」，「読むこと」の各領域において，出来事の順序を思い出す力や感じたり想像したりする力を養い，日常生活における人との関わりの中で伝え合う力を高め，自分の思いや考えをもっている。	言葉を通じて積極的に人と関わったり，思いや考えをもったりしながら，言葉がもつよさを感じようとしているとともに，図書に親しみ，思いや考えを伝えたり受け止めたりしようとしている。
2段階	日常生活に必要な身近な言葉を身に付けているとともに，いろいろな言葉や我が国の言語文化に触れたり気づいたりしている。	「聞くこと・話すこと」，「書くこと」，「読むこと」の各領域において，言葉が表す事柄を想起したり受け止めたりする力を養い，日常生活における人との関わりの中で伝え合い，自分の思いをもっている。	言葉を通じて積極的に人と関わったり，思いをもったりしながら，言葉がもつよさを感じようとしているとともに，読み聞かせに親しみ，言葉でのやり取りを聞いたり伝えたりしようとしている。
1段階	日常生活に必要な身近な言葉が分かり使うようになるとともに，いろいろな言葉や我が国の言語文化に触れたり注意を向けたりしている。	「聞くこと・話すこと」，「書くこと」，「読むこと」の各領域において，言葉をイメージしたり，言葉による関わりを受け止めたりする力を養い，日常生活における人との関わりの中で伝え合い，自分の思いをもっている。	言葉を通じて積極的に人と関わったり，思いをもったりしながら，言葉で表すことやそのよさを感じようとしているとともに，言葉を使おうとしている。

出所：文部科学省　「特別支援学校小学部・中学部学習評価参考資料」
https://www.mext.go.jp/content/20200515-mxt_tokubetu01-1386427.pdf（2023年10月27日閲覧）をもとに筆者作成。

自分の思いを自ら他者へ言葉で伝えたりする力を培います。3段階では，出来事の順序に沿って表現したり，言葉から想像したりする力を育て，言葉をよりよく使おうとする段階まで高めることをめざします。

　ここでみなさんに気づいていただきたいことは，1段階と2段階，2段階と3段階の目標水準に開きがあることです。

(2)　Sスケールの活用

　知的障害のある肢体不自由児の中には，特別支援学校（知的障害）の各教科の目標・内容をじっくりと時間をかけて学ぶ子どもも少なくありません。そのよ

うな子どもの実態を細かく的確に把握し，具体的な指導目標を設定するためには，3 つの段階に書き分けられた目標だけでは難しい場合があります。知的障害のある肢体不自由児を対象とした各教科の指導で，S スケール（学習到達度チェックリスト；徳永，2021）を活用する特別支援学校（肢体不自由）がある背景には，3 段階を補完するツールを必要とする現場の実態があります。cm 単位の目盛りが付いたものさし（学習指導要領）で測定した後，mm 単位の目盛りが付いたものさし（S スケール）でより正確に測定する取組と捉えることができます。

　特別支援学校（知的障害）の国語を学ぶ 4 人の子ども（D さん，E さん，F さん，G さん）を例にあげます。いずれも小学部 1 段階の目標達成をめざしていますが，S スケールに照らすことにより，次のような実態の違いを把握することができました。

　D さんは，外界への注意の焦点化[*5]をめざす段階でした。「聞くこと・話すこと」の授業であれば，注意を向けてほしい対象（外界）は，音声言語です。みなさんが教師として 4 人の子どもたちを対象に呼名をする場面を想像してみましょう。みなさんは，名前を呼ぶ音声に D さんの注意をしっかりと向けてほしいので，呼名に先立って静寂な環境の確保に努めるでしょう。そして，呼名の瞬間です。みなさんは，D さんの肩に触れながら「D さ～ん」と呼びかけるでしょうか。その場合，D さんには，聴覚への情報と触覚への情報が同時に示されることになります。知的障害の程度が重度の子どもの指導では，注意を向ける対象をよりわかりやすく提示する工夫が大切です。提示する情報を絞らなければ，授業者も，子どもが見せる反応について，子どもが何を手がかりに外界に気づき，感じたことを表現した結果として受け止めるとよいのか，判断に困ってしまいます。

　また，E さんは，注意の持続[*6]が少しずつ可能になり，「いつものこと」と「そうでないこと」を徐々に区別できるようになってきました。特定の声に反応する様子も見られ始めた E さんには，どのような呼名の工夫を図るとよいでしょうか。F さんは，注意の追従[*7]ができるようになり，やりとりを予測する様子も

＊ 5　外界への注意の焦点化：一時的ではあるが外界の対象や事象に注意を向けること。
＊ 6　注意の持続：外界の対象や事象に注意を向け続けること。

見られます。教師の言葉かけにも「アー」「ウー」と応答することが期待できそうです。そしてGさんは，呼名されると振り返る様子が見られ，音声や身振りにより自ら教師へ働きかける力も備えつつあります。

このように，小学部1段階の目標達成をめざす子どもたちでも，その実態は多様です。呼名の場面で引き出したい姿はそれぞれに異なりますので，教師の関わり方が一様であってよいわけがありません。

知的障害のある肢体不自由児の指導では，子どものより初期段階の発達に関する理解も必要になりますが，養成段階で学ぶ機会は十分ではないかもしれません。参考図書（例えば，徳永・田中，2019）[*8]を手がかりに，理解を深めましょう。

(3)　思考し続ける授業設計者に

特別支援学校（肢体不自由）の重複障害学級の教室では，多くの場合，1時間目に朝の会（各教科等を合わせた指導）が行われています。みなさんが，高校生までに経験した始業前の朝の会と異なり，特別支援学校（肢体不自由）では授業として位置づけられている点に留意する必要があります。子どものどのような力を育むために，毎朝，1時間目の時間を割いて朝の会を行うのか，授業者は教育の意図を明確にして，授業に臨まなければなりません。

また，重度の知的障害のある肢体不自由児を対象とした授業では，各教科の指導と自立活動の指導が十分に区別されていない実践も見受けられます。各教科の指導と自立活動の指導では，目標設定に至る手続きが異なります（第5章）。目標設定に至る手続きは，子どもが目標を達成した際に次の成長を描く道筋を意味します。特別支援学校（肢体不自由）には，ゆっくりと時間をかけて目標を達成する子どもたちも多く在籍していますが，一人ひとりの子どもがより豊かな卒業後の生活を送れるように，多様な外界との出会いを通して学びの実現を図る各教科の授業実践も丁寧に重ねていくことが大切です。

これからみなさんは，多様な実態の子どもたちと出会います。一人ひとりの

＊7　注意の追従：外界の対象の移動や事象の移り変わりに対して注意を維持し続けること。
＊8　『障害の重い子どもの発達理解ガイド：教科指導のための「段階意義の系統図」の活用』　徳永豊・田中信利（編著）　慶應義塾大学出版会　2019年。

多様な実態に即した授業設計は容易ではありません。筆者にも，特別支援学校（肢体不自由）に勤務していた頃を思い返すと苦い経験がたくさんあります。どの子どもの目標にも迫ることができなかった，子どもの思考過程に柔軟に対応できなかったなど，子どもに申し訳ない思いに駆られた際に，各教科の目標分析や目標と内容の関連の理解が重要であることを痛感しました。

　多様な実態に即した授業設計は，日々の子どもの様子をよく知る教師だからこそできる営みです。「明日の授業では何をしたらいいか」を考える前に，「子どもは何を学ぶのか」を吟味しましょう。同僚の教師をはじめ仲間と協議しながら，子どもが授業で出会う外界についての理解を深め，子どもが外界に主体的に関わる授業設計に挑んでください。

【文　献】

国立教育政策研究所（2020）.「指導と評価の一体化」のための学習評価に関する参考資料（小学校編・中学校編）

文部科学省（2017a）.　小学校学習指導要領（平成 29 年告示）解説　算数編

文部科学省（2017b）.　小学校学習指導要領

文部科学省（2018）.　特別支援学校学習指導要領解説　各教科等編（小学部・中学部）

徳永　豊（編著）（2021）.　障害の重い子どもの目標設定ガイド 第 2 版：授業における「S スケール」の活用　慶應義塾大学出版会

東京書籍（2020a）.「新しい算数」年間指導計画作成資料 細案（4 年）

東京書籍（2020b）.「新しい算数」年間指導計画作成資料 細案（2 年）

筑波大学附属桐が丘養護学校（2005）.　文部科学省特殊教育研究協力校　研究成果報告書　肢体不自由教育における小中高一貫の教育計画と評価：学習評価の改善を通して実現する「個の教育的ニーズ」に応じた指導

個々の実態に応じた
自立活動の授業設計の実際

　本章では，準ずる教育課程で学ぶ肢体不自由児（単一障害）と知的障害を伴う肢体不自由児（重度・重複障害児）を事例に，個別の指導計画の作成手続きに沿って，自立活動の授業設計について考えていきます。

第1節　肢体不自由のある子どもの自立活動の指導
（単一障害）

（1）　対象児の実態と授業の概要

　対象児は，特別支援学校（肢体不自由）に在籍する小学部5年生の女児（以下，Aさん）です。肢体不自由があり，左側の上下肢^{*1}に軽いまひがあります。当該学年に準ずる教育課程^{*2}において学んでいます。各教科等の授業は，対象児と同学年の学級による集団指導の体制をとっており，自立活動の時間における指導は，教師と対象児が1対1で行う個別指導の体制をとっています。自立活動の時間における指導は週3時間設定されています^{*3}。

（2）　Aさんに対する自立活動の個別の指導計画の作成手続き

　個別の指導計画の作成の手順や様式は，「それぞれの学校が児童（生徒）の障

＊1　上下肢：上肢は肩関節から手の末端部分をさす。また，下肢は股関節から足の末端部分をさす。上肢・下肢については，第4章脚注＊2（p.54）も参照のこと。

＊2　特別支援学校教育要領・学習指導要領（2017年）によると，視覚障害者，聴覚障害者，肢体不自由者又は病弱である児童生徒に対する教育を行う特別支援学校においては，各教科の目標，各学年の目標及び内容並びに指導計画の作成と内容の取扱いについては，小学校学習指導要領第2章または中学校学習指導要領第2章に示すものに準ずるものとされている。「準ずる」とは，原則として同一ということを意味している。

＊3　自立活動においては，その授業時数についても個々の実態等に応じて適切に定めることとされている。

害の状態，発達や経験の程度，興味・関心，生活や学習環境などの実態を的確に把握し，自立活動の指導の効果が最もあがるように考えるべきものである」ため，学習指導要領等において示されていません。*4 本章では，特別支援学校教育要領・学習指導要領解説自立活動編（幼稚部・小学部・中学部）（文部科学省，2018）において示される自立活動の個別の指導計画作成の手順や記載例（流れ図）*5 を参考に，Ａさんの自立活動の授業設計について説明します。

【 実態把握 】

> ①　障害の状態，発達や経験の程度，興味・関心，学習や生活の中で見られる長所やよさ，課題等について情報収集

はじめは，実態把握のために必要な情報を収集する段階です。必要な情報を収集するにあたっては，「個々の児童又は生徒について，障害の状態，発達や経験の程度，興味・関心，生活や学習環境などの実態を的確に把握すること。」（文部科学省，2017）と示されているように，困難なことのみでなく，長所や得意としていることも含めて児童生徒の全体像について丁寧に把握することが大切です。本章においては，中心的な課題を導くために，学習上および生活上の困難に焦点を当てた方法について示します。

Ａさんの情報収集では，成育歴や発達検査の結果，引き継ぎ資料（通知表や個別の指導計画，個別の教育支援計画等）を参考にした上で，関係する教師が観察に

表 8-1　収集したＡさんに関する情報の概要

・小学校に準ずる各教科の目標で学習し，独歩で移動している。
・聴覚的な処理，言葉を理解したり話したりすることは全般的に得意であるが，長い文章を読むことに苦手意識が強い。
・視覚的な処理において困難がみられる。例えば，グラフの目盛りを読み間違える，漢字の細かな書き間違いが多いなどの様子がみられる。
・着替えや食事，排せつ等の日常生活動作は自立している。
・よだれが多く，それによって衣服が汚れていても気にしない様子がみられる。
・友達や教師と関わることを好み，意欲的に活動に取り組むことができる。

＊4　個別の指導計画の作成については，本シリーズ第 1 巻第 9 章等も参照のこと。
＊5　流れ図：個々の幼児児童生徒の実態把握から具体的な指導内容を設定するまでの流れの例を示したもの。

＊5

よって把握した情報，保護者や本人からの聞き取りによって得られた情報を収集しました（表8-1）。

> ②-1　収集した情報（①）を自立活動の区分に即して整理する段階

収集した情報をより詳細に記述し，自立活動の区分で整理します。

- 健康の保持

　　Aさんは，左上下肢に軽いまひがあり，口唇や頬周辺に関する感覚や意識が弱く，日常的によだれが多いという実態がありました。また，自分の持ち物や洋服が汚れていても気にしないといった様子がみられました。

- 心理的な安定

　　Aさんは，普段は様々な活動に意欲的に取り組むことができますが，本人にとって難しい活動や見通しが持てない活動があると心理的に不安定になり学習に取り組むことができないことがありました。また，家族や友達と喧嘩になるとなかなか気持ちを切り替えることができず，長時間落ち込み，学習に取り組むことができなくなることもありました。

- 人間関係の形成

　　Aさんは，自分の得意なことや苦手なこと，考えていることなどを他の人に説明するときには何をどのように話したらよいのかわからずに黙ってしまう，その場から離れてしまうなどの行動がみられました。同世代の友達との関係性においては，積極的に困っている友達を助けようとする反面，手伝いをしすぎて嫌がられてしまうことがありました。

- 環境の把握

　　文字や数字をまとまりとして捉えることが難しく，分かち書き[*6]のない文章は，音読の際に止まってしまったり，桁数の多い数字の読み間違いが多かったりしました。グラフの目盛りを読み間違えたり，漢字の細かな書き間違いが多かったり，字形が整わない様子がみられました。

＊6　分かち書き：言葉のまとまりごとに区切って，その間に空白を設ける書き方のこと。

- 身体の動き

　　移動は独歩で補装具等の着用はないものの，左上下肢に軽いまひがあ
ることから，左ひざが曲がりにくく，少し足を引きずるようにして歩い
ていました。階段の昇り降りや段差を乗り越える際には，手すりや介助
が必要で，時間がかかりました。また，授業中の姿勢が左側に傾くこと
が多く，長時間安定した姿勢を保つことが難しい様子でした。

- コミュニケーション

　　出来事や自分の気持ちについて相手に伝わるような文章で順序立てて
話すことが難しい様子でした。また，滑舌が明瞭ではなく，聞き取りづ
らい言葉があるなど，言葉を通したコミュニケーションにおいて困難が
みられました。

> ②-2　収集した情報（①）を学習上又は生活上の困難や，これまでの学習状
> 況の視点から整理する段階

情報を整理するにあたって，情報同士の関連を図 8-1 のように整理しました。
　この図は，安藤（2021）が提唱する「個別の指導計画システム」を参考に作成
したものです。作成対象となる児童生徒の関係者（おもに学級担任や各授業担当者
等）が持つ分有情報を収集，収束する過程において中心的な課題を抽出してい
く方法です。具体的な手続きについては次に示します。

【「個別の指導計画システム（安藤，2021）」を参考にした実態把握図の作成手順】
❶　実態把握における情報収束：収集した情報について，1 つの情報を 1 枚
　　の付箋紙に書き記す。
❷　❶で作成した付箋紙について，関連性を整理する。
❸　似た意味を持つ情報同士をまとめ，意味づけを行う（表札をつける）。
❹　まとまり同士の関係性を整理する。
❺　❶〜❹という手順を経て「実態把握図」を作成し，中心的な課題を抽出
　　する。

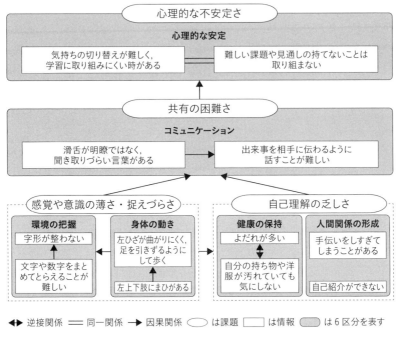

図 8-1　収集した A さんに関する情報間の関連性の整理（実態把握図）

　これら一連の作業は，自立活動の指導における個別の指導計画の作成過程にて行われ，作成を通して対象児童生徒に関わる複数教師の共通理解が図られることになります。また，複数の教師が協働し，個別の指導計画を作成することは，個人の予断・独断を排除するとともに，作成者個人の心理的な負担感，不安感を低減させることが期待できることも指摘されており（安藤，2021），効果的な自立活動の指導を実現するために有効な方法の1つといえます。

　A さんの学習上または生活上の困難については，環境の把握や身体の動きに関連する情報から「感覚や意識の薄さ・捉えづらさ」を抽出しました。同様に，健康の保持や人間関係の形成に関連する情報から「自己理解の乏しさ」，コミュニケーションに関連する情報から「共有の困難さ」，心理的な安定に関連する情報から「心理的な不安定さ」をそれぞれ抽出しました。

②-3　収集した情報（①）を○○年後の姿の観点から整理する段階

この段階では，児童生徒の生活年齢や学校で学ぶことのできる残りの年数を視野に入れた整理を行います。例えば，幼児児童生徒の「○○年後の姿」をイメージしたり，卒業までにどのような力を，どこまで育むとよいのかを想定したりして整理することです（文部科学省, 2018）。

Aさんは小学部の女児です。小学部（小学校）卒業後，中学部（中学校），高等部（高等学校）にかけてどのような姿になっていてほしいかについて，以下のように整理しました。

- 自分の心身の状態に意識を向け，適切な対応をとることができるようになってほしい（環境の把握，身体の動き，健康の保持，人間関係の形成）。
- 友達や教師との関わりの中で，思いや意見を伝え合うことを通して，共感する心地よさを感じられるようになってほしい（コミュニケーション，心理的な安定）。

【 指導すべき課題の整理 】

③　①をもとに②-1，②-2，②-3で整理した情報から課題を抽出する段階

図 8-1 をもとに，対象児の課題を以下のように抽出しました。図中の◯枠で囲われたものが課題になります。

- 文字や数字をまとめて捉えるといった視覚認知の難しさや左上下肢のまひといった障害の状態が関係した歩行の不安定さ等の視覚や運動感覚の鈍さや意識の薄さ（感覚や意識の薄さ・捉えづらさ）がある（環境の把握，身体の動き）。
- 自分の身体の状態や自分自身のことに対する意識の薄さ（自己理解の乏しさ）がある（健康の保持，人間関係の形成）。

- 他者と気持ちや出来事を共有することの難しさ（共有の困難さ）がある（コミュニケーション）。
- 気持ちが落ち着かずに学習に安定して取り組むことが難しいこと（心理的な不安定さ）がある（心理的な安定）。

④　③で整理した課題同士がどのように関連しているかを整理し，中心的な課題を導き出す段階

　③で抽出した指導すべき課題同士の関連を整理し，中心的な課題を導き出します。対象児の「感覚や意識の薄さ・捉えづらさ」が，「自己理解の乏しさ」という課題に影響を与えていると考えました。また，「感覚や意識の薄さ・捉えづらさ」と「自己理解の乏しさ」の双方が課題としてあるために，「共有の困難さ」が生じ，その結果「心理的な不安定さ」につながっていると考えました。「②-3　収集した情報（①）を○○年後の姿の観点から整理する段階」において整理したAさんの姿を目指すために，「感覚や意識の薄さ・捉えづらさ」を中心的な課題として設定することにしました。

【 指導目標・指導内容の設定 】

⑤　④に基づき設定した指導目標を記す段階

　自立活動の指導目標として，「細部に着目して形の違いに気づき，説明することができる。」「安定した座位姿勢の保持や歩行ができ，その特徴について表現することができる。」としました。

⑥　⑤を達成するために必要な項目を選定する段階

　⑤で設定した指導目標を達成するために，自立活動内容6区分27項目のうち，下記に関する項目を選定しました。

　3　人間関係の形成
　　(3)　自己の理解と行動の調整に関すること。
　4　環境の把握
　　(5)　認知や行動の手掛かりとなる概念の形成に関すること。
　5　身体の動き
　　(1)　姿勢と運動・動作の基本的技能に関すること。
　　(3)　日常生活に必要な基本動作に関すること。
　　(4)　身体の移動能力に関すること。
　　(5)　作業に必要な動作と円滑な遂行に関すること。
　6　コミュニケーション
　　(3)　言語の形成と活用に関すること。

---

⑦　項目と項目を関連付ける際のポイントと⑧具体的な指導内容を設定する段階

具体的な指導内容は以下の通りです。

（ア）間違い探しや模写等の活動を通して，それぞれの形の特徴や違いに気づくとともに，言葉で説明する。
（イ）安定した座位姿勢や歩行のときの特徴や動きの感覚について意識し，言葉で表現する。

　形の違いに気づくためには，視覚や触覚を通して形の特徴や違いについて理解することが必要なので，「4　環境の把握（5）認知や行動の手掛かりとなる概念の形成に関すること」と「5　身体の動き（5）作業に必要な動作と円滑な遂行に関すること」を関連付けました。また，気づいたことを言葉で説明するためには，自分の考えについて言葉で他者に伝える必要があるので，「6　コミュニケーション（3）言語の形成と活用に関すること」を関連付け，具体的な指導内容である（ア）を設定しました。この学習において，言葉で説明する活動を取り入れたのは，図 8-1 で示すように，Aさんの課題の 1 つに他者と気持ちや出来事を共有することの難しさがあるためです。「②-3　収集した情報（①）を○○年後の姿の観点から整理する段階」において，Aさんには将来「友達や

125

教師との関わりの中で，思いや意見を伝え合うことを通して，共感する心地よさを感じられるようになってほしい（コミュニケーション，心理的な安定）。」ということを整理しました。そのため，単純に視覚認知についての機能面での向上を目指すだけではなく，自分が思考したことについて，他者に伝えるという活動を意図的に組み入れました。

　安定した座位姿勢や歩行について学習するためには，まずは自身の座位姿勢や歩行の特徴について知る必要があります。そのため，「3　人間関係の形成(3) 自己の理解と行動の調整に関すること」と「5　身体の動き (1) 姿勢と運動・動作の基本的技能に関すること，(3) 日常生活に必要な基本動作に関すること，(4) 身体の移動能力に関すること」を関連付けました。また，学んだことについてその感覚や動きの違いについて言葉で説明するためには，(ア)と同様に，「6　コミュニケーション (3) 言語の形成と活用に関すること」を関連付け，具体的な指導内容である（イ）を設定しました。

(3)　指導案の例と作成時のポイント

　学校における自立活動の指導は，「自立活動の時間はもとより，学校の教育活動全体を通じて適切に行うものとする」（文部科学省，2017）ことが示されているように，まずは自立活動の時間における指導の中で設定した指導目標を達成するための指導内容を実践します。

【指導案の例】

　Aさんは，「実態把握」の段階で確認したように，本人にとって難しい課題や見通しが持てない活動があると心理的に不安定になり学習に取り組むことができないという実態があります。そのため，活動の前には，本時の学習内容や時間（開始時間，終了時間の目安）を言葉と文字で確認し，Aさんがいつでも振り返ることができるように板書しておくようにしました。このような授業の導入の工夫は，自立活動の時間における指導のみならず，対象児に関わるすべての授業において共通して実施すべき配慮事項といえます。

　Aさんの指導内容として設定した「(ア) 間違い探しや模写等の活動を通して，

それぞれの形の特徴や違いに気づくとともに，言葉で説明する。」の授業においては，具体物やプリント等を用いて，絵や文字，形の違いや特徴について学習することが考えられます。その際には，対象児の興味・関心，親しみのあるイラスト等を用い，学習意欲を高める工夫が必要になります。また，児童にとっては，苦手意識のある学習内容となることも考えられますので，活動の量や取組の時間などを考え，過度な負担とならないように配慮することが大切です。

「（イ）安定した座位姿勢や歩行のときの特徴や動きの感覚について意識し，言葉で表現する。」の授業においては，現在の自身の座位姿勢や歩行の特徴等を知るために，写真や映像記録などを用いて，客観的に自分自身の身体の様子を把握する時間を設けたり，見本となる座位姿勢や歩行動作についての写真や動画と自身の写真や動画を比較し，その違いについて対象児が考えたりする学習が考えられます。また，実際に座位や歩行の練習をして，これまでの自分の姿勢や動きと比較して感じたことなどを表現する学習も取り入れる必要があります。

対象児の実態によっては，（ア）と（イ）の指導内容について，それぞれ別の時間（二単位時間）を設けて実施することも考えられますし，同じ時間（一単位時間）の中で時間を区切り，2つの指導内容を実施することも考えられます。その際には，例えば（イ）の座位姿勢について学習したのち，その安定した座位姿勢を意識しながら（ア）の指導内容である机上学習を行うなど，両者のつながりを意識した授業展開がなされるとよいでしょう。

【作成時のポイント】

自立活動は，自立活動の時間における指導のみならず，「学校の教育活動全体を通じて適切に行うもの」であるため，各教科等と密接な関連を保つとともに，各教科等の指導を通じても適切に行わなければならないものです。自立活動の時間における指導を担当する教師と各教科等を担当する教師が，対象児の中心的な課題や自立活動の指導目標，指導内容を共有した上で，各授業が展開されなくてはなりません。その際には，自立活動の個別の指導計画を媒介に，それぞれの共通理解を深める必要があります。自立活動の時間における指導の担当者は，設定された指導目標や指導内容に沿いながら，児童の興味関心等に基づ

いて教材を選定し，授業を実施します。そして，各教科等の担当教師は，各教科等の指導や日常生活場面における対象児への指導において，それらを活かしていきます。例えば，国語においては，目標や内容自体は児童の学習段階に応じた国語の目標や内容で実施します。各教科等の目標や内容は教科の観点で設定されるものだからです。しかし，児童の中心的な課題である「感覚や意識の薄さ・捉えづらさ」や「自己理解の乏しさ」を考慮した教材や手だてや配慮が必要になります。具体的には，児童の視覚認知の弱さ（視覚的な捉えづらさ）に配慮して，新規で取り組む単元の文章を読む際には，教師による範読*7を必ず行うようにし，音声での確認をした上で対象児が音読するようにすることや，新出漢字を覚える際には，目で見て漢字を捉えるだけではなく，形の特徴や漢字の覚え方を対象児と一緒に言語化し，言葉でも確認する時間を設けることなどです。また，日常の生活場面では，児童の「自己理解の乏しさ」を考慮し，毎朝行われる学級活動（朝の会等）において，今日の自分の身体や気持ちの状態を言葉で人に伝える，ノートなどに一言書いて担任教師に伝えるなどの活動を設定することが考えられます。これらの活動を通して，自分自身の身体の状態や気持ちに意識を向け，さらにそれらを言語化して人に伝え，わかってもらえたという成功体験を積み，自信をつけてほしいと考えました。

　自立活動の時間における指導において，直接的に児童の課題にせまった指導目標や指導内容での学習を実施するとともに，各教科等や日常の生活場面において中心的な課題を踏まえた手だて・配慮や関わり方を行うことで，学校の教育活動全体を通した自立活動の指導が実現するといえます。

▍第2節　肢体不自由に知的障害を伴う子どもの自立活動の指導（重度・重複障害）

（1）対象児の実態と授業の概要

　対象児は，特別支援学校（肢体不自由）に在籍する高等部1年生の女子生徒（以

＊7　範読：教師が手本として児童生徒に読んで聞かせること。

下，Bさん）で，肢体不自由と知的障害のある重度・重複障害児です[*8]。知的障害者である児童生徒に対する教育を行う特別支援学校の各教科を指導する教育課程（知的代替[*9]）で学んでいます。小学部1段階の目標および内容について学習しており，各教科等の指導は学級による集団指導の体制をとっています。また，自立活動の時間における指導は，教師と対象生徒が1対1で行う個別指導の体制をとり，週3時間設定されています。

(2) Bさんに対する自立活動の個別の指導計画の作成手続き

　第1節と同様に，自立活動の個別の指導計画作成の手順や記載例（流れ図）を参考に，対象児の自立活動の授業設計について説明します。

【 実態把握 】

> ①　障害の状態，発達や経験の程度，興味・関心，学習や生活の中で見られる長所やよさ，課題等について情報収集

　Bさんの情報収集においては，成育歴や発達検査の結果，引き継ぎ資料（通知表や個別の指導計画，個別の教育支援計画等）を参考にした上で，関係する教師が観察によって把握した情報，保護者や本人からの聞き取りによって得られた情報を収集しました（表8-2）。

＊8　重度・重複障害児：「重度・重複障害児に対する学校教育の在り方について（報告）」（文部省特殊教育の改善に関する調査研究会，1975）においては，(1) 盲・聾（ろう）・知的障害・肢体不自由・病弱の各障害を2つ以上有する重複障害者，(2) 精神発達の遅れが著しく，ほとんど言語をもたず，自他の意思の交換および環境への適応が非常に困難であって，日常生活において常時介護（看護）を必要とする精神発達の重度遅滞者，(3) 破壊的行動，多動傾向，異常な習慣，自傷行為，自閉性などの問題行動が顕著で常時介護を要する者，の3つの場合を示している。

＊9　知的代替：知的障害と他の障害を併せ有する児童生徒については，各教科の目標・内容の一部又は全部を，知的障害者である児童生徒に対する教育を行う特別支援学校の各教科の目標・内容の一部又は全部に替えることができる。詳しくは，特別支援学校幼稚部教育要領，小学部・中学部学習指導要領第1章総則 第8節「重複障害者等に関する教育課程の取扱い」を参照のこと。知的障害者である児童又は生徒に対する教育を行う特別支援学校の教育課程に一部または全部を替えていることから，各学校においては，「知的代替の教育課程」と呼ばれることがある。

表 8-2　収集したＢさんに関する情報の概要

・特別支援学校（知的障害）の各教科の小学部１段階の内容を学習している。
・移動は車椅子を使用し，乗降や移動には介助が必要である。
・一人で座位を保つことができないため，座位保持椅子や側臥位，仰臥位で学習している。
・脊柱に側弯がみられたり，関節部位に拘縮や変形がみられたりしている。
・着替えや食事（胃ろう），排せつ等の日常生活動作は全介助である。
・呼吸が浅く，ゼーゼーといった喘鳴や咳が多い。
・友達や教師と関わることを好み，親しい人が近づくと笑顔になる。
・泣いたり，「あー」と声を出したりして要求を表現することができる。

②-1　収集した情報（①）を自立活動の区分に即して整理する段階

収集した情報をより詳細に記述し，自立活動の区分で整理します。

• 健康の保持

　　Ｂさんは，現在は服薬で落ち着いているものの，てんかん発作の既往があるため，学校生活においても注意が必要な生徒です。また，薬の副作用や運動不足などから，骨折しやすい傾向にあったため，移乗時や体位変換の際には十分に注意を払わなければなりません。側弯の進行とも関連し，呼吸は常に浅く，ゼーゼーという喘鳴や咳などの呼吸面でも配慮が必要です。胃ろうを行っており，医療的ケアも必要な生徒です。

• 心理的な安定

　　保護者や学級担任，同級生等の慣れ親しんだ人との活動や馴染みのある学習活動では，積極的に活動に参加し，「あー」と発声したり，自ら手を伸ばしたりするなどの行動がみられました。一方で，あまり親しくない人が近くにいたり，新しい学習活動に取り組んだりする際には，不安そうな表情を浮かべ，時には声を出して泣き出すこともありました。

• 人間関係の形成

　　人との関わりを好み，周りの人からの働きかけに対しては，時々発声や笑顔で応えたり，タイミングよく右手の平を開閉させて相槌を打ったりする姿がみられました。また，関わってくれる人と視線を合わせ，その人を目で追ったり，近くに来てほしいときには呼ぶように発声をした

りすることもありました。保護者や学級担任など，一部の親しい人とそうではない人では反応が異なる様子があるため，人を見分けているように感じられました。

● 環境の把握

　　触覚を通したやりとりでは反応が良く，息を吹きかけられると笑ったり，強い風が吹くと笑顔で発声し，喜んでいたりするような様子がみられました。特定の曲が流れると音源のほうに視線を向けたり，曲が止まると発声で要求したりするなど，聴覚情報を用いて周囲の状況を把握している様子がありました。スイッチに触れて好きな曲を流すといった因果関係の理解の基礎となる学習活動では，自ら繰り返してスイッチに触れるものの，予測して期待するような様子はみられませんでした。

● 身体の動き

　　脊柱の側弯が進行しており，体幹用のコルセットを着用していましたが，介助をしながら座位姿勢をとると，体幹が左側に傾く傾向にありました。自分で姿勢を変えたり，移動したりすることは難しく，介助が必要です。右手の指先は比較的よく動き，発声の際には一緒に動かしている様子がみられました。

● コミュニケーション

　　自分の名前を呼ばれたり，近くから話しかけられたりすると，笑顔や発声，右手の動きなどで応じている様子がみられました。また，不快な際には声を出して泣くことで感情を表現することができます。

---

②-2　収集した情報（①）を学習上又は生活上の困難や，これまでの学習状況の視点から整理する段階

情報を整理するにあたって，情報同士の関連を図 8-2 のように整理しました。

　Bさんの学習上または生活上の困難について，健康の保持や身体の動きに関連する情報から，「身体の緊張をゆるめたり適切に動かしたりすることが難しい」を抽出しました。環境の把握に関連する情報から，「因果関係（原因と結果）

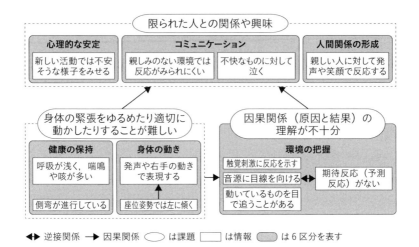

図 8-2　収集した B さんに関する情報間の関連性の整理（実態把握図）

の理解が不十分」，同様に，心理的な安定，コミュニケーション，人間関係の形成に関連する情報から「限られた人との関係や興味」をそれぞれ抽出しました。

②-3　収集した情報（①）を〇〇年後の姿の観点から整理する段階

　B さんは高等部 1 年生の女子生徒です。高等部を卒業した後にどのような姿になっていてほしいかについて，以下のように整理しました。

- 身体の緊張を自らゆるめ，深い呼吸ができるようになってほしい（健康の保持，身体の動き）。
- 目的的に手を動かし，自ら操作することができるようになってほしい（身体の動き，環境の把握）。
- 触覚や聴覚，視覚といった活用できる感覚器官を使って，周囲の状況を自分なりに理解し，様々な人や物と積極的に関わってほしい（環境の把握，心理的な安定，コミュニケーション，人間関係の形成）。

【 指導すべき課題の整理 】

> ③　①をもとに②-1，②-2，②-3 で整理した情報から課題を抽出する段階

図8-2をもとに，対象生徒の課題を以下のように抽出しました。

- 身体の緊張をゆるめ，リラックスした状態で深い呼吸をすることや教材や姿勢に合わせて自分なりに動きを調整したりすることが難しいといった，自分自身の健康や身体の動きへの意識や調整に難しさがある（健康の保持，身体の動き）。
- 触覚をはじめとし，視覚や聴覚といった活用できる感覚はあるものの，自らの行為と原因の結果の理解といった因果関係の理解には至っておらず，状況を把握することが難しい（環境の把握）。
- 特定の人や慣れた場所，取り組んだことがある教材等では安定して学習に取り組める反面，慣れていない人や普段と異なる環境，新しい学習活動に対しては反応が見られなかったり，泣いて不安定になったりすることがある（心理的な安定，コミュニケーション，人間関係の形成）。

> ④　③で整理した課題同士がどのように関連しているかを整理し，中心的な課題を導き出す段階

　③で抽出した指導すべき課題同士の関連を整理し，中心的な課題を導き出します。対象生徒は，「身体の緊張をゆるめたり適切に動かしたりすることが難しい」ために，物の操作やその結果起こることへの理解が十分ではなく，「因果関係（原因と結果）の理解が不十分」という課題に影響を与えていると考えました。また，「身体の緊張をゆるめたり適切に動かしたりすることが難しい」ことと「因果関係（原因と結果）の理解が不十分」の双方が課題としてあるために，周囲の状況への理解が難しく，心理的に不安定な状況になるなど，「限られた人との関係や興味」へとつながっていると考えました。「②-3　収集した情報（①）

を〇〇年後の姿の観点から整理する段階」において整理した，Bさんの姿を目指すためには，「身体の緊張をゆるめたり適切に動かしたりすることが難しい」を中心的な課題として設定することにしました。

【 指導目標・指導内容の設定 】

⑤　④に基づき設定した指導目標を記す段階

指導目標として，「身体に触れられたり，いろいろな姿勢をとり手足を動かしたりすることで，深い呼吸をし，身体の緊張をゆるめることができる。」としました。

⑥　⑤を達成するために必要な項目を選定する段階

⑤で設定した指導目標を達成するために，下記の項目を選定しました。

1　健康の保持
　　(5)　健康状態の維持・改善に関すること
3　人間関係の形成
　　(1)　他者とのかかわりの基礎に関すること
4　環境の把握
　　(1)　保有する感覚の活用に関すること
5　身体の動き
　　(1)　姿勢と運動・動作の基本的技能に関すること

⑦　項目と項目を関連付ける際のポイントと⑧具体的な指導内容を設定する段階

具体的な指導内容は以下の通りです。

（ア）触れられた部位に意識を向け，教師と一緒に力を抜いたり入れたりする。

（イ）右手を使って目で見てスイッチに触れ，結果を耳や目，感触で確かめる。

　触れられた部位に気づき，教師の動きを手がかりにしながら力を抜いたり入れたりするためには，触覚や運動を通して自分の身体や教師の存在を意識し身体を動かす必要があります。また，身体の力を抜くことは安定した深い呼吸につながることから，「1　健康の保持（5）健康状態の維持・改善に関すること」や「3　人間関係の形成（1）他者とのかかわりの基礎に関すること」「5　身体の動き（1）姿勢と運動・動作の基本的技能に関すること」を関連づけ，具体的な指導内容である（ア）を設定しました。また，Bさんが自発的に動かすことができる右手を用い，結果として起こった変化に気づくためには，目や耳，触覚で変化を感じ取り，運動による行為とその結果を結び付けて理解する必要があることから，「4　環境の把握（1）保有する感覚の活用に関すること」「5　身体の動き（1）姿勢と運動・動作の基本的技能に関すること」を関連付け，具体的な指導内容である（イ）を設定しました。

(3)　指導案の例と作成時のポイント

　Bさんの実態から，触れると反応するスイッチやタブレット等を教材に用いて，好きな音楽や風，映像などが流れるような学習活動に取り組みました。認知発達が初期にある対象生徒が因果関係を意識しやすいものとして，応答性の高い教材が有効です（吉田ら，2021）。一般に，応答性を感じ取りやすいのは，触覚→聴覚→視覚の順であると言われていますので，そのような段階性や対象生徒の興味・関心，動きの特徴，生活年齢等を踏まえて教材を選定する必要があります。

【文　献】

安藤隆男（2021）．新たな時代における自立活動の創成と展開：個別の指導計画システムの構築を通して　教育出版

文部科学省（2017）．特別支援学校幼稚部教育要領 小学部・中学部学習指導要領

文部科学省（2018）．特別支援学校教育要領・学習指導要領解説　自立活動編（幼稚部・小学部・中学部）

文部省特殊教育の改善に関する調査研究会（1975）．重度・重複障害児に対する学校教育の在り方について（報告）　特殊教育の改善に関する調査研究会　昭和 50 年 3 月 31 日

吉田光伸・池田彩乃・阿部晃久・佐島　毅（2021）．重度・重複障害児の手指運動の方向付けおよび調整における固有覚フィードバックの効果　特殊教育学研究, *59*(3), 147-156.

WORK　授業展開を考えよう！

　資料を読んで，肢体不自由のある子どもの自立活動の時間における指導1
時間の授業展開を考えてみましょう。また，授業の展開の仕方や指導上の工
夫点などについて話し合ってみましょう。

　　参考資料：対象児に関する資料▶▶▶

 POINT ....

・ 対象児の理解や授業展開を考える際に，関連書籍や参考資料を活用しましょう。

　　　参考資料：文部科学省「障害のある子供の教育支援の手引～子供たち一人一人の教育
　　　　　　　　的ニーズを踏まえた学びの充実に向けて～」（2021年）▶▶▶

・ 自立活動の時間における指導と他の教科との関連を意識しましょう。

 Work の取扱い方（例）..

　　第Ⅱ部の授業回が終わるまでに，受講者に対してレポート作成を課します。講義の途中ある
いは最後に約30分の時間を設けます。4名程度の少人数グループを編成し，各自が作成した授
業展開を紹介し合います（約20分）。その後，グループで話し合われた工夫点などについて全
体で共有します（約10分）。

学びの主体であった卒業生の立場から
「自立活動の学びの意義と成果」について

学びの当事者
迫田 拳

　私が自立活動と出合ったのは，中学生になり特別支援学校に入学したときでした。小学校は普通学級に通っていたので，最初は「自立活動ってなんだろう？」と期待半分，不安半分で授業を受けたことを今でも覚えています。ここからは，幼少期から受けていたリハビリテーションと比較しながら，自立活動に対して感じたことをお話しします。

　一言で言えば，リハビリテーションは「障害部位の機能回復」，自立活動は「障害やそれによって生じる困難をどのように受け入れるかを考えること」を目的としているように感じました。私は脳性まひ（痙直型両まひ）を患っており，上肢・下肢ともに動かしにくいという障害を持っています。この障害に対するアプローチが異なるのです。リハビリテーションでは，例えば「硬直しやすい右膝を少しでも伸ばすこと」，「PCウォーカーを用いた歩行訓練」や「衣服のボタン掛けの練習」などを行いました。今となってはこういったものの「できるだけ歩行能力を維持する」，「手指の巧緻性を少しでも高める」といった目的を理解しているつもりです。しかし，当時は「リハビリはある程度無理をした上で身体機能を悪化させないようにするためのもの」という認識があり，中学生以降はあまり進んで取り組んでいませんでした。それに対して自立活動では，もちろん躯幹ひねりや骨盤起こしといった身体の動きに関する内容もありましたが，指導内容は多岐にわたりました。具体的には，高校卒業後の生活のために必要な支援は何かを考える時間や，一人暮らしに向けた生活に関する指導もありました。

　こう聞くと，自立活動は将来の生活を見据えた指導のように感じるかもしれませんが，それだけにとどまりません。例えば，日々の各教科の授業の中で学習しやすい姿勢を意識するように声かけをされるなど，日常生活においても自立活動の指導を感じることがたびたびありました。つまり，生徒自身に「障害がある上で生活していくことを受け止め，その中でどうより良い生活をしていくか」を考えさせることが，自立活動の根本的な目的だったのだと感じます。その甲斐もあってか，私は大人になった今でも自分の体の変化に気を配りつつ一般企業で働いています。自立活動と出合って「自分の障害と向き合う力」を身につけることができたことは，私にとって大きな財産となっています。もちろん，障害の状態は児童生徒で異なるため，自立活動の指導内容もそれぞれ変化すると思います。教科指導のように内容が決まっていないからこそ，読者のみなさんには，ぜひ児童生徒一人一人と向き合いつつ，自立活動について考えてもらいたいと思います。

「卒業後の地域での生活につながる 学びへの期待」について

保護者
小野純子

　現在22歳の帆乃夏（ほのか）は，生後8か月の時に突発性発疹から急性脳症になり，身体の自由を失ってしまいました。手足を自分の意思で動かすことも，しゃべることもできません。でも，まわりの人たちには，いつも明るく満面の笑みで癒しを与えているようです。このような状態の娘ですが，現在は月曜日から土曜日まで障害者施設である生活介護に通い，パソコンを視線入力で自在に操作して絵を描いています。その作品をグッズ化して販売し，障害者施設の売り上げに貢献しています。自宅では，ネットサーフィン，ユーチューブ，ライン等々，同世代の女の子と同様の日々を過ごしています。しゃべれないハンディキャップは視線入力でパソコンに代わりにしゃべってもらうことで解消しながらコミュニケーションをとり，美容室の予約，訪問介護の予約，その他公的支援の予約，実施はすべて自分自身でしています。

　帆乃夏は，小学校1～3年は普通小学校の特別支援学級に通いました。そこでは，現在も交流のある友人を得ることができました。精神・情緒面では満足の得られる成長があったのですが，一人の先生が受け持つ児童数が多い普通小学校のシステムの限界で，一般的な語学の学習，その他一般教養面において著しく遅れていると感じ，今後，帆乃夏が社会に出て他者と十分なコミュニケーションをとることができるのかという点で不安を感じ，小学校4年からは特別支援学校に転校しました。そこで出会った先生に，徹底的に日本語についての指導を受けました。親の欲目で，「話せないけど理解はできている」「文章も書ける」と思っていたのは間違いで，この当時は2語文くらいがせいぜいでした。この先生による指導が，帆乃夏の現在の文章力につながったと思います。5年生のときに出会えた先生からはパソコンの活用・視線入力を提案していただき，パソコンの操作をマスターしました。障害者のハンディキャップを解消する研究をされていたこの先生のおかげで，オリヒメアイ（文字入力や合成音声でのスピーチができる意思伝達装置）にも出合えました。現在の帆乃夏が他者とコミュニケーションをとれるのは，言葉やパソコンの操作を教えてくださった先生方，パソコンを授業で活用する工夫をしてくださった先生，帆乃夏のことを幼少時から理解し，必要な姿勢保持に関する指導や助言をくださった学部主事の先生，校長先生のおかげです。すべての先生方がワンチームとなってがんばってくださったことで，娘，帆乃夏の人生が豊かになりました。帆乃夏が出会えた先生方に共通しているのは，どの先生も明るく，楽しく，前向きな方ばかりだったことです。これから先生になるみなさん，ご自身が楽しく生きていくのを最優先でがんばってくださいね！

肢体不自由教育における教育課程の編成とカリキュラム・マネジメント

　特別支援教育の教育課程編成の基本は,「特別支援教育の基礎理論に関する科目（第一欄）」（本シリーズでは第1巻『特別支援教育要論』が対応）で学びます。第Ⅲ部では，第一欄（第1巻）の学修を前提に，肢体不自由教育における教育課程の編成とカリキュラム・マネジメントについて，3章から構成しました。

　第9章では，特別支援学校（肢体不自由）で編成された教育課程の実際について，肢体不自由のある子どもの多様な実態（第4章）や各教科と自立活動の授業設計の考え方の違い（第5章），教育関連法規との関連を踏まえながら理解を深めます。続く第10章では，一人一人の子どもの学習評価に基づく教育課程の改善を図るカリキュラム・マネジメントについて，特別支援学校（肢体不自由）における取り組みの実際を通して概説します。そして第11章では，小・中学校における肢体不自由教育に目を向け，特別支援学級や通級による指導の教育課程編成について考え方や現状について概説します。

　教育課程編成にはまだ馴染みが薄いかもしれませんが，肢体不自由のある子どもが在籍期間に何を，どれだけの時間をかけて学ぶことができるか，それを決めるのは教師（＝将来のみなさん）であることを受け止めて，理解を確かなものにしてください。

学びをつなぐ！ ——————————— 第Ⅲ部

　第1欄の科目（本シリーズ第1巻対応）では，特別支援学校の教育課程編成の基準となる教育関連法規や，柔軟に教育課程を編成する際の考え方について学修しました。

　第2巻第Ⅲ部では，第2欄の肢体不自由に関する教育の領域のうち，「教育課程」に関わる内容を取り上げます。

　教育課程編成の意義を理解した上で（到達目標（1）の1)），特別支援学校（肢体不自由）に在籍する子どもの実態を踏まえて，教育関連法規をどのように適用しながら教育課程を編成するのか（到達目標（2）の1)），また，個別の指導計画に記載される一人ひとりの学習状況をどのように総括しながら教育課程の評価・改善を図るカリキュラム・マネジメントを考えるのかについて理解することをめざします（到達目標（2）の2), 4)）。

　学修を終えたら，第1欄の学修内容（本シリーズ第1巻第Ⅱ部）を振り返りましょう。教育課程編成の「実際」にふれたあとだからこそ，多様な子どもの実態に即した教育課程編成を実現するために不可欠な「基本」の輪郭をより明確に捉えることができます。

●特別支援学校教諭免許状コアカリキュラム——教育課程——

> **全体目標**：特別支援学校教育要領・学習指導要領を基準として特別支援学校（肢体不自由）において編成される教育課程について，その意義や編成の方法を理解するとともに，カリキュラム・マネジメントについて理解する。
>
> **(1) 教育課程の編成の意義**
> 一般目標：特別支援学校（肢体不自由）の教育において教育課程が有する意義を理解する。
> 到達目標：1）生きる力として知・徳・体に加え，障害による学習上又は生活上の困難を改善・克服する力を育むことを目指すために教育課程を編成することについて理解している。
>
> **(2) 教育課程の編成の方法とカリキュラム・マネジメント**
> 一般目標：幼児，児童又は生徒の肢体不自由の状態や特性及び心身の発達の段階等並びに特別支援学校（肢体不自由）の教育実践に即した教育課程の編成の方法とカリキュラム・マネジメントの考え方を理解する。
> 到達目標：1）肢体不自由の状態や特性及び心身の発達の段階等並びに学習の進度を踏まえ，各教科等の教育の内容を選定し，組織し，それらに必要な授業時数を定めて編成することを理解している。
> 　　　　　2）各教科等の年間指導計画を踏まえ，個々の幼児，児童又は生徒の実態に応じて適切な指導を行うために個別の指導計画を作成することを理解している。
> 　　　　　3）自立活動の指導における個別の指導計画の作成と内容の取扱いについて理解するとともに，教科と自立活動の目標設定に至る手続の違いを理解している。
> 　　　　　4）個別の指導計画の実施状況の評価と改善を，教育課程の評価と改善につなげることについて，カリキュラム・マネジメントの側面の一つとして理解している。

本シリーズ第1巻と第2巻の主な関連

特別支援学校（肢体不自由）における教育課程の編成の考え方と実際

　本章では，特別支援学校（肢体不自由）における教育課程編成の基本的な考え方を確認します。その上で，学習指導要領に示されている「重複障害者等に関する教育課程の取扱い」の規定を踏まえた教育課程編成の実際について概説します。

第1節　特別支援学校（肢体不自由）の教育課程の編成の考え方

(1)　教育課程編成の基準

　学校教育は，公教育として公の性質を持つものであり，全国的に一定の教育水準を確保し，全国どこにおいても同水準の教育を受けることのできる機会を国民に保障することが要請されています。これは，特別支援学校においても同様であり，特別支援学校における教育の目的や目標を達成するために，各学校において編成，実施される教育課程について，国として一定の基準を設け，国全体としての統一性を保つことが必要となります。

　一方で，特別支援教育は，その本質から幼児児童生徒の障害の状態および発達段階や特性等ならびに地域や学校の実態に応じて効果的に行われることが大切です。また，各学校において教育活動を効果的に展開するためには，学校や教師の創意工夫に負うところも大きいものです。したがって，特別支援学校教育要領・学習指導要領解説総則編（文部科学省，2018）では，次のように示されています。

　各学校においては，国として統一性を保つために必要な限度で定められた基準に従いながら，創意工夫を加えて，児童生徒の障害の状態や特性及び心身の発達の段階等並びに学校，地域の実態に即した教育課程を責任をもって編成，実施することが必要である。

　また，教育委員会は，それらの学校の主体的な取組を支援していくことが求められています。

　わが国の学校制度は，学校教育の目的や目標，教育課程について，法令で種々の定めがなされています。学校教育法では，小学校，中学校，高等学校等の教科等について，それぞれの学校の目的・目標等に従い，文部科学大臣が定めることになっており，特別支援学校についても文部科学大臣が定めることとされています（学校教育法第77条）。

　全国のどの地域で教育を受けても，一定の水準の教育を受けられるようにするため，文部科学省では，学校教育法等に基づき，各学校で教育課程（カリキュラム）を編成する際の基準を定めています。これを「学習指導要領[*1]」といいます。

　学校教育法施行規則の規定に基づき，文部科学大臣は特別支援学校幼稚部教育要領，小学部・中学部学習指導要領及び高等部学習指導要領を告示という形式で定めています。この学習指導要領は，特別支援学校における教育について一定の水準を確保するために法令に基づいて国が定めた教育課程の基準であり，各学校の教育課程の編成・実施にあたっては，これに従わなければならないものです。また，学習指導要領は，児童生徒や学校の実態等に応じて各学校が創意工夫を生かした教育が展開できるように，基準の大綱化・弾力化が図られてきています。

(2)　教育課程編成の考え方

①　教育課程編成の手順

　学習指導要領（文部科学省，2017，2019）第1章総則は，教育課程の編成，実施について各教科等にわたる通則的な事項を定めているものであり，各学校は総則に示された事項に従って教育課程を編成，実施する必要があります。

　特別支援学校教育要領・学習指導要領解説総則編（文部科学省，2018）には，教

＊1　文部科学省　学習指導要領「生きる力」（2023年3月31日閲覧）。

＊1

育課程とは，「学校教育の目的や目標を達成するために，教育の内容を児童生徒の心身の発達に応じ，授業時数との関連において総合的に組織した各学校の教育計画である」と示されています。すなわち，教育課程編成の基本的な要素は，「学校教育目標の設定」，「教育内容の組織」，「授業時数の配当」ということになり，その編成の手順は以下のようになります。

- 学校教育目標の設定
  教育基本法や学校教育法，学習指導要領等の関連する法令等[*2]を踏まえ，在籍する幼児児童生徒の実態や地域の実情を踏まえた学校教育目標を設定する。
- 教育内容の組織
  学校教育目標の達成を目指して，学校教育法施行規則第126条から第128条に規定されている各教科等の教育内容を選択する。
- 授業時数の配当
  それぞれの教育内容の年間授業時数を定め，教育課程を編成する。

なお，教育課程を構成する各教科等の教育内容は，特別支援学校小学部については学校教育法施行規則第126条，中学部は第127条，高等部は第128条に示されています。

第126条　特別支援学校の小学部の教育課程は，国語，社会，算数，理科，生活，音楽，図画工作，家庭，体育及び外国語の各教科，特別の教科である道徳，外国語活動，総合的な学習の時間，特別活動並びに自立活動によって編成するものとする。

2　前項の規定にかかわらず，知的障害者である児童を教育する場合は，生活，国語，算数，音楽，図画工作及び体育の各教科，特別の教科である道徳，特別活動並びに自立活動によつて教育課程を編成するものとする。（後略）

---

*2　教育委員会は，地方教育行政の組織及び運営に関する法律により，学校の教育課程に関する事務を管理，執行し（第21条第5号），法令及び条例に違反しない限度において教育課程について必要な教育委員会規則を定めるものとする（第33条第1項）とされている。この規定に基づき，教育委員会が教育課程について規則などを設けている場合，公立の学校はそれに従って教育課程を編成する必要がある。

②　教育内容の選択

　視覚障害者，聴覚障害者，肢体不自由者又は病弱者である児童生徒に対する教育を行う特別支援学校の教育課程については，小学部では小学校の各教科，特別の教科である道徳（以下，「道徳科」），外国語活動，総合的な学習の時間及び特別活動，中学部では中学校の各教科，道徳科，総合的な学習の時間及び特別活動，高等部では高等学校の各教科・科目及び総合的な探求の時間，特別活動に，それぞれ自立活動を加えて編成することになっています。

　知的障害者である児童生徒に対する教育を行う特別支援学校の教育課程については，小学部では，生活，国語，算数，音楽，図画工作及び体育の各教科，道徳科，特別活動，自立活動で編成することになっており，外国語活動については，児童や学校の実態を考慮し，必要に応じて設けることができます。

　中学部では，必修教科として国語，社会，数学，理科，音楽，美術，保健体育及び職業・家庭の各教科，道徳科，総合的な学習の時間，特別活動，自立活動で編成することとなっています。また，必要がある場合には，外国語科を加えて編成することができます。

　高等部では，各学科に共通する教科として国語，社会，数学，理科，音楽，美術，保健体育，職業及び家庭の各教科，道徳科，総合的な探究の時間，特別活動並びに自立活動については，特に示す場合を除き，すべて生徒に履修させることとなっています。そして，外国語及び情報の各教科については，学校や生徒の実態を考慮し必要に応じて設けることができます。また，専門学科においては家政，農業，工業，流通・サービス，もしくは福祉の各教科，または学校設定教科のうち専門教育に関するもののうち，いずれか1以上履修するようになっており，各教科に属する科目は設けられていません。

　幼稚部については，いずれの場合も幼稚園教育要領の健康，人間関係，環境，言葉及び表現の5領域に自立活動を加えた6領域で構成されます。

　自立活動は，障害による学習上または生活上の困難を主体的に改善・克服するために必要な知識・技能等を養うことを目標とするものであり，特別支援学校の教育課程上の大きな特徴となっています。

③　授業時数の配当

　授業時数の取扱いに関しては，次のように示されています（文部科学省，2017）。

> 　小学部又は中学部の各学年における第2章以下に示す各教科（知的障害者である生徒に対する教育を行う特別支援学校の中学部において，外国語科を設ける場合を含む。以下同じ。）（中略）の総授業時数は，小学校又は中学校の各学年における総授業時数に準ずるものとする。この場合，各教科等の目標及び内容を考慮し，それぞれの年間の授業時数を適切に定めるものとする。

　小学校の授業時数は，学校教育法施行規則第51条別表第1，中学校は同第73条別表第2[*3]に示されています。そのため，例えば小学部5年生の年間総授業時数は1,050時間が標準となり，これを下回らないように教育課程を編成します。また，各教科等のそれぞれの年間授業時数は，別表第1に示される時数を参考としながら，児童生徒の実態に即して授業時数を配当します。

　また，自立活動については，「児童又は生徒の障害の状態や特性及び心身の発達の段階等に応じて，適切に定めるものとする」と示されています。個々の児童生徒の障害の状態や特性および心身の発達段階等に応じて適切に設定される必要があることから，授業時数の標準は示されていません。児童生徒の実態に応じて適切に授業時数を定めることになります。別表第1に加えて自立活動の授業時数を配当すると，小学校5年生の年間総授業時数を上回ってしまいます。各教育内容の学びの成立と児童生徒の実態や負担過重について考慮しながら，各教科等の授業時数を検討します。

④　実態に応じた教育課程の編成

　以上を踏まえて，各特別支援学校は児童生徒の実態に応じた教育課程を編成します。多様な実態に応じた教育課程を編成するために，「重複障害者等に関する教育課程の取扱い[*4]」（表9-1）を適用することも可能です。なお，「重複障害者

---

*3　学校教育法施行規則「第51条別表第1」，「第73条別表第2」。
*4　特別支援学校小学部・中学部学習指導要領第1章総則　第8節「重複障害者等に関する教育課程の取扱い」。

＊3

＊4

表 9-1　重複障害者等に関する教育課程の取扱い（一部抜粋）

1. 障害の状態により特に必要がある場合
   ・各教科及び外国語活動の目標及び内容の一部を取り扱わないことができる。
   ・各教科の当該学年の前各学年の目標及び内容に替えることができる（一部又は全部）。
   ・中学部の各教科及び道徳科→小学部の各教科及び道徳科の目標及び内容に関する事項の一部又は全部によって，替えることができる。
   ・外国語科→外国語活動の目標及び内容の一部を取り入れることができる。
   ・幼稚部教育要領のねらい及び内容の一部を取り入れることができる（小，中）。
3. 視覚障害者，聴覚障害者，肢体不自由者又は病弱者である児童又は生徒に対する教育を行う特別支援学校に就学する児童又は生徒のうち，知的障害を併せ有する児童生徒の場合
   ・各教科の目標及び内容の一部又は全部を，知的障害者である児童生徒に対する教育を行う特別支援学校の「各教科の目標及び内容の一部又は全部」に替えることができる。
4. 重複障害者のうち，障害の状態により特に必要がある場合
   ・「各教科，道徳科，外国語活動若しくは特別活動の目標及び内容に関する事項の一部」又は「各教科，外国語活動若しくは総合的な学習の時間」に替えて，自立活動を主として指導を行うことができる。

出所：特別支援学校小学部・中学部学習指導要領 第 1 章総則第 8 節より一部抜粋して筆者作成。

等に関する教育課程の取扱い」を適用するか否かの判断は各特別支援学校に委ねられます。教育課程編成の主体者として，適用の必要性を十分に検討し，責任を持って判断することが各特別支援学校に求められます。

第 2 節　特別支援学校（肢体不自由）における教育課程編成の実際

(I)　特別支援学校（肢体不自由）に在籍する児童生徒の実態

　表 9-2 に示したように，特別支援学校（肢体不自由）小・中学部では，重複障害学級在籍率が 49.9%，高等部では 33.3% となっており，他の障害種の特別支援学校と比べて重複障害学級の割合が高くなっています（文部科学省，2022）。

　また，表 9-3 に示したように，特別支援学校（肢体不自由）に在籍する幼児児童生徒の病因別の内訳は，脳性疾患

表 9-2　特別支援学校における重複障害学級の割合（令和 3 年度）

障害種 ＼ 学部	小・中学部	高等部
視覚障害	38.1%	21.5%
聴覚障害	29.0%	18.5%
知的障害	24.8%	13.6%
肢体不自由	49.9%	33.3%
病弱・身体虚弱	40.0%	31.4%

出所：文部科学省（2022）。

表9-3　特別支援学校（肢体不自由）に在籍する児童生徒の起因疾患とその人数（割合）

分　類	人数（％）
脳性疾患（脳性まひ，脳外傷後遺症，脳水腫症，その他）	11,118（63.7）
脊椎・脊髄疾患（脊椎側わん症，二分脊椎，脊髄損傷，その他）	763（ 4.4）
筋原性疾患（進行性筋ジストロフィー，重症筋無力症，その他）	759（ 4.3）
骨系統疾患（先天性骨形成不全，その他）	236（ 1.3）
代謝性疾患（ムコ多糖代謝異常症，ビタミンD欠乏症，その他）	244（ 1.4）
弛緩性まひ（脊髄性小児まひ，分娩まひ，その他）	25（ 0.1）
四肢の変形等（上肢・下肢切断，その他）	56（ 0.3）
骨関節疾患（関節リュウマチ，先天性股関節脱臼，その他）	170（ 1.0）
その他	4,112（23.5）
在籍児童生徒数	17,483

注）学校数 239 校。
出所：全国特別支援学校肢体不自由教育校長会（2020）。

が63.7％を占めており，とくに脳性まひの児童生徒が多く在籍しています（全国特別支援学校肢体不自由教育校長会，2020）。知的障害や言語障害など，他の障害を1つまたは2つ以上併せ有している重複障害者のほか，脳性疾患では，肢体不自由による姿勢や運動・動作の困難さに加えて，視覚認知などの困難を有することも多く，さらに医療的ケアが必要な児童生徒の増加など，在籍する児童生徒の障害の重度・重複化，多様化が顕著になっています。

(2)　特別支援学校（肢体不自由）における教育課程編成の実際

　A特別支援学校（肢体不自由）（以下，A校）における教育課程編成の実際を表9-4から表9-7に例示しました。これらはいずれも小学部5年生の児童を対象に編成されたものです。在籍児の多様な実態に応じて教育課程を編成するため，このように同じ学年であっても複数の教育課程が編成されるのです。

①　小学校等の通常の教科を学ぶ教育課程（準ずる教育課程）

　表9-4に，小学部5年生の教育課程の例を示しました。どのような肢体不自由の子どもたちを対象に編成された教育課程なのか，考えてみましょう。

　小学校と同じ教育内容に，自立活動を加えて編成されています。知的障害を

伴わない肢体不自由児を対象に編成された教育課程であることがわかります。

特別支援学校（肢体不自由）においても，学校教育法施行規則第 126 条から第 128 条の第 1 項に示されているように，小学校等と同じ教育内容に加えて，自立活動を学ぶことが原則となります。当該学年の各教科等を中心に学ぶ，いわゆる「準ずる教育課程」です。

肢体不自由児が小学校と同じ各教科の目標・内容で学ぶためには，どれだけの授業時数が必要になるでしょうか。肢体不自由児の障害特性（第 4 章）や各教科を学ぶ際に必要な配慮事項（第 6 章）を考慮すれば，標準時数（学校教育法施行規則第 51 条）よりも

表 9-4　当該学年の教科を学ぶ（準ずる）教育課程（小学 5 年生の例）

教科等		授業時数
教科	国語	175 （175）
	社会	80 （100）
	算数	175 （175）
	理科	80 （105）
	音楽	50 （50）
	図画工作	35 （50）
	家庭	35 （60）
	体育	50 （90）
	外国語	70 （70）
特別の教科　道徳		35 （35）
総合的な学習の時間		70 （70）
特別活動		35 （35）
自立活動		105 （−）
総授業時数		1,015 （1,015）

注）（　）内は標準授業時数。

多くの時間が必要だと実感している学校も少なくないのではないでしょうか。しかし，特別支援学校（肢体不自由）の通学範囲は広域にわたり，登下校の時間を考慮すると全授業時数を増やすことは容易ではありません。さらに，自立活動の授業時数も確保しなければなりません。子どもの力を最大限引き出すためには，限られた授業時数をどのように配当するとよいのか。特別支援学校（肢体不自由）における教育課程編成で最も悩ましい判断になります。

自立活動の指導は，各教科の学習成立を図る上でも不可欠です。その授業時数を見極めながら，各教科の目標達成に必要な時間を最大限確保した結果が表9-4 です。A 校は，自立活動の授業時数を 105 時間配当しています。一方，社会，理科，図画工作，家庭，体育の各教科については，標準時数を下回る授業時数となっています。より限られた授業時数で 5 年生の目標達成を図らなければなりません。特別支援学校（肢体不自由）における各教科の指導を行う際に，指導内容の精選が不可欠（第 6 章）なのはこのためです。

なお，「各教科の各学年の目標及び内容の一部又は全部を，当該各学年より前

の各学年の目標及び内容の一部又は全部によって，替えることができること。」
などの重複障害者等に関する教育課程の取扱いの規定を適用して，下学部・下
学年の各教科等を中心に学ぶ教育課程を編成する場合もあります。この場合，実
質的に高等部卒業時までに高等学校の各教科・科目を学ぶことが困難になりやす
く，安易に適用することは避けなければなりません。

② 　知的障害者である児童生徒のための各教科等を学ぶ教育課程（知的代替の
　　教育課程）

　次に，表9-5を見て，これがどのような肢体不自由児を対象に編成された教
育課程なのか，考えてみましょう。

　小学部5年生を対象に編成された教育課程ですが，教科に理科や社会があり
ません。総合的な学習の時間も見当たりません。これらのことから，特別支援学
校（知的障害）の各教科を教育課程に位置づけていることがわかります。すなわ
ち，知的障害を伴う肢体不自由児を対象とした教育課程であると判断できます。

　特別支援学校（肢体不自由）に在籍する児童生徒は，知的障害を伴うために，
小学校等の各教科を学ぶことが難しい場合が多くあります。その場合，重複障
害者等に関する教育課程の取扱い（表9-1参照）の3の規定を適用し，特別支援
学校（知的障害）の各教科に一部又は全部を替えて教育課程を編成することがで
きます。

表9-5　特別支援学校（知的障害）
　　　　の各教科を学ぶ教育課程
　　　　（小学5年生の例）

教科等		授業時数
教科	生活	210
	国語	105
	算数	105
	音楽	105
	図画工作	105
	体育	70
特別の教科　道徳		35
特別活動		35
自立活動		245
総授業時数		1,015

　この場合，小学部の児童については，外
国語科及び総合的な学習の時間を，中学部
の生徒については，外国語科を設けないこ
とができます。表9-5の例でも，この「設
けないことができる」規定を適用した教育
課程を編成しています。この規定は，「替え
ることができる」規定なので「替えなくて
もよい」ものです。子どもの実態把握に基
づいて，十分な検討が必要になります。

　なお，知的障害を伴う肢体不自由児を対

象に編成した「教育課程」に，日常生活の指導や生活単元学習に代表される各教科等を合わせた指導が示されることがありますが，各教科等を合わせた指導は授業の形態であり，教育内容との区別が必要です。このことについては，④で説明します。

③　自立活動を主として学ぶ教育課程（自立活動を主とした教育課程）

　表9-6および表9-7は，どのような肢体不自由児を対象に編成された教育課程なのか，考えてみましょう。

　小学部5年生を対象に編成された教育課程ですが，表9-6では理科や社会の各教科，外国語活動，総合的な学習の時間がありません。また，各教科の授業時数を見ると，小学校学習指導要領に示されている授業時数よりもかなり少なく，自立活動の授業時数が多いことがわかります。これらのことから，「重複障害者等に関する教育課程の取扱い」（表9-1参照）の4の規定を適用していることがわかります。

　表9-7では，特別の教科である道徳，特別活動，自立活動のみで教育課程を編成しています。重複障害者等に関する教育課程の取扱いの4の規定を適用し，各教科の目標及び内容に関する事項の全部を自立活動に替えて編成された教育

表9-6　自立活動を主とした教育課程の例（各教科等の一部を自立活動に替えた場合）

教科等		授業時数
教科	生活	105
	国語	105
	算数	70
	音楽	70
	図画工作	70
	体育	70
特別の教科　道徳		35
特別活動		35
自立活動		455
総授業時数		1,015

表9-7　自立活動を主とした教育課程の例（各教科等の全部を自立活動に替えた場合）

教科等	授業時数
特別の教科　道徳	35
特別活動	35
自立活動	945
総授業時数	1,015

注）特別支援学校に在籍する重複障害者については，重度障害者等に関する教育課程の取扱いの4の適用に際しては，規定を適用することができるが，道徳科及び特別活動については，その目標及び内容の全部を自立活動に替えることができないことに留意する必要がある。

課程であることがわかります。

　すなわち，表 9-6 と表 9-7 は，いずれも知的障害を伴う肢体不自由児を対象とした教育課程であり，とくに表 9-7 の対象は，知的障害の重い子どもたちであると判断できます。

　この規定の適用に際しては，次の 2 点について慎重な判断が求められます。1 つは，「特に必要がある場合」に限定された規定である点です。重複障害者であれば，自立活動に替えることを前提とする規定ではありません。特別支援学校学習指導要領解説総則編にも，次のことが明示されています。

> 　重複障害者である児童生徒は，自立活動を主とした教育課程で学ぶことを前提とするなど，最初から既存の教育課程の枠組みに児童生徒を当てはめて考えることは避けなければならない。

　重複障害の子どもも含めて，教育課程に各教科を位置づけること，すなわち，小学部であれば学校教育法施行規則第 126 条が原則になっていることを理解することが大切です。

　もう 1 つは，各教科の指導と自立活動の指導では授業設計の手続きが異なる点です（第 5 章参照）。個別の指導計画に基づいた指導は，計画，実践，評価，改善の PDCA サイクルを確立して進めることが大切です。授業者は，一人一人の学習評価に基づいて次の指導目標を個別に設定します。その指導目標設定に至る手続きが各教科と自立活動で違うということは，授業設計と授業改善の積み重ね方が異なることを意味します。この点を十分に踏まえて，各教科を自立活動に替えることが「特に必要な場合」なのかを検討しなければなりません。

④　教育内容と授業の形態の区別

　特別支援学校（肢体不自由）において特別支援学校（知的障害）の各教科を学ぶ子どもたちを対象に編成された教育課程では，日常生活の指導や生活単元学習，作業学習といった各教科等を合わせた指導が多く実践されています。教育課程は，教育内容と授業時数を明確にすることによって編成されます。授業の形態については，児童生徒の実態等に応じて編成した教育課程をどのように実施す

るか，という観点から検討します。具体的には，教育内容のそれぞれについて，特設した授業で指導したほうが各教科等の目標を達成できるのか，複数の教育内容の目標・内容を扱う単元を設定し指導したほうが各教科等の目標達成を図れるのか，授業の形態について検討します。学習活動が優先されるなど，教育内容と授業の形態とを混同しないようにしなければいけません。

　各教科等を合わせた指導については，学校教育法施行規則第 130 条に規定されていますが，「特に必要があるとき」に合わせて授業を行うことができると示されています。各学校においては，各教科等を合わせた指導を行うにあたっては，「特に必要がある」根拠を説明できることが求められます。

(3)　これから教育課程の編成を担うみなさんへ

　これまで述べたように，教育課程は学習指導要領等に従い，児童生徒や地域の実態を踏まえて，各学校が編成します。学習指導要領第 1 章総則第 8 節に示されている「重複障害者等に関する教育課程の取扱い」の規定などをしっかりと理解して，教育課程を編成することが必要になります。その上で，個別の指導計画等の各種の指導計画を作成し，教育活動を展開していくことになります。

　特別支援学校（肢体不自由）における教育課程の編成は，各教科や自立活動の標準授業時数が示されていないなど，教育課程を編成する各学校の裁量が大きく，子どもの実態に応じた柔軟な教育課程編成が可能です。その分，責任も大きいといえますが，子どもの将来の姿をイメージしながら必要な教育内容や授業時数を考え，日々の授業実践を通して子どもの成長を実感できることは，大きなやりがいとなるでしょう。

【文　献】

文部科学省（2017）．特別支援学校幼稚部教育要領小学部・中学部学習指導要領
文部科学省（2018）．特別支援学校教育要領・学習指導要領解説 総則編（幼稚部・小学部・中学部）
文部科学省（2019）．特別支援学校高等部学習指導要領
文部科学省（2022）．特別支援教育資料（令和 3 年度）
　　https://www.mext.go.jp/a_menu/shotou/tokubetu/material/1406456_00010.htm（2023 年 3 月 31 日閲覧）
全国特別支援学校肢体不自由教育校長会（2020）．全国特別支援学校（肢体不自由）児童生徒病因別調査

特別支援学校（肢体不自由）の カリキュラム・マネジメント

　　在籍する児童生徒の障害の状態が重度・重複化，多様化する特別支援学校（肢体不自由）では，特別支援学校の学習指導要領に示された「重複障害者等に関する教育課程の取扱い」を適用しながら，弾力的に教育課程を編成しています。そして，在籍する児童生徒の実態に即して複数の教育課程を編成していることが，特別支援学校（肢体不自由）のカリキュラム・マネジメントをより複雑なものにしています。本章では，特別支援学校（肢体不自由）におけるカリキュラム・マネジメントの実践事例を紹介しながら，その要点を確認します。

第 1 節　カリキュラム・マネジメントへの第一歩
──「学校課題」の把握と「めざす学校像」の設定

　県内の肢体不自由教育の中心的な役割を担う B 校では，カリキュラム・マネジメントに取り組む以前の校内研究において，学部ごとに研究テーマを設定し，「一人一人の児童生徒の教育的ニーズに応じた教材・教具の工夫」といったように個に焦点を当てた事例研究が行われていました。そのため，教職員が学部を越えて教育課程について協議する機会が十分とは言えない状況があり，小学部・中学部・高等部において一貫性のある教育課程の編成が急務となっていました。そこで，2017 年 4 月に告示された特別支援学校の学習指導要領（以下，新学習指導要領）において，カリキュラム・マネジメントの必要性が示されたことを契機に，校内研究としてその仕組みづくりに取り組むことになりました。

　全校研究としてカリキュラム・マネジメントに取り組むにあたって，自校がめざす学校像を，管理職だけではなく，すべての教職員が思い描くことができるようにすることが重要です。そのため B 校では，自校のこれまでの教育活動の成果や，現在，自校が抱えている学校課題を共有するとともに，カリキュラム・マネジメントの必要性についても共通理解する必要があると考えました。

　そこで，全校の教職員が一堂に会し，学部や役職を越えて学校課題は何かと

いうことについて協議する場を設けました。また，授業づくりを進める上で難しさを感じていることなどに関する事前のアンケート調査を実施しました。その結果，日々の授業と教育課程の改善がつながっているという実感が希薄であることや，個別の指導計画における指導目標の根拠について自信を持って語ることができないという現状が明らかになりました。

　また，学校経営計画では，在籍する児童生徒の障害の状態が重度・重複化，多様化する中で，教職員が協働しながら学校組織としての専門性を高めることが喫緊の課題であったことから，学校経営の重点項目として「協働する組織の基盤を創る」ということが示されました。

　これらを受け，校内研究の研究主題を「日々の授業づくりを出発点とした教育課程改善システムの構築」とし，3か年計画で自校のカリキュラム・マネジメントの仕組みづくりを進めつつ，学校課題の解決をめざすこととしました。その際，日々の授業と教育課程の改善を結び付けるためには，既存のツールである個別の指導計画と年間指導計画を連動させ，両者を1つのシステムとして機能させることが重要であると考えました。そして，3年後にめざす学校像を以下のように設定し，全教職員がカリキュラム・マネジメントに参画することを通して，「教育課程や授業の根拠を説明できるようになる」ことを研究のゴールに位置づけました。

【3年後にめざす学校像】

①個別の指導計画における各教科や自立活動の目標設定の手続きが校内で共通理解され，個別の指導計画を通して一人一人の児童生徒の「達成状況」（何を学んだのか）を引き継げる仕組みがある。

②授業の評価に加えて，単元の評価を通して年間指導計画の指導内容が更新される仕組みがあり，年間指導計画が小学部・中学部・高等部で系統性・発展性をもって計画されている。

③一人一人の児童生徒に対して有効な指導方法が，指導にあたる教職員間で共有されている。

▎第2節　個別の指導計画作成に関する共通理解

(1)　各教科と自立活動の関連：「桐が丘L字構造」に基づく授業づくり

　個別の指導計画作成に関する共通理解を図る上で，B校では，教務部が中心となり，新学習指導要領の趣旨や「重複障害者等に関する教育課程の取扱い[*1]」の適用に関する理解啓発を行いました。

　その上で，図10-1に示す筑波大学附属桐が丘特別支援学校（2016）の「桐が丘L字型構造」を授業づくりに関する「共通の考え方」とし，肢体不自由児の

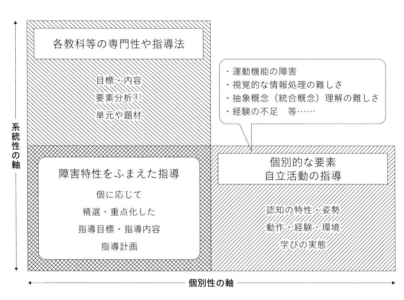

図10-1　「桐が丘L字型構造」について

注）「桐が丘L字型構造」における「要素分析」とは，肢体不自由のある児童生徒に対して障害の状態などから指導内容の精選を図る際に，学習指導要領に明示された各教科の目標を分析し，扱う内容を吟味することを指す。
出所：筑波大学附属桐が丘特別支援学校（2016）をもとに筆者作成。

---

*1　特別支援学校小学部・中学部学習指導要領第1章総則 第8節「重複障害者等に関する教育課程の取扱い」（抜粋）。

*1

主たる障害特性として，動作の困難さ，感覚や認知に係る特性，経験や体験の不足があることを校内研修で共通理解しました。そして，実態把握や指導計画を検討する際に，縦軸（教科の系統性）だけではなく，横軸（認知の特性や身体状況等の個別的な要素）も意識することで，教科と自立活動の関連性や肢体不自由児の障害特性等を踏まえた指導ができることを確認しました。

(2)　自立活動に係る目標設定の手続きに対する共通理解

　B校では，自立活動専任教員と担任が連携しながら自立活動に関する個別の指導計画を作成してきました。また，作成した個別の指導計画を，指導会議の場で指導にあたる教職員[*2]間で確認する機会も設けられていました。しかし，作成が担任のみに委ねられている面が多いという状況も見られました。

　新学習指導要領では，「特別支援学校教育要領・学習指導要領解説 自立活動編（幼稚部・小学部・中学部）」において，作成上の留意点や実態把握から具体的な指導内容の設定までの流れ図[*3]が示されました。しかし，校内においては流れ図や学習指導要領における「指導すべき課題の抽出」や「課題相互の関連」に対する理解に苦慮する状況が見られました。

　そこで校内研究では，古川・一木（2016）による『自立活動の理念と実践：実態把握から指導目標・内容の設定に至るプロセス』を参考に，担任を中心として，複数の教員が自立活動の個別の指導計画の作成に関与しながら「課題関連図」を作成し，「指導仮説」を検討するプロセスを導入しました。

　実際の事例検討会議では，長崎県立諫早特別支援学校で用いられている「自立活動の実態把握チェックリスト[*4]」に照らして，自立活動の6区分から再度実態把握を行うとともに，学年団の教員や自立活動専任教員の視点からの情報も集め，対象となる児童生徒のこれまでの「学びの履歴」や1年後（少し先）や3

＊2　特別支援学校（肢体不自由）では，教員以外にも身体面の援助等を行うための介助員が配置されている。また，医療的ケア児への対応として，看護師も配置されている。そのため，ここでは「教職員」という表記を用いている。

＊3　特別支援学校教育要領・学習指導要領解説 自立活動編（幼稚部・小学部・中学部）第3章 自立活動の意義と指導の基本 図2（流れ図）。

＊4　長崎県立諫早特別支援学校において作成された「自立活動の実態把握チェックリスト」は，古川・一木（2016）の巻末資料として掲載されている。

＊3

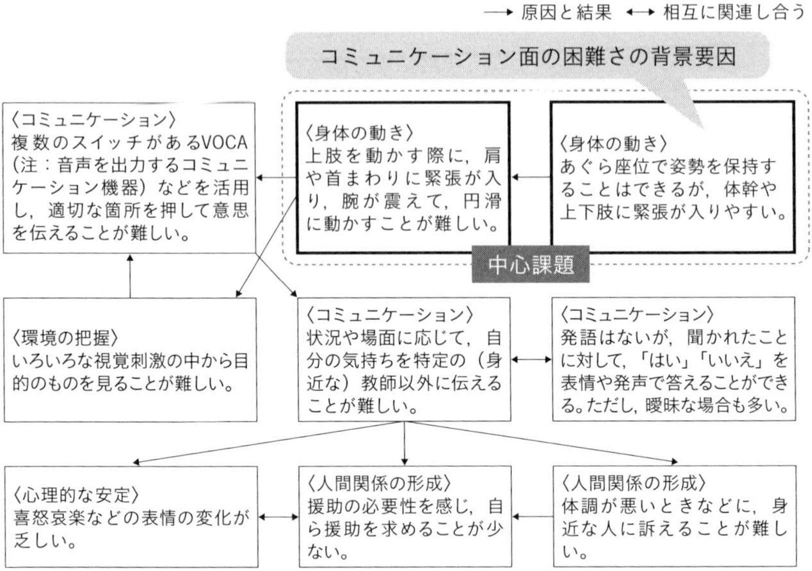

図 10-2　「身体の動き」の課題が「コミュニケーション」における意思の表出を困難にしている事例（小学部）の課題関連図

注）中心課題：その課題が解決することにより，他の複数の課題の改善が期待できるような中心となる課題。

年後（将来）の「めざす姿」を想定しながら，「課題関連図」（図 10-2）を基に，「指導仮説」を検討することができました。

　この取り組みを通して，校内において，新学習指導要領に示された「これまでの学習状況」（＝学びの履歴）や将来の可能性（＝めざす姿）という視点をもって個別の指導計画の作成にあたることの重要性が認識されるようになりました。また，「課題関連図」の作成から「指導仮説」の設定のプロセスにおいて，対象となる児童生徒の生活上または学習上の困難の背景にある要因を分析することで，「課題相互の関連」に対する理解が進み，自立活動の目標設定を行う際の根拠を示すことへとつながることが確認できました。

(3)　「教育内容」と「授業の形態」の違いを意識した授業設計

　B校では，自立活動の目標設定の手続きを校内で共通理解することと並行し，

自立活動と各教科の目標設定の手続きが異なる点を校内研修で確認しました。そして，特別支援学校の学習指導要領の各教科に示された目標に照らし，特別支援学校（知的障害）の各教科の何段階相当であるかを把握し，その目標を達成するために必要な手だては何か，ということを検討するようにしました。

　しかし，個別の指導計画の様式は，日常生活の指導，生活単元学習，国語，算数等，「授業の形態（どのように指導するとよいか）」ごとに実態把握を行い，目標設定や学習評価を行う様式になっていました。そのため，各教科等を合わせた指導において，どのような観点から実態を把握すればよいのかがわかりにくい，また，どの教科や領域を合わせているのかが曖昧なために「教育内容（子どもは何を学ぶか）」に照らした学習評価につながらない，といった問題点がありました。

　そこで，「教育内容」と「授業の形態」を区別し，授業設計を行うことの重要性を校内で共通理解できるよう，図 10-3 に示すように個別の指導計画の様式（一木，2021）を見直しました。これにより，「教育内容」に対応させて学習評価を行うことができるようになりました。

(4)　「各教科」と「自立活動」の違いを踏まえた教育内容の選択

　小学部・中学部の重複障害のある子どもの教育課程では，従来，重複障害者等に関する教育課程の取扱いを適用し，各教科や総合的な学習の時間等を自立活動に替えて教育課程を編成していました。また，高等部においては，道徳・特別活動・自立活動に加えて，保健体育・音楽が教育課程に位置づけられていました。

　小学部・中学部・高等部の教育課程の連続性という観点から検討がなされ，小学部・中学部においては，これまでも「音楽的活動」や「体育的活動」の名称で学習活動を行ってきていたことから，教育課程上に保健体育と音楽を位置づけることは，十分に可能であるとの結論に至りました。

　また，新学習指導要領の特別支援学校（知的障害）の各教科の小学部一段階の目標・内容に，これまで個別の指導計画に記載してきた自立活動の指導目標を照らし合わせると，例えば，生活，国語，算数（数学）の各教科についても，教科として学習することが可能ではないか，ということが議論されました。

個別の指導計画

氏名		学年	

教育内容	学習指導要領から見た実態	指導目標	授業との対応	指導内容・方法／手立て	学習評価
生　活	「基本的生活習慣」 「安全」 「日課・予定」 「遊び」 「人との関わり」 「役割」 「手伝い・仕事」 「金銭の扱い」 「きまり」 「社会の仕組みと公共施設」 「生命・自然」 「ものの仕組みと働き」	①…… ②…… ③……		○日常生活の指導 ○生活単元学習 ※学習指導要領（特別支援学校（知的障害））の各教科等の目標や内容の項目に沿って実態・到達度を記入する。	
国　語	〔知識及び技能〕 「言葉の特徴や使い方」 「我が国の言語文化」 〔思考力・判断力・表現力〕 「聞く・話す」 「書く」 「読む」	①…… ②…… ③……		○国語 ○日常生活の指導 ○生活単元学習	
数　学	「数量の基礎」（知的Ⅰ） 「数と計算」 「図形」 「測定」 「データの活用」（知的Ⅱ・知的Ⅲ）	①…… ②…… ③……		○数学 ○日常生活の指導	

図 10-3　改訂された個別の指導計画（重複障害学級用）

出所：一木（2021）を筆者一部改変。

　そこで，より詳細に実態把握を行うために，国語や算数などの教科の視点を軸に生後1か月以降の行動を手がかりとした徳永（2021）における「Sスケール（学習到達度チェックリスト）」を用いて実態把握を行うようにしました。「Sスケール」を用いることで，学習指導要領に照らすだけでは見えてこなかった実態が明らかとなり，具体的な指導目標の設定や手だての検討ができるようになりました。

　これらの取り組みを通して，B校では，重複障害の子どもの教育課程においても，最初から自立活動に替える前提で考えるのではなく，教科指導の可能性

を模索することが重要であることが認識されるようになりました。

第3節　年間指導計画のPDCAを機能させるための取り組み

(1)　学校教育目標から「めざす児童生徒像」の設定へ

　学校教育目標や教育課程と各種計画の関係を図10-4に示しました。[*5] B校では，この図10-4と新学習指導要領を踏まえ，従来の学校教育目標を「知識及び技能」「思考力，判断力，表現力等」「学びに向かう力，人間性等」の三つの柱に照らし合わせ，小学部・中学部・高等部の学部教育目標を設定するようにしました。そして，各学部の教育目標をより具現化する取り組みとして，各学部のそれぞれの教育課程において「めざす児童生徒像」（各学部の卒業時にめざす姿）を設定しました。その上で，「めざす児童生徒像」の実現に向けて必要な「卒業時までに身につけてほしい力」を小学部と中学部，中学部と高等部の教職員で

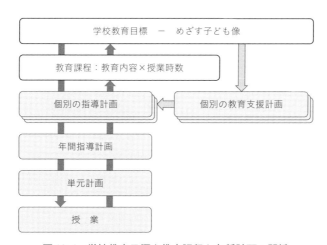

図10-4　学校教育目標や教育課程と各種計画の関係

出所：一木（2021）。

＊5　学校教育目標と教育課程，授業等の関係に関しては，第1巻第7章に詳しく解説されているので参照のこと。

協議しました。これにより，「小学部・中学部・高等部の各生活年齢段階を重視した教育活動を行う必要がある」という認識が学校全体として共有され，教育課程を見直すことにつながりました。

(2) 「単元計画の評価」を通して年間指導計画のPDCAを機能させる

　校内研究としてカリキュラム・マネジメントに取り組む以前，各教科の年間指導計画の作成は，各授業担当者の裁量に任されており，各学年や各学部における指導内容に違いが見られず，前年度踏襲型になってしまっている状況がありました。

　そこで，校内研究のサブテーマに「年間指導計画を磨く」を掲げ，各教科等において「育てたい資質・能力」を明確にした上で，個別の指導計画に記された年間目標や目標達成に必要な手だて等を踏まえて構想した単元計画の評価の充実を図ることで，年間指導計画のPDCAを機能させることに取り組むことにしました。

　具体的には，年間指導計画と日々の授業において作成される指導案をつなぐためのツールとして図10-5に示す「単元計画シート」を新たに加えることにしました。これにより，単元終了後に学習集団を構成する児童生徒の一人一人の学習状況の評価に基づき，実施した単元を評価し，必要に応じて次の単元を修正したり，次年度に向けての改善点を残したりできるようになりました。

　併せて，藤原ら（2012）による「物理的支援環境」「補助的手段」「人的支援」「学習機会」「多様な評価」の各観点から，その単元で行った指導の工夫に対して評価を行い，必要に応じて改善策等を検討するようにしました。そして，研究部がそれらを集約し，肢体不自由児に対する効果的な指導方法や手だて等を校内で共有できるようにデータベース化しました。

　また，年間指導計画の作成時期についても見直しを図り，次年度の年間指導計画（案）を1月に作成し，年度末の児童生徒の学習状況の評価を基に，再度修正を加え，4月に新年度の年間指導計画として提示できるような流れにしました。これにより，4・5月は，前年度の担任が3月に作成した個別の指導計画と年間指導計画を新担任がすり合わせながら一人一人の児童生徒の実態把握を

年間指導計画Part 2　単元計画シート　教科名

単元名　○○○○○○（総時数：○時間）　【○月～○月】

知識及び技能	思考力，判断力，表現力等	学びに向かう力，人間性等
	育てたい資質・能力	
	単元全体の評価規準	

> 児童生徒の指導目標を集約し，本単元を通して「育てたい資質・能力」を明確化し，単元全体の指導目標を設定する。

1. 指導計画（授業実施前）

次	育てたい資質・能力（知・思・学）	主な学習活動・内容	時数
1			
2			
3			

> 単元の指導目標（授業全体・個々の児童生徒）の達成に向けて，どのように学習活動を展開するのか（＝単元の導入からまとめまでの授業設計）について記述する。

2. 本単元の評価（授業実施後）

観点	評価	次の単元や次年度に向けた修正点
①単元の目標		
②単元の指導内容		
③単元の展開		
④必要な授業時数		
⑤その他		

> 単元実施後の「単元の評価」に基づき，年間指導計画の修正を図ることで，年間指導計画のPDCAを機能させる。

3. 本単元における「指導の工夫」に対する評価（授業実施後）

観点	成果	課題
物理的環境支援		＊課題に対する改善策まで記入する
補助的手段		
人的支援		
学習機会		
多様な評価		

> 「指導の工夫」に対する評価を行うことを通して，日々の授業改善を図るとともに，児童生徒に対して有効であった指導方法を学校として蓄積する（データベース化）。

図10-5　「単元計画」の評価のための様式

行う期間（＝アセスメント期間）として位置づけられ，年度始めにカリキュラム文書の作成に追われることなく，ゆとりをもって教育活動を進められるようになりました。

第4節　カリキュラム・マネジメントの1年間の流れ

(1)　日々の教育活動と校務分掌業務のつながりの見える化

　個別の指導計画と年間指導計画のPDCAが確立したことを受け，B校では，カリキュラム・マネジメントの仕組みの実際的な運用として，一木（2021）に示された「見える化」シートを用いて図10-6のようにカリキュラム・マネジメントの1年間の流れと各校務分掌の業務のつながりを可視化し，教育課程のPDCAに関連する業務を矢印で示しました。

　これにより，個々の教員が担う日々の教育活動と各校務分掌業務のつながりがわかるようになり，個別の指導計画と年間指導計画のPDCAや研究授業がどのように教育課程の評価・改善につながっているのか，また，カリキュラム・マネジメントを進めるために各校務分掌がどのような役割を担うのか，といったことが明確になりました。

　また，夏季休業と冬季休業の期間に，各学部における「めざす児童生徒像」について協議する場を設けるとともに，各学部において学習集団を構成する児童生徒に実施したカリキュラム（授業）と達成したカリキュラム（何が身についたのか）の視点から，現行の教育課程を評価する機会を設けるようにしました。

　定期的に全教職員で教育課程について協議することで，カリキュラム・マネジメントは一部の教職員や校務分掌が担うのではなく，「全教職員が参画して取り組む必要がある」という認識を高めることにもつながりました。

(2)　卒業後の視点から自校の教育課程を評価する機会の設定

　B校においては，キャリア教育の視点から在籍する児童生徒の卒業後の生活を視野に入れ，学校として卒業までにどのような力を育むのか，そのために，い

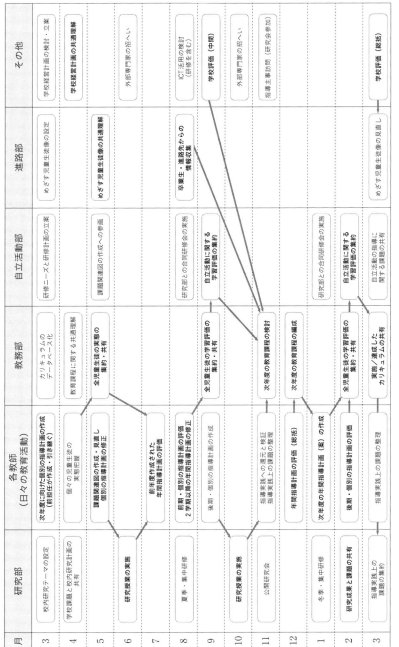

月	研究部	各教師（日々の教育活動）	教務部	自立活動部	進路部	その他
3	校内研究テーマの設定	次年度に向けた個別の指導計画の作成（前担任から作成・引き継ぐ）	カリキュラムのデータベース化	研修ニーズと研修計画の立案	めざす児童生徒像の設定	学校経営計画の検討・立案
4	学校課題と校内研究計画の共有	個々の児童生徒の実態把握	教育課程に関する共通理解			学校経営計画の共通理解
5		課題関連図の作成・見直し　個別の指導計画の修正	全児童生徒の実態の集約・共有	課題関連図の作成への参画	めざす児童生徒像の共通理解	
6	研究授業の実施	前年度作成された年間指導計画の評価				外部専門家の招へい
7						
8	夏季・集中研修	前期・個別の指導計画の評価　2学期以降の年間指導計画の修正				ICT活用の検討（研修を含む）
9		後期・個別の指導計画の作成	全児童生徒の学習評価の集約・共有	自立活動に関する合同研修会の実施	卒業生・進路先からの情報収集	学校評価（中間）
10	研究授業の実施					外部専門家の招へい
11		指導実践への還元と検証　指導実践上の課題の整理	次年度の教育課程の検討	自立活動に関する学習評価の集約		指導主事訪問（研究会参加）
12	公開研究会	年間指導計画の評価（総括）	次年度の教育課程の編成			
1	冬季・集中研修	次年度の年間指導計画（案）の作成		研究部との合同研修会の実施		
2	研究成果と課題の共有	後期・個別の指導計画の評価	全児童生徒の学習評価の集約・共有	自立活動に関する学習評価の集約		
3	指導実践上の課題の集約	指導実践上の課題の整理	実施/達成したカリキュラムの共有	自立活動の指導に関する課題の共有	めざす児童生徒像の見直し	学校評価（総括）

図10-6　カリキュラム・マネジメントの1年間の流れと各業務のつながり

出所：一木（2021）p. 89 を参考に筆者作成。

ずれの教育内容にどれだけの授業時数を配当するのか，ということを教務部が中心となって検討する流れで教育課程を編成してきました。

　一方で，進路部は，夏季休業期間に卒業生の進路先を巡回したり，卒業生本人や保護者，進路先に卒業後の追跡調査のためのアンケート調査を実施したりしていました。しかし，教育課程の改善と進路部がもつ卒業生に関する様々な情報が結び付いていない状況がありました。

　校内研究を通してカリキュラム・マネジメントの1年間の流れが整理される中で，在籍する児童生徒の個別の指導計画における学習評価を集約・共有し，その学習評価に基づき教育課程を評価・改善する仕組みに加え，小学部・中学部・高等部の各段階において，いずれの教育内容にどれだけの授業時数を配当したのかという，自校の判断や選択自体を卒業後の視点から評価する仕組みの必要性が認識されるようになりました。

　そこで，進路部が中心となり，本人や保護者，卒業生の進路先に対する卒業後の追跡調査のためのアンケート調査に，在学時の指導や「卒業までに身につけておくべき力」に関する評価項目を設定し，それらを集約して学校全体で共有する機会を設け，教育課程の評価資料として活用できるようにしました。

　これらの取り組みを通して，一人一人の個別の指導計画に記される学習評価を集約し，学習集団に対して編成した教育課程（教育内容の選択や授業時数の配当）の評価を行うとともに，卒業後の視点からも自校の教育課程を評価する仕組みが整いました。

▌第5節　特別支援学校のカリキュラム・マネジメントを支える「協働性」[*6]

　B校では，カリキュラム・マネジメントの仕組みの構築と並行し，全教職員

＊6　協働（collaboration）：「取り組むべき問題を相互に理解して共有し，その問題の解決や改善に向けて互いに関与しながら協力していくこと」（淵上，2005）をさす。例えば，個別の指導計画作成において複数の教師が協働することは，個人の予断・独断を排除するとともに，作成者個人の心理的な負担感，不安感を低減させることにもつながる（安藤，2001）。さらに詳しく学びたい人は，『学校組織の心理学』（淵上克義，2005年）や『新たな時代における自立活動の創成と展開：個別の指導計画システムの構築を通して』（安藤隆男，2021年）を参照のこと。

のカリキュラム・マネジメントへの参画を促す仕掛け[*7]として，日々の授業改善を促す取り組みや若手教師と中堅教師をつなぐための取り組み，各校務分掌が連携・協働したプロジェクトなどが行われるようになり，教職員同士の「協働」が，学校文化として根付いていきました。以下，取り組みの具体例を紹介します。

(1)　「放課後 10 分間ミーティング」による全員参画の授業改善

　ある学年では，毎週の指導会議だけでは指導に関する話し合いの時間が足りないという状況がありました。その打開策として，児童生徒の下校直後に学年団の教職員が集まり，10 分間，その日の気づきや改善が必要と思った事項について話し合うという取り組みが行われるようになりました。全員が付せん紙にその日の気づきなどを記入することは，授業改善への参画意識を高めることにつながりました。結果として，教職員の協働性も高まり，日々の教育活動に対する即時の改善が可能になりました。この取り組みは，学校全体にも波及し，全校的に取り組まれるようになりました。

(2)　「校内メンター制度」を通した若手教員と中堅教員の協働

　B 校には，5 年目までの初任段階期にあたる若手教員に他学年や他学部の中堅教員がメンターという立場で関わり，授業づくりや指導方法についての相談を受けたり，アドバイスをしたりする仕組みがあります。とくに若手教員は，自立活動や重度・重複障害のある児童生徒の指導に対して不安や困難さを感じていました。そこで，前述の「課題関連図」の作成から指導目標や指導内容の設定に至る手続きや，実際の指導場面に授業アドバイザーとして中堅教員が関与することで，若手教員の不安感を軽減させるとともに，専門性の向上を図るための研修機会としました。この取り組みは，若手教員に中堅教員から学ぶ機会

＊7　特別支援学校における「協働性」を基盤としたカリキュラム・マネジメントや全教職員のカリキュラム・マネジメントへの参画を促す仕掛けについて，さらに詳しく学びたい人は，『特別支援学校が目指すカリキュラム・マネジメント：参画チェックリストと 7 つの要素を動かす 15 の仕掛け』（三浦光哉監修・編著，山口純枝・小倉靖範編著，2022 年）を参考にしてほしい。

を提供するとともに，中堅教員が自身の指導を見直す契機にもなり，校内における OJT（On-the-Job Training）の場として機能しています。

(3)　「○○プロジェクト」を通した校務分掌間の連携・協働

　カリキュラム・マネジメントの取り組みが進む中で，B校では，各校務分掌が担う業務の見直しが図られるようになりました。また，校内にある教材・教具の活用を図るための「教材・教具共有プロジェクト」や ICT 教育を推進するための「授業力向上プロジェクト」など，学校課題に対応したプロジェクトが，研究部・自立活動部・地域支援部・情報教育部等からメンバーを募るかたちで進められるようになりました。このような取り組みは，全教職員の学校課題への意識化と協働性を基盤としたカリキュラム・マネジメントの下地となり，学校組織を活性化することにつながっています。

【文　献】

藤原義博・宍戸和成・井上昌士（2012）．特別支援学校における幼児・児童の協同的学習を育む授業研究　科学研究費助成事業：基盤研究（C）課題番号 22531056 研究成果報告書
古川勝也・一木　薫（編著）(2016)．自立活動の理念と実践：実態把握から指導目標・内容の設定に至るプロセス　ジアース教育新社
一木　薫（2021）．特別支援教育のカリキュラム・マネジメント　慶応義塾大学出版会
徳永　豊（編著）(2021)．障害の重い子どもの目標設定ガイド 第 2 版：授業における「Sスケール」の活用　慶応義塾大学出版会
筑波大学附属桐が丘特別支援学校（2016）．学習に遅れがある肢体不自由児に対する各教科の指導内容の精選・重点化，指導の工夫に関する研究　筑波大学附属桐が丘特別支援学校研究紀要, *51*.

小・中学校における肢体不自由教育の現状と教育課程の編成

インクルーシブ教育システムが進められる中，2013年に学校教育法施行令が改正され，障害のある子どもの就学先決定の仕組みが改められました。これにより，本人・保護者の希望を最大限に尊重しながら学ぶ場を決定するシステムへと転換されました。本章では，小学校，中学校および義務教育学校（以下，小・中学校等とする）[*1]の通常の学級や特別支援学級に在籍する肢体不自由児の現状を確認しながら，それぞれの学びの場で編成される教育課程の特徴や指導上の留意点について学びます。

第1節　通常の学級に在籍する肢体不自由児の実態と編成される教育課程

(1)　通常の学級に在籍する肢体不自由児の実態

　小学校・中学校に在籍する肢体不自由児の在籍状況について，文部科学省が公表している数字は，特別支援教育資料に掲載されている「学校教育法施行令第22条の3に該当する障害の程度[*2]」と判断された児童生徒数です。執筆時点で公表されている最新データは，2019年度の数値で，小学校で276人，中学校で145人でした（文部科学省，2020）。

　調査時期は異なりますが，国立特別支援教育総合研究所が2016年に行った調査によると，全国の1,740市区町村のうち，809の市区町村教育委員会から回答があり，そのうち253市区町村が通常の学級に肢体不自由の児童生徒が在籍しており，その人数は小学校902人，中学校357人でした（吉川ら，2019）。

---

*1　義務教育学校：学校教育制度の多様化及び弾力化を推進するため，小中一貫教育を実施することを目的に，義務教育として行われる普通教育を一貫して施す9年制の学校。
*2　学校教育法施行令 第22条の3（抜粋）。

*2

　文部科学省の調査においては障害の程度が「学校教育法施行令第22条の3に該当する児童生徒」であり，その程度に該当しない比較的障害の程度が軽い児童生徒は含まれていないことから，このような差異が生じていることが推察されます。このように，小・中学校等の通常の学級に在籍する肢体不自由児の正確な人数を把握することは難しい状況です。

　通常の学級においては，基本的に集団指導を前提に授業や学校生活が展開されます。そのため，肢体不自由のある児童生徒が集団生活の環境下でも学校生活を送ることができるよう施設設備を整えるほかに，食事，排泄，教室の移動補助，学習動作の補助等，学校における日常生活動作の介助を行ったりする役割の人的配置を行う自治体もあります。

　三嶋ら（2018）が，ある特定の地域における状況を把握し，特別支援学校（肢体不自由）には，独歩や移動の自立度の割合が低い児童生徒が在籍し，通常の学級には移動の自立度の割合が高い児童生徒が多く在籍している現状を明らかにしています。また，特別支援学校（肢体不自由）では，独歩の割合は中学部段階で増え，自立度も高くなる傾向があることから，小学校では通常の学校に在籍していた児童生徒が，進学の際，特別支援学校（肢体不自由）の中学部へと就学先を変更している可能性を示唆しています（三嶋ら，2018）。

(2)　通常の学級で編成される教育課程

　小・中学校等の通常の学級の教育課程は，学習指導要領に示される各教科，特別の教科である道徳，外国語活動（小学校のみ），総合的な学習の時間，特別活動で編成されます。またそれぞれの授業時数ならびに各学年の総授業時数は，小学校の場合，学校教育法施行規則第51条に示されている別表第1（中学校は，学校教育法施行規則第73条に示されている別表第2）に定められており，その枠組みの中で各学校が創意工夫を施しながら教育活動が展開されます。その際，障害のある児童生徒が在籍することを理由に，特別支援学校のように柔軟な教育課程を編成することを可能にする規定はありません。学習指導要領に示される当該学年の目標と内容で学習することになります。

　しかし，実際の授業を展開する場面においては，障害のある児童生徒の実態

を踏まえ，個々の実態に応じた指導を展開するよう，小学校学習指導要領第 1 章総則 第 4「児童の発達の支援　2 特別な配慮を必要とする児童への指導 (1) 障害のある児童などへの指導」（平成 29 年告示）に次のような規定が示されています。

> ア　障害のある児童などについては，特別支援学校等の助言又は援助を活用しつつ，個々の児童の障害の状態等に応じた指導内容や指導方法の工夫を組織的かつ計画的に行うものとする[*3]。

また小学校学習指導要領（平成 29 年告示）の各教科の目標や内容を示している第 2 章各教科 第 3「指導計画の作成と内容の取扱い 1」においては，次のような規定が盛り込まれています。

> (9) 障害のある児童などについては，学習活動を行う場合に生じる困難さに応じた指導内容や指導方法の工夫を計画的，組織的に行うこと[*4]。

　教科の指導場面において，教師は当該教科のその時間に設定した指導目標の達成に向けて注力します。その際に，通常の学級での集団指導場面であっても，障害特性などを踏まえて手だてや配慮を施し，指導を展開することを求める規定です。肢体不自由児の障害特性は，運動・動作や姿勢だけではありません。脳性まひ児の中には，書字の際に字形が整わなかったり，音読などのときに行の読み飛ばしが見られ，視覚的な情報の処理に困難が生じたりする場合もあります。障害特性の理解や具体的な手だてや配慮の考え方については，まず，本書第 4 章や第 6 章に示されている内容を読んで理解を深めることが重要です。

　ここで留意しなければいけないのは，障害の種類や程度によって一律に指導内容や指導方法が決まるわけではないということです。特別支援教育において大切な視点は，児童生徒一人一人の障害の状態等により，学習上または生活上の困難が異なることに十分留意しながら，個々の児童の障害の状態等に応じた指導内容や指導方法の工夫を検討し，適切な指導を行うことです。障害の種類

＊3　中学校学習指導要領にも同規定がある。
＊4　(9) 部分の項目番号は各教科によって異なる。また，中学校学習指導要領にも同規定がある。

や程度を的確に把握した上で，障害のある児童生徒などの「困難さ」に対する
「指導上の工夫の意図」を明確にしながら，個に応じた様々な「手だて」を検討
し，指導にあたっていくことが必要です。この指導場面の手だてや配慮は，後
述する特別支援学級の指導においても留意すべき事項であることを確認してお
きます。

　そして多様な実態の児童生徒に対応するにあたっては，担任まかせにならな
いよう組織的に対応できる校内体制を整えることが重要です。また，小・中学
校等の専門性だけでは対応が難しいことも予想され，特別支援学校等の助言又
は援助を活用することも示されています。これは，次の学校教育法第74条に基
づいて行われる特別支援学校のセンター的機能を指すものです。

> 　特別支援学校においては，第72条に規定する目的を実現するための教育を行う
> ほか，幼稚園，小学校，中学校，義務教育学校，高等学校又は中等教育学校の要
> 請に応じて，第81条第1項に規定する幼児，児童又は生徒の教育に関し必要な助
> 言又は援助を行うよう努めるものとする。

　前掲した学習指導要領の規定（p. 173）を見てみると，「特別支援学校等」と
なっていることから，特別支援学校に限らず地域資源を活用することも意味し
ています。特別支援学校においては，小・中学校等からの期待に確実に応えら
れるようにするためにも，日々の授業実践の蓄積と専門性の担保に努めること
が重要になることを確認しておきます。

(3)　通級による指導の位置づけと教育課程

　教科等の指導場面の手だてや配慮だけでは，障害による学習上または生活上
の困難の改善・克服が難しい場合，そのことに対応した指導を行うのが，通級
による指導です。[*5]本章では通級による指導の基本的な部分を押さえつつ，肢体
不自由教育の視点からその内容を確認していきます。

　通級による指導は，学校教育法施行規則第140条の規定に基づいて，通常の

＊5　通級による指導に関する詳しい説明は，本シリーズ第1巻第11章を参照のこと。

学級に在籍する障害のある児童生徒のうち当該障害に応じた特別の指導を行う必要があるものを教育する場合に，特別の教育課程を編成して指導を行います。通級による指導の教育課程に関する規定は，特別支援学級の規定と同様，小学校学習指導要領の第 1 章総則　第 4「児童の発達の支援　2 特別な配慮を必要とする児童への指導（1）障害のある児童などへの指導」に次のように示されています。

> ウ　障害のある児童に対して，通級による指導を行い，特別の教育課程を編成する場合には，特別支援学校小学部・中学部学習指導要領第 7 章に示す自立活動の内容を参考とし，具体的な目標や内容を定め，指導を行うものとする。その際，効果的な指導が行われるよう，各教科等と通級による指導との関連を図るなど，教師間の連携に努めるものとする。[6]

後に確認する特別支援学級と同様に「自立活動」という表記があり，通級による指導においても自立活動の指導が展開されることになります。通常の学級に在籍する障害のある全児童生徒が通級による指導を受けることを前提にはしていません。通常の学級の教育課程に基づいた指導だけでは十分でない場合とは，どのようなケースでしょうか。例えば，授業中の姿勢が崩れやすく身体に痛みが生じて授業に集中できない状況が続く肢体不自由児がいた場合，どのような対応が考えられるでしょうか。休息をとる，姿勢が崩れにくい椅子などを使用するなどの対応策が考えられます。しかし，各教科の指導目標の達成に向けて安定した姿勢を保つ身体の動かし方を児童生徒自身が身につける必要が生じた場合，学校の教育活動としてはどのように取り扱うのがよいでしょうか。通常の学級の教育課程では，取り扱うことが可能な指導領域がないため，通級による指導での自立活動の指導が必要になります。

インクルーシブ教育システムが推進される中，肢体不自由のある児童生徒が小・中学校等の通常の学級に一定数在籍する現状がある一方，肢体不自由児の通級による指導は地域差が顕著な現状にあります。[7]

＊6　中学校学習指導要領にも同規定がある。
＊7　特別支援教育資料（令和 3 年度）第二部　調査編（pp. 56-58）。

＊7

通常の学級に在籍する障害のある児童生徒が，必ず「通級による指導」を受けなくてはいけないという規定にはなっていません。しかし，多様な教育的ニーズのある児童生徒が在籍する中，通級による指導を必要とする，あるいは希望する肢体不自由児に対して，各自治体や学校がどのように対応していくかが課題になるでしょう。

▌第2節　特別支援学級で学ぶ肢体不自由児の実態と編成される教育課程

(1)　肢体不自由特別支援学級の設置状況

文部科学省が発表している特別支援教育資料[*8]を用いて，特別支援学級の状況（文部科学省，2022a，p. 41）を確認します。全国の国公私立学校の特別支援学級設置校と設置率を見てみると，2021 年度（2021 年 5 月 1 日現在）は，国・公・私立小学校 19,336 校中 16,460 校（85.1%），中学校 10,076 校中 7,958 校（79.0%），義務教育学校 151 校中 130 校（86.1%）であり，特別支援学級が設置されていない学校のほうが少ない現状がわかります（表 11-1，学校数）。また経年で見てみると，学校数が減少する中，特別支援学級の数が増えており，特別支援学級のニーズが高まっていることが看取できます。

障害種別で見てみると，知的障害特別支援学級および自閉症・情緒障害特別支援学級の占める割合が圧倒的に多く，両特別支援学級は，学校数よりも特別支援学級数のほうが多いことから，複数学級を設置している学校も一定数あることがわかります（表 11-1，学級数）。

では，肢体不自由特別支援学級の状況はどうでしょうか。2021 年度（2021 年 5 月 1 日現在）は，小学校 50,909 学級のうち 2,331 学級，中学校 21,635 学級のうち 838 学級，義務教育学校 601 学級のうち 22 学級でした（表 11-1，学級数）。

また，文部科学省の特別支援教育資料を見てみると，都道府県別の設置状況

＊8　ここでは学校数と学級数を中心に取り上げているが，在籍者数等の詳細については，特別支援教育資料（令和 3 年度）第一部　データ編（QRコード）を参照してほしい。

＊8

表11-1　令和3年度　特別支援学級の概況

学校数

	小学校				中学校				義務教育学校				合計
	国立	公立	私立	計	国立	公立	私立	計	国立	公立	私立	計	
特別支援学級設置校数	5	16,454	1	16,460	5	7,952	1	7,958	2	128	—	130	24,548
特別支援学級設置率	7.5%	86.5%	0.4%	85.1%	7.4%	86.2%	0.1%	79.0%	40.0%	88.3%	—	86.1%	83.0%
全学校数	67	19,028	241	19,336	68	9,230	778	10,076	5	145	1	151	29,563

学級数

	小学校				中学校				義務教育学校				合計
	国立	公立	私立	計	国立	公立	私立	計	国立	公立	私立	計	
知的障害	15	21,325	—	21,340	11	9,615	—	9,626	8	253	—	261	31,227
肢体不自由	—	2,331	—	2,331	—	838	—	838	—	22	—	22	3,191
病弱・身体虚弱	—	1,986	—	1,986	—	880	—	880	—	17	—	17	2,883
弱視	—	392	—	392	—	147	—	147	—	5	—	5	544
難聴	—	945	—	945	—	382	—	382	—	14	—	14	1,341
言語障害	—	547	—	547	—	140	—	140	—	5	—	5	692
自閉症・情緒障害	—	23,350	18	23,368	—	9,613	9	9,622	—	277	—	277	33,267
計	15	50,876	18	50,909	11	21,615	9	21,635	8	593	—	601	73,145

出所：文部科学省（2022a）。

（文部科学省，2022a，pp. 43-45）がわかり，肢体不自由特別支援学級の設置状況については，地域差が生じていることがわかります。

(2)　肢体不自由特別支援学級に在籍する児童生徒の概況

　　国立特別支援教育総合研究所が2019年に実施した調査結果では，肢体不自由特別支援学級の98.1%が1校あたり1学級で，そのうちの約7割の学級が在籍児童生徒1人で，在籍児童生徒2名の学級は約2割でした（国立特別支援教育総合研究所，2021）。このような現状から，肢体不自由学級に在籍する児童生徒の卒業や転学と同時に，肢体不自由特別支援学級が閉級する可能性があることが推察されます。また，肢体不自由特別支援学級で学ぶ子どもの学習状況をみてみると，当該学年の教科を中心として学習している児童生徒が約6割，下学年の教科の目標・内容で学習している児童生徒が約2割でした（国立特別支援教育総合研究所，2021）。特別支援学校に在籍する児童生徒の実態が重度・重複化する一方で，比較的障害の程度が軽い肢体不自由児は，小・中学校等に在籍していることが推察されます。

(3)　肢体不自由特別支援学級で編成される教育課程

　　特別支援学級は，学校教育法第81条第2項の規定による，「知的障害者，肢体不自由者，身体虚弱者，弱視者，難聴者，その他障害のある者で，特別支援学級において教育を行うことが適当なもの」である児童生徒を対象とし，小・中学校および義務教育学校に設置されている学級です。そのため，教育課程の編成にあたっては，学校教育法に定める小・中学校の目的および目標を達成することが求められます。さらに，特別支援学級の教育課程に関する法令上の規定は，小学校または中学校の教育課程に関するものが適用されます。

　　そのため，小学校及び中学校学習指導要領に示される各教科，特別の教科である道徳，外国語活動（小学校のみ），総合的な学習の時間，特別活動で編成することとしつつも，特別支援学級に在籍する児童生徒の教育的ニーズに応じた教育を展開することを可能にするために，次の「学校教育法施行規則　第138条」に基づいた，特別の教育課程を編成して指導が展開されます。

　　小学校，中学校若しくは義務教育学校又は中等教育学校の前期課程における特別支援学級に係る教育課程については，特に必要がある場合は，第 50 条第 1 項（第 79 条の 6 第 1 項において準用する場合を含む。），第 51 条，第 52 条（第 79 条の 6 第 1 項において準用する場合を含む。），第 52 条の 3，第 72 条（第 79 条の 6 第 2 項及び第 108 条第 1 項において準用する場合を含む。），第 73 条，第 74 条（第 79 条の 6 第 2 項及び第 108 条第 1 項において準用する場合を含む。），第 74 条の 3，第 76 条，第 79 条の 5（第 79 条の 12 において準用する場合を含む。）及び第 107 条（第 117 条において準用する場合を含む。）の規定にかかわらず，特別の教育課程によることができる。

2008 年に告示された小学校学習指導要領及び中学校学習指導要領には，特別支援学級の教育課程の編成に係る規定は具体的に示されていませんでした。しかし，2017（平成 29）年に告示された小学校学習指導要領及び中学校学習指導要領には，具体的に示されるようになりました。ここでは，小学校学習指導要領（平成 29 年告示）を取り上げて解説しますが，第 1 章総則　第 4「児童の発達の支援　2 特別な配慮を必要とする児童への指導（1）障害のある児童などへの指導」にこのことが示されています。

　イ　特別支援学級において実施する特別の教育課程については，次のとおり編成するものとする。
　（ア）障害による学習上又は生活上の困難を克服し自立を図るため，特別支援学校小学部・中学部学習指導要領第 7 章に示す自立活動を取り入れること。
　（イ）児童の障害の程度や学級の実態等を考慮の上，各教科の目標や内容を下学年の教科の目標や内容に替えたり，各教科を，知的障害者である児童に対する教育を行う特別支援学校の各教科に替えたりするなどして，実態に応じた教育課程を編成すること。[*9]

　（ア）の規定において，「自立活動の指導」を行うことが必須となっていることがわかります。この「自立活動の指導」は，通常の学級の教育課程には設けることができない指導領域です。この自立活動については，本書第 9 章でも学んだとおり，これまで特別支援学校の教育課程の要の領域として展開されてき

———————————

＊9　中学校学習指導要領にも同規定がある。

ました。2017年に告示された小学校及び中学校学習指導要領においては，特別支援学級の教育課程を編成するにあたっても自立活動の位置づけが明記されたことから，自立活動が特別支援教育の充実に欠かすことのできない指導領域であるといえます。

　教育課程の編成においては，個々の児童生徒の実態に応じて自立活動の授業時数を設定することが求められます。その際，児童生徒に過度な負担がかからないようにするために，標準授業時数として示されている各教科等の授業時数を調整する必要があります。

　（イ）の規定においては，特別支援学級に在籍する児童生徒の多様な教育的ニーズに応じた指導を可能にするため，特別支援学校小学部・中学部学習指導要領に示されている規定等を参考に教育課程を編成することが規定されています。在籍する児童生徒の実態に応じた教育課程を編成する際には，小学校及び中学校学習指導要領を踏まえつつ，特別支援学校小学部・中学部学習指導要領を理解することも必要不可欠になります。具体的には，第1章総則 第8節「重複障害者等に関する教育課程の取扱い」や第2章各教科 第1節「小学部第1款 3肢体不自由者である児童に対する教育を行う特別支援学校及び第2款 知的障害者である児童に対する教育を行う特別支援学校」等です。詳しくは，本書第9章で学んだ部分を再度確認しながら，理解を深めてください。また小学校学習指導要領解説 総則編には，知的障害者である児童の実態に応じた各教科の目標を設定するための手続きの例が次のように示されています。

（各教科の目標設定に至る手続きの例）

a　小学校学習指導要領の第2章各教科に示されている目標及び内容について，次の手順で児童の習得状況や既習事項を確認する。
　　• 当該学年の各教科の目標及び内容について
　　• 当該学年より前の各学年の各教科の目標及び内容について
b　aの学習が困難又は不可能な場合，特別支援学校小学部・中学部学習指導要領の第2章第2款第1に示されている知的障害者である児童を教育する特別支援学校小学部の各教科の目標及び内容についての取扱いを検討する。
c　児童の習得状況や既習事項を踏まえ，小学校卒業までに育成を目指す資質・能

> 　力を検討し，在学期間に提供すべき教育内容を十分見極める。
> d　各教科の目標及び内容の系統性を踏まえ，教育課程を編成する。

　なぜ，その規定を参考にするということを選択したのか，保護者等に対する説明責任を果たしたり，指導の継続性を担保したりする観点から，理由を明らかにしながら教育課程の編成を工夫することが大切です。教育課程を評価し改善する上でも重要になります（文部科学省，2017）。

第3節　特別支援教育の充実に関係するその他の規定と取り組み

(1)　個別の教育支援計画および個別の指導計画の作成と活用

　2017（平成29）年告示の小学校学習指導要領第1章総則 第4「児童の発達の支援　2特別な配慮を必要とする児童への指導（1）障害のある児童などへの指導」において，特別支援学級に在籍する児童，通級による指導を受けている児童に対しては，個別の教育支援計画および個別の指導計画を作成するよう，次のように明記されました。

> エ　障害のある児童などについては，家庭，地域及び医療や福祉，保健，労働等の業務を行う関係機関との連携を図り，長期的な視点で児童への教育的支援を行うために，個別の教育支援計画を作成し活用することに努めるとともに，各教科等の指導に当たって，個々の児童の実態を的確に把握し，個別の指導計画を作成し活用することに努めるものとする。特に，特別支援学級に在籍する児童や通級による指導を受ける児童については，個々の児童の実態を的確に把握し，個別の教育支援計画や個別の指導計画を作成し，効果的に活用するものとする。[10]

　これらの計画は，障害のある児童生徒などの個々の教育的ニーズを把握し，その指導を具現化するためのツールであるといえます。
　関係機関と連携しながら個別の教育支援計画を作成することは，学校教育の

＊10　中学校学習指導要領にも同規定がある。

役割が明確になるとともに，障害のある児童生徒の生涯にわたる継続的な支援体制を整えることにつながります。また，障害のある児童生徒の指導に関係する教師が協働して個別の指導計画を作成することは，実態把握や学習場面や生活場面で見られる困難の背景にある要因を分析しながら共通理解を図り，組織的な対応をすることへとつながります。そこに，個別の教育支援計画や個別の指導計画を作成する意義を見出すことができ，それらの活用が期待されます。

　こうした個別の教育支援計画と個別の指導計画の作成・活用システムを校内で構築していくためには，障害のある児童などを担任する教師や特別支援教育コーディネーターだけに任せるのではなく，すべての教師の理解と協力が必要です（文部科学省，2017）。

　なお，肢体不自由のある児童生徒の中には，変形や拘縮の状況によって整形外科的手術やリハビリを受けるため，一時的に入院先の病院に併設される特別支援学校に転学する場合があります。その際，小・中学校等での学習を引き継いだり，退院と同時に小・中学校等に戻る場合は，特別支援学校での学習経験を小・中学校等に生かしたりすることが重要であり，個別の指導計画がその引継ぎのツールとして重要な役割を担うことになります。

(2)　交流及び共同学習について

　小学校学習指導要領第1章総則 第5「学校運営上の留意事項　2 家庭や地域社会との連携及び協働と学校間の連携」には，交流及び共同学習について次のような規定が示されています。

> 　教育課程の編成及び実施に当たっては，次の事項に配慮するものとする。
> 　（中略）
> イ　他の小学校や，幼稚園，認定こども園，保育所，中学校，高等学校，特別支援学校などとの間の連携や交流を図るとともに，障害のある幼児児童生徒との交流及び共同学習の機会を設け，共に尊重し合いながら協働して生活していく態度を育むようにすること。[*11]

[*11]　中学校学習指導要領にも同規定がある。

　交流及び共同学習は，相互の触れ合いを通じて豊かな人間性を育むことを目的とする「交流」の側面と，教科等のねらいの達成を目的とする「共同学習」の側面があり，この2つの側面を分かちがたいものとして捉え，推進していく必要があります（文部科学省，2019）。ですから，障害のある子どもと障害のない子どもの双方にとって学びとなることが重要であり，ただ単に一緒に学習したらよいということではありません。

　インクルーシブ教育システムの構築のためには，障害のある子どもと障害のない子どもが，可能な限り同じ場で共に学ぶことをめざすべきであり，その際には，それぞれの子どもが，授業内容を理解し，学習活動に参加している実感・達成感を持ちながら充実した時間を過ごし，生きる力を身につけていけるかどうかという最も本質的な視点に立つことが重要になります（文部科学省，2021）。

　文部科学省は，交流及び共同学習の意義やねらいについて関係者間で十分に理解すること，単発のイベントやその場限りの活動ではなく，継続的な取り組みとして年間指導計画に位置づけること，障害理解について丁寧な指導を継続すること，子どもたちの意識や行動の変容を評価し今後の取り組みに生かすことなどのポイントを示すことで，交流及び共同学習の充実をめざしています（文部科学省，2019）。

　さらに，文部科学省は，2022年4月に「特別支援学級及び通級による指導の適切な運用について（通知）[*12]」を発出しました。本通知では，交流及び共同学習の意義を示しつつも，一部の学級において，ほとんどの授業を通常の学級で受けている実態や自立活動の指導が設けられていない実態などを取り上げ，その改善に向けた国の方針を示しています。そして，特別支援学級に在籍する児童生徒の交流及び共同学習の時数や自立活動の時間における指導の時数，また障害のある子どもの自立と社会参加を見据え，一人一人の教育的ニーズに最も的確に応える指導を提供できるよう，学びの場（通級による指導の場合の実施形態も含む）について入念に検討・判断を進めるよう言及しています（文部科学省，2022b）。

　これらの資料や通知は，文部科学省のホームページで公表されていますので，

＊12　通知番号4文科初第375号。

各自確認して理解を深めてください。

【文　献】

国立特別支援教育総合研究所（2021）．小・中学校における肢体不自由のある児童生徒への指導及び支援のための地域資源を活用した授業改善に関する研究（研究成果報告書）　https://www.nise.go.jp/nc/report_material/research_results_publications/specialized_research/b-363（2023 年 5 月 14 日閲覧）

三嶋和也・内海友加利・池田彩乃・安藤隆男（2018）．学齢肢体不自由児の就学実態について：一特別支援学校（肢体不自由）通学区域に着目して　障害科学研究, *42*(1), 185-196.

文部科学省（2017）．小学校学習指導要領（平成 29 年告示）解説　総則編

文部科学省（2019）．交流及び共同学習ガイド（2019 年 3 月改訂）　https://www.mext.go.jp/a_menu/shotou/tokubetu/1413898.htm（2023 年 5 月 14 日閲覧）

文部科学省（2020）．特別支援教育資料（令和元年度）　https://www.mext.go.jp/a_menu/shotou/tokubetu/material/1406456_00008.htm（2023 年 5 月 14 日閲覧）

文部科学省（2021）．障害のある子供の教育支援の手引：子供たち一人一人の教育的ニーズを踏まえた学びの充実に向けて　https://www.mext.go.jp/a_menu/shotou/tokubetu/material/1340250_00001.htm（2023 年 5 月 14 日閲覧）

文部科学省（2022a）．特別支援教育資料（令和 3 年度）　第一部　データ編 https://www.mext.go.jp/a_menu/shotou/tokubetu/material/1406456_00010.htm（2023 年 5 月 14 日閲覧）

文部科学省（2022b）．特別支援学級及び通級による指導の適切な運用について（通知）（4 文科初第 375 号）　https://www.mext.go.jp/content/20220428-mxt_tokubetu01-100002908_1.pdf（2023 年 5 月 14 日閲覧）

吉川知夫・北川貴章・生駒良雄・杉浦　徹（2019）．小・中学校に在籍する肢体不自由のある児童生徒の指導等に関する現状と課題　国立特別支援教育総合研究所研究紀要, *46*, 29-42.

Reflection

WORK　調べてみよう！

　第Ⅲ部では，肢体不自由教育における教育課程の特徴やカリキュラム・マネジメントについて学習しました。特別支援学校（肢体不自由）を１つ選び，学校のホームページなどから教育課程について調べ，その特徴を整理しましょう。また，なぜそのような教育課程が編成されているのか，在籍児童生徒の実態や，重複障害者等に関する教育課程の取扱いなどを踏まえて考察しましょう。

POINT ···

・ 特別支援学校のホームページや学校要覧から教育課程に関わる情報を入手することができます。
・ 調べた学校の教育課程と，第９章で学んだ教育課程の類型を比較してみましょう。

Work の取扱い方（例）···

　第Ⅲ部の授業回が終わるまでに受講者に対してレポート作成を課します。講義の途中あるいは最後に約30分の時間を設け，４名程度の小グループを作成します。各自が調べた学校について紹介し合い（約20分），その後で特徴だと捉えられる点などについて全体で共有します（約10分）。

特別支援学校の先生の立場から
「カリキュラム・マネジメントの取り組みの現状と課題」について

教育センター
主任指導主事
延命典子

　障害の重い子どもたちの教科指導について一緒に考えてみませんか。

　私たちは，「重度・重複障がいだから教科は学べない」「重度・重複の子どもたちは，自立活動で学ぶのが当たり前」と思ってしまうことはないでしょうか。学習指導要領解説には，「重複障害者である児童生徒が，自立活動を主とした教育課程で学ぶことを前提とするなど，最初から既存の教育課程の枠組みに児童生徒を当てはめて考えることは避けなければならない。」と示されています。私たち学校の教師の強みは，教科指導ができることではないでしょうか。特別支援学校（知的障害）の各教科小学部1段階は，障害の重い子どもを想定して作られています。ぜひ，特別支援学校（知的障害）の教科に意識を向け，教科の視点で子どもの指導を考えることにも取り組んでいきましょう。

　このようなことを，教務主任としての3年間，先生方に語りかけてきました。それまで所属していた学校では，なぜ自立活動を主として行うのか，各教科と自立活動の違いは何か，合わせた指導の拠り所は何であるかなどについて十分な議論がなされないまま教育課程が編成されていました。そこで，①教育課程を教育の内容と授業時数で語る，②「教科別の指導」の形態で授業づくりを行う，③教育課程編成方針やカリキュラム・マネジメント年間計画を見える化して共有する，などに取り組みました。

　その結果，子どもに身に付けさせたい力を明確に説明できるようになり，学校の教育課程と日々の教育活動とのつながりを感じられるようになりました。何より教師主観の活動ありきの授業ではなく，教科の目標を拠り所とした指導ができるようになりました。とくに中学部・高等部では，教科の専門性を生かした面白い授業が展開されました。理科の先生が「地球・自然」の単元において霧発生装置を使い，霧の世界を作り出す……，その様子を興味深く見つめる子どもたち……。その姿に，教科の本質を学ぶ大切さを感じたところです。

　これからも，教科の窓から様々な世界を子どもに見せ，「あなたのまわりには魅力的で面白いことがたくさんあるよ」と伝えられるよう，全教師で授業を共に考え，実践を積み重ね，教育課程編成につなげていくカリキュラム・マネジメントを広げていければと思っています。

肢体不自由教育における今日的課題と展望

第IV部は，肢体不自由教育における今日的課題と展望について，教師の新たな専門性としての協働モデルの構築（第12章）とインクルーシブ教育システムと特別支援学校（肢体不自由）の使命（第13章）から構成しました。

第I部で概説したように，肢体不自由教育の歴史は，子どもの障害の重度・重複化への対応と切り離せません。肢体不自由教育の現場では，教師間の協働はもとより，外部専門家との協働も日常的に求められます。第12章では，自立活動の指導に焦点を当て関係者間の連携の意義等について概説します。そして，本巻を締めくくる第13章では，今日の教師に求められる専門性と教員養成，現職研修の現状や動向について概説します。教師の専門性にゴールはありません。今の自分に何が身についているか，次に何を学ぶ必要があるかを把握し，行動に移すことができるかが肝要です。

本巻を通して学んだことを確認するとともに，学び続ける教師（の卵）として次の一歩を描いてください。

学びをつなぐ！ ——————————— 第IV部

　第1欄の科目（本シリーズ第1巻対応）では，インクルーシブ教育システムの理念を踏まえた特別支援教育の展開について学修しました。

　第2巻第IV部では，「過去」と「現在」についての学びを土台に「未来」を志向します。肢体不自由教育の歴史的変遷（第I部）や肢体不自由教育の実践上の課題（第II部・第III部）を踏まえ，今後のインクルーシブ教育システムの中で，肢体不自由教育が果たす役割や肢体不自由教育を担う教師に求められる専門性について学修します。

　学修後には，第1欄の学修内容（本シリーズ第1巻第III部）を振り返りましょう。教育の創始から医療との密接な関係を有する肢体不自由教育は，子どもの障害の重度・重複化への対応もあいまって他機関との連携が日常的に必要な状況にありました。その中で，肢体不自由教育が培ってきた専門性を，わが国のインクルーシブ教育の展開にどのように活かしていけるとよいでしょうか。また，肢体不自由教育を含むわが国の特別支援教育（特殊教育）で形成されてきた実践知は，他国の障害児教育にどのように寄与できるでしょうか。未来を創造する一員として考えてみてください。

●教師としての成長を見据えて ・・

　みなさんは今，特別支援学校教員免許状の取得に際し，最低限必要な学修内容について学んでいます。教員養成段階では，特別支援学校教員免許状の取得が可能ですが，免許状の取得のみをもって，子どもの実態を踏まえた教育実践を期待することはできません。そこで，各自治体は，教職経験年数に応じて想定する教師の成長した姿を教員育成指標として示し，現職研修を実施しています。教師としての成長にゴールはありません。同僚教師をはじめとするこれからの出会いを通して，自分はどのような教師像をめざすのかを心に描きながら，教師としての成長の道を歩んでいきましょう。

本シリーズ第1巻と第2巻の主な関連

connect!

connect!

教師の新たな専門性としての協働モデルの構築

　今日，学校教育の場における課題は複雑化し，従来の教員個人次元の専門性だけでは課題の解決が困難となっています[*1]。本章では，特別支援教育制度において導入された新たな仕組み，および特別支援教育独自の領域である自立活動の指導における関係者間の連携に着目し，あらためて肢体不自由教育における関係者との協働の視点からその意義等について概説します。

第１節　特別支援教育における新たな専門性としての協働モデル

(１)　特別支援教育における関係者間の連携

① 　特別支援教育制度における新たな仕組みにおける関係者間の連携

　2003 年３月，特別支援教育の在り方に関する調査研究協力者会議は，「今後の特別支援教育の在り方について（最終報告）」をとりまとめ，特別支援教育を展開する新たな仕組みとして，「個別の教育支援計画」，「特別支援教育コーディネーター」，「広域特別支援連携協議会」の３つについて提言を行いました。

　個別の教育支援計画は，多様なニーズに適切に対応する仕組みとして，障害のある子どもを生涯にわたって支援する観点から，一人一人のニーズを把握して，関係者との連携による適切な教育的支援を効果的に行うために作成するものです。特別支援教育コーディネーターは，指導や支援に関わる関係者間の連絡調整を行うキーパーソンとなります。学内と福祉・医療等の関係機関との連絡調整役として，あるいは，保護者の学校の窓口を担う者として学校に置かれるものです。そして，広域特別支援連携協議会は，地域における総合的な教育的支援のために有効な教育，福祉，医療等の関係機関・部局等の連携協力を確

---

*１　本シリーズ第１巻第 10 章では，特別支援学校教員に求められる専門性として，関係者との連携
　　に着目した協働モデルを提起しているので参照してほしい。

保するための仕組みです。都道府県レベルでの質の高い教育支援を支えるネットワークとなります。

　このように，特別支援教育の制度設計にあたり，一人一人のニーズに応じた効果的な指導・支援を，生涯にわたって実現する新たな仕組みが提起され，関係者との連携の必要性が打ち出されました。この流れは，基本的に中央教育審議会の議論へと引き継がれ，2005 年 12 月に「特別支援教育を推進するための制度の在り方について（答申）」に明示されました。本答申では，総合的な体制整備に関する課題として，「個別の教育支援計画及び個別の指導計画について」，「特別支援教育コーディネーターについて」に加えて，「学校内外の人材の活用と関係機関との連携協力」をあげました。学校外の人材として，医師，看護師，PT（Physical Therapist：理学療法士），OT（Occupational Therapist：作業療法士），ST（Speech Therapist：言語聴覚士）等外部の専門家の総合的な活用を図ることを提起したのです。

② 　自立活動の指導における関係者との連携

　特別支援学校では，近年，子どもの障害の重度・重複化，多様化が顕著となっており，その指導の在り方や教員の専門性が大きな課題となっています。特別支援学校においては，このような多様なニーズを有する子どもに対して，弾力的に教育課程が編成できるよう規定が整備されています[*2]。とりわけ，特別支援学校独自の領域である自立活動[*3]では，関係者間の連携を前提として，子ども一人一人の主体的な学習の実現を図ることになります。

　ここでは，自立活動の指導に含意される連携について，「自立活動の指導」と「自立活動の時間における指導」（以下，時間の指導）との関連，および「自立活動の授業の各過程（授業のデザイン，実施，評価・改善）」との関連から概説します。

❶ 　「自立活動の指導」と「時間の指導」との関連と連携

　図 12-1 は，自立活動の指導における関係者間の連携を表したものです。

＊ 2 　特別支援学校における弾力的な教育課程の編成については，本シリーズ第 1 巻第 7 章も参照のこと。
＊ 3 　自立活動については，本シリーズ第 1 巻第 8 章に詳しく説明されているので参考にしてほしい。

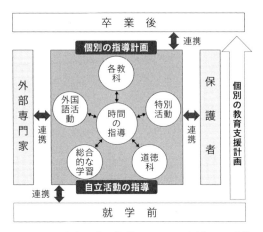

図 12-1　自立活動の指導における関係者間の連携

出所：安藤（2021）。

　まず，図の中心には自立活動の指導に関わる関係性を示しました。特別支援学校小学部・中学部学習指導要領の第1章総則 第2節の2（4）では，「自立活動の指導」と「時間の指導」について，次のように整理しています（文部科学省，2017a）。

- 自立活動の指導は，自立活動の時間はもとより，学校教育活動全体を通じて適切に行うもの。
- 時間を設けて指導を行う時間の指導は，各教科等との密接な関連を保って実施するもの。

　この規定からは，時間の指導は自立活動の指導に包含されると解釈できます。しかし，図 12-1 に示したように，時間の指導をコアにして各教科等との密接な関連を保つことで，学校教育活動全体を通じた適切な指導が可能となるのです。学習指導要領の改訂において，「自立活動の時間はもとより」が規定に盛り込まれた意図はここにあります。各教科等の指導を効果的に行うためには，時間の指導との密接な関連が欠かせません。ここに担当教員間の連携の課題が成立するのです。

　学校外に目を転じると，子どもの障害による生活上の困難に関しては保護者

と，医療に関わる情報に関しては医師をはじめとした医療関係者と，それぞれ連携を図ることが必要となります。今日では，放課後デイサービスを受ける子どもも増えていることから，福祉関係者との連携も指摘されます。

　以上のことは，小学校等における特別支援教育でも同じ関係性が指摘できます。2017 年 3 月に告示された小学校学習指導要領総則では，特別支援学級あるいは通級による指導を行い特別の教育課程を編成する場合，特別支援学校小学部・中学部学習指導要領第 7 章の自立活動を取り入れる，あるいは参考とすると規定されました。特別支援学級在籍者が交流及び共同学習として通常の学級で指導を受ける場合，あるいは通常の学級在籍者が通級指導教室で特別の指導を受ける場合，特別の指導である「時間の指導」と通常の学級での「各教科等の指導」との連携に注目できるのです。小学校学習指導要領総則において，通^{*4}級による指導を受ける場合は，「効果的な指導が行われるよう，各教科等と通級による指導との関連を図るなど，教師間の連携に努めるものとする」とされたのは，このことを意図しています。

❷　自立活動の授業過程（授業のデザイン，実施，評価・改善）における連携

　自立活動の指導にあたっては，個別の指導計画の作成が義務づけられています。なぜ，自立活動の指導では個別の指導計画作成が義務づけられているのでしょうか。

　これは，自立活動の領域の特性によるといえます。すなわち，自立活動の指導では，図 12-2 に示したように，障害のある子どもの実態等を踏まえて，担当教師は子ども一人一人に対して指導すべき課題を明確にし，指導の目標，内容を設定し，その後具体的な指導の実施，評価・改善へとつなげることになります。各教科等のように，あらかじめ学習指導要領に目標，内容を示すことができない自立活動では，このような手続きをとることが求められるのです。個別の指導計画は，自立活動の指導にあたってなぜこの指導をするのかの説明責任を果たすツールであるといわれます（第 8 章も参照のこと）。

　図 12-2 では授業の過程を，個別の指導計画システムと授業システムとに分け

＊4　特別支援学級・通級による指導については，本シリーズ第 1 巻第 11 章も参照のこと。

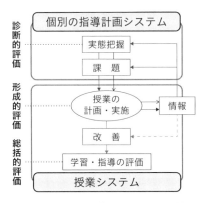

図12-2　個別の指導計画と授業との接続

出所：安藤（2021）。

ています。個別の指導計画は，前述のように授業の実施，評価・改善に先行する授業のデザイン機能を担うことから，授業システムとは独立させて位置づけられたものです。このような構成と流れを前提とすると，次のような連携が仮定できます。

　第一は，個別の指導計画作成に関わる教員と，授業の実施と評価・改善に関わる教員とが異なる場合の連携です。授業過程の一貫性からデザインと実施，評価・改善には整合性の確保が求められます。（担当する教師が一部でも異なる場合は，当然，連携の課題を指摘できます。）

　第二は，授業の実施，評価・改善段階における授業担当が異なる場合の連携です。すでに，時間の指導と各教科等の指導の担当教員の連携について概説しましたが，ここでは時間の指導の形態の違いに着目します。自立活動を主とした指導を行う場合，週当たりの授業時間数に占める時間の指導の割合は高くなります。指導の形態としては，基本的に個別指導やティーム・ティーチング[*5]（team teaching，以下，TT）をとることになります。個別指導では，学級担任に加えて専科教員等による指導が行われる場合もありますし，TTでは，学級担任以外の教員が加わる場合もあります。指導形態により時間の指導の目標，内

───────────────

＊5　ティーム・ティーチング（TT）：「教師と共に子どもたちも一つのチームをつくって，協力し合って指導し，学ぶ新しい指導・学習組織」（加藤，1994）のこと。

容が異なりますので，時間の指導の目標，内容の構造とその整合性の確保は，担当教員間の連携に大きく依存することになります。

(2)　学校組織における協働の意義

①　学校組織の特性と連携

　企業や役所等は階層性が明確なピラミッド型の組織とみなされるのに対して，学校は構成員が横並びの鍋蓋型組織であるといわれています。このような学校組織は，教員のつながりがゆるやかで，独立性と分離性を有する疎結合的組織（loosely coupled system）である（Orton & Weick, 1990）といわれます。学級は，その経営や教科指導について担当教員の裁量にゆだねられるため，教員としての力量形成の場となる一方で，時に学級王国の形成に至ることが指摘されます。[*6] これが，今日，学年担任や校務分掌において，教員間あるいは保護者や地域の関係者との連携の必要性が叫ばれる背景の1つと考えられます。

　ここまで連携の必要性について概説してきましたが，連携とは何かを改めて整理してみましょう。

　広辞苑（第六版）によれば，連携とは「同じ目的を持つ者が互いに連絡をとり，協力し合って物事を行うこと」です。字義的には，読者に一定の理解を促すことはできますが，同じ目的を持つ者とは誰か，協力し合うとはどのようなことかなど連携を具現する観点からは，どうしてもあいまいさが排除できません。連携を図るといえば簡単ですが，学校組織の特性を考慮すると，これを具現するのは実はそう容易ではないと考えられます。

②　協働文化の醸成とその意義

　ここでは，上述のような学校組織の特性を有する特別支援学校における関係者との連携について，協働（collaboration）の概念に着目しその意義を整理します。

＊6　学級王国：「学級を一つの国とみなして，その国を治める王様（担任教師）が，学級経営や学習指導の一切を行うとする考え方」とされ，「他の教員等から干渉を許さないとする考え方からは，その排他性・閉鎖性を強める危険性が指摘」される（山﨑・片上，2003）。

　今津（2017）は，「教師の態度や価値，信念などの内容は，教師相互の関係性の型である形態を通じて現れる」とするハーグリーブス（Hargreaves, 1992）の教師文化論を引用し，彼が取り上げた形態^{＊7}のうち，協働文化（collaborative cultures）に着目しました。

　教員の協働文化の醸成は，教員個人の思考様式や行動様式の壁を打ち破り，結果として教員個人の専門性に寄与するとしています。教員組織における協働学習の構築と展開は，学校組織の改善のみならず，教員個人の専門性の向上に資する，いわば協働モデルの前提となるものといえます。

　以上のことを踏まえ，本章では特別支援教育における関係者間の連携について，これを協働の事態とみなし，以下，協働という用語を使用します。

▌ 第2節　肢体不自由教育における関係者間の協働の現状と課題

（1）　特別支援学校（肢体不自由）における外部専門家との協働

　特別支援学校（肢体不自由）の授業の場では，学外の関係専門家として，医師・看護師およびPT，OT，ST等の外部専門家（以下，外部専門家）が導入されています。医師・看護師は，主に医療的ケア^{＊8}の実施に関わる人材，PT等の外部専門家は自立活動等における指導方法等の改善とその成果の普及のための人材として，それぞれ積極的に活用すべきとされています。

　ここではPT等の外部専門家との協働について概説します。

①　外部専門家の導入の背景と施策化

　2005年12月の中央教育審議会の「特別支援教育を推進するための制度の在り方について（答申）」，さらに2007年の教育再生会議の第二次報告を受けて，

＊7　ハーグリーブスは教師文化の形態として，協働文化のほかに，個人主義（individualism），グループ分割主義（balkanization），そして個人主義やグループ分割主義を協働文化に転換する過渡的措置としての策定された同僚間連携（contrived collegiality）をあげている。
＊8　医療的ケアに関しては，本シリーズ第1巻第10章で，その教育的・社会的意義を解説している。

文部科学省は，外部専門家を活用した指導方法等の改善について実践研究を行い，その成果を全国に普及させることを目的とする新規事業を構想しました。事業名は，「PT，OT，ST 等の外部専門家を活用した指導方法等の改善に関する実践研究事業」（以下，実践研究事業）で，2008 年度から全国 10 の自治体に委託し実施しました。

② 　実践研究事業の評価
　実践研究事業は，中間報告書を公表しています（文部科学省，2009）。このうち，実践研究事業に取り組んだ特別支援学校（肢体不自由）1 校（以下，C 校）を抽出し，その取組の成果と課題を以下に一部抜粋しながら整理します。

　【C 校の取組の成果と課題】

　　ⅰ）C 校の研究テーマ：
　　「うごき，ことば，せいかつを高める指導のあり方～外部専門家との連携による指導力向上に関する研究～」

　　ⅱ）研究のねらい：
　　　次のねらいを掲げました。

　　　・OT との連携では，子どもが使用する車椅子や机などの道具類および生活用具等の改善を通して，学校及び家庭の生活環境を見直すこと。
　　　・PT との連携では，これまで取り組んできた動作法との整合性を図り，運動機能の維持向上に努めること。
　　　・子どものコミュニケーション能力の向上を図るための ST との連携では，子どもの初期学習の力をつけ，音声に注目させたり，カードやサイン，VOCA 等を使ったりする指導の充実を図ること。

　　ⅲ）取組の実際
　　　教員の専門性の向上および教員の授業力向上と授業改善の観点から取組がなされました。
　　　教員の専門性の向上では，外部専門家（PT，ST）による研修に加え，大学教員等による研修会の開催を柱に構成しました。大学教員等による研修内容は，「身体の動き[*9]」への取組，連携を個別の指導計画に生かすための全体研修を開催するとともに，小グループ研修会での講演や学部別事例検討会での助言等です。授業力向上と授業改善では，教員からの要望に基づきプロジェ

クトチーム（本事業のとりまとめ）が個別相談の場を設けました。PT は 12
ケース延べ 16 回，OT は延べ 36 回，ST は延べ 26 回を数えました。

iv）成果と課題
　取組の評価は，次の 4 つの観点から実施しています。それぞれの観点での
成果と課題について，参加教員の代表的な声を抽出し紹介しました。

　・評価 1「外部専門家との連携をとるためのシステムについて」
　　「校内に委託事業の実施を担うプロジェクトチーム（4 名）を設けたが，事
　前の調整および事後の意見交換や情報共有において，大きな負荷がかかっ
　たことから，校内のシステムの改善の必要性」があげられました。
　・評価 2「連携により児童生徒に対して指導効果が上がったか」
　　この観点からの成果は，数多くあげられました。たとえば，「OT の助言
　で学習や作業用の椅子に個に応じたクッションをつけたことで，安定した
　姿勢を保持する時間が長くなり，授業に集中できるようになった」などで
　す。
　・評価 3「連携により，教員の指導力が向上したか，教材開発力が高まっ
　　たか」
　　「ST から，系統的に行う弁別学習の必要性について助言され，文字等の
　識別に関する実態をより正確に把握できるようになった」などです。
　・評価 4「指導力向上の知識や技術が共有の財産として校内に蓄えられた
　　か」
　　「個別相談の場における教員個人の学びや子どもの学習の成果をどのよ
　うに共有し，蓄積できるかの検討の必要性」が指摘されました。

　2013 年 2 月に佐藤ら（2015）は，全国の特別支援学校（肢体不自由）255 校を
対象に，外部専門家との連携について調査（以下，量的調査）を実施し，152 校
から回答を得ました。有効回答数 142 校のうち，PT 等を活用しているのは 110
校（77.5％）でした。ここでは量的調査の結果を引用しつつ，C 校の取組の評価
（質的データ）の特徴をまとめてみましょう。

＊9　1999 年 3 月告示の盲学校，聾学校及び養護学校小学部・中学部学習指導要領においては，それ
　　までの「養護・訓練」は「自立活動」と改められた。これにともなって内容も「身体の健康」は
　　「健康の保持」に，「心理的適応」は「心理的な安定」に，「環境の認知」は「環境の把握」に，
　　「運動・動作」は「身体の動き」に，「意思の伝達」は「コミュニケーション」にそれぞれ改めら
　　れ今日に至っている。なお，2009 年 3 月告示の特別支援学校小学部・中学部学習指導要領では，
　　特別支援教育制度への転換を受けて，自立活動の内容は，新たに「人間関係の形成」を加えて 6
　　つとなった。

　第一は，プロジェクトチームの設置です。PT 等を活用していると回答した 110 校では，何らかの担当分掌部をもって関係者間の連絡調整を行う体制を構築していました。担当分掌部の内訳は，自立活動部・自立活動課等が 60 校と最も多く，支援部・地域支援部等が 17 校，研究部・研修部が 14 校でした。この結果から，C 校における実践研究事業の実施，運営を担ったプロジェクトチームの設置は，組織運営上合理的であり，取組を経て指摘されたシステム改善の課題を受けて，その後分掌部として再組織化したと考えられます。

　第二は，大学教員等を研修会講師に招へいしたことです。C 校では，教員の専門性の向上の観点から外部専門家を研修会講師として招へいするとともに，教員の授業力向上と授業改善の観点から教員の要望を受けて個別相談の場を設定していました。量的調査の結果では，PT 等の活用の具体的内容として，授業参観・授業者への助言と職員研修会の講師の 2 つが高い割合を占めていたことから，基本的には C 校での取組内容と共通していることがわかります。さらに，C 校では，教員の専門性の向上の観点から，自立活動の指導や個別の指導計画等をテーマとした研修会を開催し，講師に大学教員等を招へいしていました。自立活動は特別支援教育の独自な領域であり，その指導は教員の専門性をもって具現するという考え方に立てば，医療関係者である外部専門家のみならず，学識経験者である大学教員等の人材活用は，教員の自立活動の指導に対する理解をさらに深めることが期待できます。

　第三は，外部専門家の導入の効果に関することです。授業場面に外部専門家が立ち会うことの効果を教員はどのように捉えているのでしょうか。量的調査では，「よかった点」として「専門的視点からアプローチの方法などの助言を得ることができた」など指導方法等の改善に関わる回答がある一方で，指導助言が「教師の自信や安心につながった」との回答も数多くあげられました。C 校においても，ST の助言によって文字等の識別に関する実態をより正確に把握できるようになったとの意見が寄せられたことは先述のとおりです。助言が教員の指導等に対する不安感を低減させることにつながったのです。

　そもそも，自立活動の指導に関する専門家ではない外部専門家の助言が，なぜ教員のこのような意見を引き出したのでしょうか。

　教育の場，とりわけ子どもの障害が重度・重複化，多様化する肢体不自由教育においては，唯一絶対解がない中で，教員は日常的に解を導き出すことになります。デザイン機能を担う個別の指導計画作成において，子どもの実態を把握すること，指導すべき課題を抽出することなどは，その後の授業の実施につながる重要な解の導出といえます。しかし，教育の場の特性である不確実性（uncertainty）により，結果として導き出した解に確信が持てない，あるいは不安であるとの声につながると考えられます（安藤，2021）。医療従事者であるPT等の外部専門家は，医学的診断に基づいて治療方針を立て，チームの一員として治療，訓練を行います。このことは，教育における教育的診断（実態把握等）を行い，指導計画を立てる等の一連の手続きと共通しますが，医学における診断では唯一解を前提とするところに教育との大きな差異を指摘できます。科学的根拠に基づく診断のプロセスや手続きの一端に触れることで，教員の不安感が低減することにつながると考えられます。専門を異にする者同士の協働は，エビデンスに基づく手続きの知を共有する機会となるのです。

　量的調査では外部専門家活用の課題として，「助言をそのまま指導に取り入れてしまう」「助言をどう整理して指導に生かすかが大切である」等の回答も少なからずあげられていました。外部専門家との協働は，教育の独自性や教員の専門性を前提として成立することをあらためて確認するものといえます。

(2)　自立活動の指導における教員間の協働

①　TTにおける教員の役割と協働

　特別支援教育においては，障害のある子ども一人一人の実態等に応じた指導を展開する際に，授業形態として個別指導のほかにTTを導入してきました。TTでは複数の子どもで学習グループを編成し，複数の教員が役割に基づき協働して指導にあたることになります。基本的には，授業者は授業を進行するメイン・ティーチャー（Main Teacher，以下MT）と，子どもの学習状況を把握し，MTと情報を共有して子どもの主体的な学習を促すサブ・ティーチャー（Sub Teacher，以下，ST）から構成されます。MTとSTとの役割に基づく教授行動が，一人一人の子どもの主体的な学習を実現することにつながることを想定しています。

　しかし現実はどうでしょうか。学校組織は，成員間のつながりがゆるやかで，相互に独立性と分離性を有していることはすでに述べました。TTにおける教員の役割に基づく教授行動の遂行は簡単ではなく，関連する学術的な知見も積み上がっていません。

　このような中で，竹内ら（2020）は，全国の特別支援学校（肢体不自由）41 校の重複障害学級（自立活動を主とした教育課程）の担任教員と特別支援学校（知的障害）38 校の教員を対象に，TTにおいて複数の授業者がどのような役割を果たしているのかについての調査を実施しました。結果の一部を紹介すると，特別支援学校（肢体不自由）における学習グループの人数の平均は 6.67 人で，授業者数の平均は 5.40 人であったのに対して，特別支援学校（知的障害）の学習グループの平均は 13.16 人，授業者数の平均は 5.35 人でした。両群を比較すると，授業者数に差はありませんが，学習グループの人数は特別支援学校（肢体不自由）のほうが半分程度であることがわかります。特別支援学校（肢体不自由）における授業者数と学習グループの人数の比は 1 対 1.24 でした。

　次に，MTおよびSTの役割に関する結果です。MTの役割では両群に大きな違いはありませんでしたが，特別支援学校（肢体不自由）におけるSTの役割に関しては，おもに特定の子どもを担当する，いわば「子どもにつく」タイプの割合が高い結果となりました。これに対して，特別支援学校（知的障害）では子どもだけではなく，教材もあわせて担当する割合が高くなっていました。この背景には，学習グループと授業者グループの人数比が関与していると考えられます。特別支援学校（肢体不自由）では両グループの人数比はほぼ拮抗し，STが特定の子どもを担当する「子どもにつく」タイプを可能とさせていると考えられます。

　このようにTTにおいて複数の教員が役割に基づいて教授行動をとる事態では，授業の実施段階における各授業者の意思決定過程を共有することが求められます。授業における集団的意思決定に関わる授業研究の構想です（安藤，2021）。

　内海ら（2018）は，特別支援学校（肢体不自由）のTTにおける各授業者の意思決定過程を分析し，その結果を授業改善にフィードバックする授業研究を実施しました。授業後の各授業者のリフレクション分析から，まずMTおよびSTの

役割に基づく意思決定過程が共有されないままに授業が進行したことを明らかにした上で，授業者間の意思決定過程を共有するための手段として，授業中にMT-ST間，ST-ST間で声かけすること（speak aloud）が確認されました。このことは，改善のための授業において声かけが採用された結果，授業者相互の情報共有が可能となり，各学習者の主体的な学習を促すSTの教授行動と，授業全体の円滑な進行を担うMTの教授行動とが一体的に機能することを明らかにしました。TTにおける役割に基づく授業者間の協働による授業改善の例といえます。

②　教員間の協働における課題

　特別支援学校は，小学校等と比べて教員組織の大規模化，若手教員の割合の増大化等が指摘されています。そのような中で，授業場面だけでなく，学級経営等においても複数の教員がチームを組んで取り組むようになっています。これらのチームの多くは，前年度を引き継ぐ教員と，新たな年度に加わる教員とから構成されることになります。このような構図では，「昨年度はこうであったから」とする暗黙の前例主義の論理が優先される可能性があります。このことは，教員集団における同調性の強さとして，これまで多くの識者が指摘してきました（例えば，油布，1988）。

　どのような教員組織でも，構成員の経験や立場等の違いは避けて通れません。前例主義は組織機能を維持することに一定の効果をもたらしますが，子ども一人一人の効果的な学習を実現するための柔軟なパフォーマンスは期待できません。課題が複雑化する肢体不自由教育においては，教員の協働学習による組織改善と教員個人の専門性の向上は新たな課題とみなせるでしょう。

【文　献】

安藤隆男（2021）．新たな時代における自立活動の創成と展開：個別の指導計画システムの構築を通して　教育出版

Hargreaves, A. (1992). A focus for change, in A. Hargreaves, & M. G. Fullan, eds., *Understanding Teacher Development*. Cassell.

今津孝次郎（2017）．新版 変動社会の教師教育　名古屋大学出版会

加藤幸次（1994）．ティーム・ティーチングを生かす先生　図書文化　p. 16.

文部科学省（2009）．平成 20 年度指定「PT，OT，ST 等の外部専門家を活用した指導方法等の改善に関する実践研究事業」中間報告書
　　https://www.mext.go.jp/a_menu/shotou/tokubetu/main/006/1285323.htm（2023 年 3 月 7 日閲覧）

文部科学省（2017a）．特別支援学校　幼稚部教育要領　小学部・中学部学習指導要領

文部科学省（2017b）．小学校学習指導要領

Orton, J. D., & Weick, K. E.（1990）. Loosely coupled systems: A reconceptualization. *Academy of Management Review, 15*(2), 200-223.

佐藤孝史・藤井慶博・武田 篤（2015）．特別支援学校（肢体不自由）における外部専門家との連携のあり方に関する検討：全国特別支援学校（肢体不自由）における外部専門家活用に関するアンケート調査　秋田大学教育文化学部研究紀要，教育科学部門，70，85-96.

竹内博紀・小山瑞貴・大関 毅・落合優貴子・内海友加利・安藤隆男（2020）．特別支援学校（肢体不自由）のティーム・ティーチングにおける授業者の役割に関する調査研究：自立活動を主とした教育課程に注目して　障害科学研究，44(1)，87-97.

内海友加利・平山彩乃・安藤隆男（2018）．特別支援学校（肢体不自由）のティーム・ティーチングにおける教師の意思決定過程の分析と授業改善　特殊教育学研究，56(4)，231-240.

山﨑英則・片上宗二（編）（2003）．教育用語辞典　ミネルヴァ書房

油布佐和子（1988）．教員集団の実証的研究　久冨善之（編）　教員文化の社会学的研究　多賀出版

第13章 インクルーシブ教育システムと特別支援学校（肢体不自由）の使命

本書を通して，肢体不自由のある子どもに対する教育の現状や指導について学んできました。本章ではそれらを踏まえて，今日の教師に求められる専門性と教員養成，現職研修について概説します。

第1節 肢体不自由教育に関わる教師の専門性

今日，特別支援教育に携わる教師の専門性育成が急務であるとされています（文部科学省，2021a）。もし「肢体不自由教育に携わる教師の専門性として重要だと考えるものは何か？」と問われたら，あなたはどのような事柄をあげるでしょうか。イメージした「専門性」はこれまでの議論の中でどのように位置づくのか，確認してみましょう。

(1) 肢体不自由教育の専門性とは

国立特別支援教育総合研究所（2010）は，肢体不自由教育に関わる教師の専門性を明らかにするため，専門性を「教員として基盤となる専門性」，「特別支援教育に関わる教員の専門性」，「肢体不自由教育に関わる教員の専門性」の三層構造により示しました（図13-1）。

特別支援教育に関わる専門性として「子どもの実態把握や理解が総合的にできること」，「自立活動の内容を構築すること」，「ティーム・ティーチング（TT）を行うこと，建設的にチームワークが組めること」などをあげたうえで，肢体不自由教育に関わる専門性として「運動・動作の知識・技能」や「肢体不自由の特性を踏まえた教科指導」，「重複障害児の実態把握を適切に行うこと」などを示しました。具体的には，脳性まひ児のもつ知覚的特質である図と地の関係（figure-background relationship）や形と余白の関係（form and space relationship）を

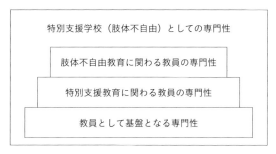

図 13-1　専門性の構造図

出所：国立特別支援教育総合研究所（2010）。

正常に弁別したり再生したりすることの困難などを理解し，学習上の工夫が求められてきました。さらに，自立活動の指導における運動・動作に関わる専門性に関する知見（船橋，2016）や，重複障害児の実態把握および指導目標の設定に関する知見が認められます（一木・安藤，2013）。

　また，肢体不自由教育においては「保護者や他職種との連携の必要性が大きい」と指摘されています（国立特別支援教育総合研究所，2010）。特別支援学校（肢体不自由）に在籍する児童生徒の障害の重度・重複化，多様化に伴い，教師は多様な専門性を身につけることが求められるようになりました。本書第 12 章でも説明されているように，喀痰の吸引等の医療的ケア[2]が必要な児童生徒も多く在籍するようになり，教師と看護師などの外部専門家，あるいは教師間の連携が課題となっています。このように，肢体不自由教育はとりわけ学校組織内や外部専門家との協働に基づく自立活動等の指導の充実が求められてきたと考えられ，児童生徒の多様なニーズに向き合うためにティーム・アプローチが多く採用されるなど，教師の協働に基づく実践の構想や展開が重要となります。

(2)　教師の専門性モデルの動向

　教師の専門性については，これまで様々な議論がなされてきました。1950 年

＊1　脳性まひの視知覚の特徴（中司，1967）が以前から指摘されている。図表の読み取りや図形認識に困難を示すことがあり，実生活では掲示物や地図の読み取りに困難を示すことが考えられる。
＊2　医療的ケアについては，本シリーズ第 1 巻第 10 章，本書第 3 章も参照のこと。

代には，リーバーマン（Lieberman, M.）が専門職の特性を8つの要件に基づき説明し，専門職としての特性に関わる議論が展開されました[*3]。しかし，リーバーマンの提唱する特性を完全に備える職業は考えにくいことから，理想的な専門職に至る過程に着目して専門職を把握するプロセスアプローチ（process approach）[*4]が提起されるに至りました（Ozga & Lawn, 1981）。この考え方に基づくと，教師は生涯にわたって理想的な専門職をめざすべきものであると位置づけられます。

　理想的な専門職を志向すること，すなわち専門職化には，大きく2つの議論が展開されてきました。1つは，教職が他の職業と比較してどれだけ専門職としての地位を獲得しているかという議論です[*5]。もう1つは，教師の教育行為において専門的知識・技能をどう用いるかという議論です。教師の専門性（professionality）の中身とは何か，あるいは教師の役割とは何かを問うものであり，1980年代以降に盛んに取り上げられるようになりました。後者の議論によって教師発達（teacher development）[*6]という概念が提起されるとともに，自らの実践を対象に研究することを通じて教師発達を遂げる，「実践研究者としての教師（teachers as researchers）」という教師の新たな性格づけが明示されることとなったのです。

　教師の専門性について，今津（1996）は教師の質の捉え方として「教師個人モデル」と「学校教育改善モデル」を提起しました。「教師個人モデル」は教師の質を教師個人が身につけている知識や技術，態度に求めるものであり，「学校教

＊3　8つの要件：リーバーマンは専門職の特性として，①独自の欠くことのできない社会的サービスであること，②サービスを果たす上での高次の知的技術をもつこと，③長期にわたる専門的教育を受けていること，④広範囲な自律性を有すること，⑤自らの判断に責任をもつこと，報酬より，サービスが重視されること，⑦専門的基準を高めるための自治組織をもつこと，⑧職業集団として倫理綱領をもつこと，を掲げた。

＊4　プロセスアプローチ：オズガとロウンは，リーバーマンの諸特性に基づく専門職を説明する考え方を「特性アプローチ（trait approach）」とし，これに対して「専門職としての理想型を希求するプロセス」に意義を見出した「プロセスアプローチ」を示した。

＊5　ILO・ユネスコの「教員の地位に関する勧告」（1966）において，「地位」とは「教員の職務の重要性及びその職務を遂行する教員の能力の評価の程度に応じて社会において教員に認められる地位又は他の専門職と比較して教員に与えられる勤務条件，報酬その他の物質的利益の双方をいう」としている。

＊6　教師発達：教師は専門職であり，それゆえ専門性の発達が必要であると指摘されている（曽山，2015）。また，秋田（1999）は獲得や増大を示すことが多い「成長」と比べて，「発達」は停滞や老化等を含むより多層的，多様な変化を捉える概念であると指摘している。

育改善モデル」は教師の役割行動（例えば，教師と生徒の関係）を改善することを通して学校教育そのものの質を向上させるものです。わが国では専門性を教師個人に帰属させる考え方が根強くありましたが，学校現場に求められる課題が複雑化していることから，今津は「学校教育改善モデル」への転換を提起しました。

　安藤・内海（2018）は，これらの議論を踏まえて特別支援教育における専門性モデルを整理しています。第一は，教師の個人次元における発達であり，教師がどれだけ障害に関わる教育学，心理学，生理学などの科学的知識の理解を深め，教科や自立活動の指導に関わる専門的な知識，技能を有するかという「教師個人モデル」です。第二は，教師が当事者とともに課題解決にあたる協働次元における発達であり，教師の協働性に基づく課題解決を必要とすることから「協働モデル」としています。協働モデルには，授業におけるティーム・ティーチングの導入など同僚教師間の協働や，医療的ケアにおける看護師等の医療・福祉・労働等の専門家との協働などがあります（本書第 12 章を参照）[*7]。

　また，内海・安藤（2020）は，特別支援学校（肢体不自由）の教師を対象として，専門性に対する認識が教職キャリアの過程でどのように変化するのかを検討しました。ベテラン教師に初任期から現在までを振り返ってもらいながら，専門性における教師個人モデルと協働モデルに対する認識の比率を尋ねたところ，初任期には肢体不自由児への関わり方や自立活動の指導に対する困難さが語られ，自身の知識や技術を身につける必要性から教師個人モデルへの認識が強かったことが明らかとなりました。教職経験を重ね，知識や技術を高めたことによって学校組織における自身の役割が変化し，それらを契機として，教師個人モデルから協働モデルへと認識が移行していく過程が示されました。以下に，教師Eの語りを抜粋して紹介し，表 13-1 に認識の変化を示します。

　　　教師Eは，教員養成課程において障害児教育を専攻し，特殊教育諸学校の教員採用試験を受験して肢体不自由養護学校に採用された。

＊7　医療的ケアについては，＊2 を参照のこと。

表 13-1　教師 E の教師個人モデルと協働モデルに対する認識の変化

教職年数	1	2	3	4	5	6	7	8	9	10	11	12	13	14	15	16	17	18	19
所属	1 肢体																		
エピソード	動作法を始めた。(個 8：協 2)							地域の教師と勉強会を始めた。(個 8：協 2)						大学院派遣 (個 8：協 2)		(個 8：協 2)			

20	21	22	23	24	25	26	27	28	29	30	31	32	33	34	35
2 肢体				3 聾				4 センター			5 肢体		6 知的		7 知的
教務主任 (個 6：協 4)				(個 4：協 6)				相談部の指導主事 (個 4：協 6)			教頭 (個 2：協 8)		教頭 (個 2：協 8)		校長 (個 2：協 8)

注）専門性の認識の重みづけとして，教師個人モデル：協働モデルの割合を合計で 10 とする相対的な比率を対象者から得た。その比率を「エピソード」中に括弧書きで示した。

①初任期

　初年度は準ずる教育課程の子どもたちを担任した。大学では知的障害教育を中心に学んできたためギャップを感じ，肢体不自由のことを学ばなければと感じた。特に子どもの緊張や動きの難しさにどう対応したらよいか悩んだ。校務分掌で配属された養護・訓練部の先輩教師から動作法訓練会[*8]の誘いを受け，1 年目から学んだ。動作法の月例会は学校で行われ，養護・訓練部が担当していたこともあり，自然と動作法を用いて指導していた。

②専門性向上の転機

　1 校目には自閉症学級があり重度・重複障害児もいるなど多様な子どもたちが在籍していた。教職 8 年目頃，学校長からの指示で TEACCH プログラム[*9]を学び，地域の小・中学校の教師と勉強会を開催するなど，学外での研鑽にも取り組んだ。学校長からの推薦を受けて 14 年目に派遣による大学院への長期研修の機会を得た。

＊8　動作法は，動作課題（身体の動きに関する課題）のやりとりを通じて，心と身体についての困難さを軽減しようとする心理療法の総称である（石倉，2023）。動作法訓練会は，月に 1 度や週に 1 度といった決まった頻度で開催され，複数のトレーナー（支援者）とトレーニー（被支援者）が一つの場所に集まり動作法の実践を行うものである（松藤ら，2020）。

＊9　TEACCH（Treatment and Education of Autistic and related Communication-handicapped Children）とは，1960 年代よりアメリカ・ノースカロライナ州で発展してきた自閉症の人たちのための生活支援制度で，自閉症の人たちに彼らを取り巻く環境の意味を伝え，意味のあるコミュニケーションをしながら，彼らとの共存世界を目指そうとするプログラムである（TEACCH プログラム研究会ホームページ）。

③専門性の意識の変化

　　初任期は担任する子どもへの対応ができないため，個人で身につける専門性に傾注していた。2校目で教務主任となり，チームを動かすことを考える一方で，リーダーとなるにあたって自分も知識を身につける必要性を感じた。聾学校の部主事，教育センターの指導主事では組織を意識するが，異なる障害種や教育相談に係る新しい知識も必要になった。その後，教頭や校長など管理職を務め，「学校として」「県として」を考えるようになった。一方で，「教頭・校長としての専門性」として教師個人モデルの専門性も求められた。

　　教師Eは，若い頃に時間をかけて教師個人モデルに基づく専門性に向き合えたことがよかったと振り返った。

　以上の語りからもわかるように，教師Eはとくに初任期において同僚教師から影響を受けており，教師としての成長に同僚教師が大きな役割を果たしていました。また，教師Eは教員養成段階で障害児教育を専攻しましたが，教職に就き，実際に指導に向き合う中で学びを深めることの必要性を感じていました。

　安藤（2015）は，教員養成・現職研修のそれぞれの機会において修得すべき専門性について，自立活動に焦点化して整理しています。教員養成段階では，歴史・理念・制度・教育課程の原理や，授業過程における専門性として各障害の診断や発達アセスメント，児童生徒に関する知識等の内容があげられます。そして，教員養成段階において「学ぶ立場」から教授知識を修めた上で，現職研修として「教える立場」から学修を重ねることで，授業実施の専門性が培われると指摘されています。次節では，教員養成および現職研修の概要と近年の動向について取り上げます。

第2節　専門性育成の基盤となる教員養成

　教師に求められる専門性の観点から，教員養成・採用・現職研修の連続性の確保が重要となります。しかしながら，特別支援教育においては養成教育と現職教育を一体的，連続的に捉えることが難しいとされてきました。その指摘の背景と，今後の動向について確認しましょう。

(1)　特別支援教育に関する教員養成の現状

　特別支援学校の教員は，幼稚園，小学校，中学校または高等学校の教諭免許状のほか，特別支援学校教諭免許状を有していなければなりません（教育職員免許法第3条第3項）。特別支援学校教諭免許状は，特別支援教育領域が定められており，視覚障害者，聴覚障害者，知的障害者，肢体不自由者又は病弱者（身体虚弱者を含む）に関する教育の5領域に分けられています。それぞれの免許状の取得に関わる科目は，教育職員免許法施行規則（以下，規則）第7条に規定されています。第1欄から第4欄までで構成されており，第1欄特別支援教育の基礎理論に関する科目，第2欄特別支援教育領域に関する科目，第3欄免許状に定められることとなる特別支援教育領域以外の領域に関する科目，第4欄心身に障害のある幼児，児童又は生徒についての教育実習から構成されます。

　なお，教育職員免許法附則第15項には次のように定められています。

> 　幼稚園，小学校，中学校又は高等学校の教諭の免許状を有する者は，当分の間，第3条第1項から第3項までの規定にかかわらず，特別支援学校の相当する各部の主幹教諭（養護又は栄養の指導及び管理をつかさどる主幹教諭を除く。），指導教諭，教諭又は講師となることができる。

　この附則を背景として，特別支援学校教諭の免許状保有率の向上について長らく議論されてきました。保有率は年々高くなっているとはいえ，特別支援学校教師の中には当該学校免許状を保有しない者が少なからず存在しており，改善すべき課題とされています。また，特別支援学級担任や通級による指導を担当する教師については，特別支援学校教諭免許状の取得が推奨されるのみで，特別支援学校教諭免許状を有すること等の法令上の規定はありません。

(2)　これからの特別支援教育に関する教員養成

　近年の動向として，ここでは2019年以降の施策等を取り上げます。2019年

＊10　2021年度の調査によると，特別支援学校教師のうち，当該障害種の教諭免許状を有している者の割合は86.5%，新規採用教師に限定すればその割合は80.3%である（文部科学省，2022a）。

9月に設置された文部科学省の有識者会議報告「新しい時代の特別支援教育の在り方に関する有識者会議報告」（文部科学省，2021a）では，教師の養成機関が果たす役割に基づき，教職課程の内容や水準を全国的に担保するため，小学校等の教職課程同様にコアカリキュラムを策定することが提言されました。

　特別支援学校教諭免許状コアカリキュラム（以下，特支免コアカリ）については，文部科学省の下に設置された「特別支援教育を担う教師の養成の在り方等に関する検討会議」が2022年3月に報告をとりまとめました（文部科学省，2022b）。報告では特支免コアカリ案を示し，パブリックコメント等を経て，2022年7月に「教育職員免許法施行規則の一部を改正する省令の公布及び特別支援学校教諭免許状コアカリキュラムの策定等について」を通知し，これに基づく教職課程を遅くとも2024年度には開始するよう示しました（文部科学省，2022c）。

　特支免コアカリは，教育職員免許法及び規則に基づきすべての大学の教職課程で共通的に修得すべき資質能力を示すものであり，各大学の自主性・独自性の尊重と養成機関としての責任に基づく教職課程全体の質の保証をめざすとされています。作成にあたっては，2017年告示特別支援学校学習指導要領等の改訂のポイントとなった，知的障害者である子どもに対する教育を行う特別支援学校の各教科等，自立活動，重複障害者等に関する教育課程の取扱いなどの内容を，規則第7条の欄間及び科目間の関連を十分に図った配置とすることとされました。自立活動を例にあげると，これまで自立活動に関わる内容は規則による位置づけが曖昧で，養成段階における専門性の確保が懸念されていました。特支免コアカリの作成は，教員養成カリキュラムにおける位置づけを明確にするとともに，養成・採用・研修の一体化の視点から，現職研修の在り方の検証に寄与することが期待できます。

　安藤（2015）は，「学ぶ立場」での基礎的な知識の学修が十分に行われていない場合，教職に就いた後の学修の在り方に重大な影響を及ぼすことになると指摘しています。本書においても自立活動や個別の指導計画，特別支援学校や特別支援学級における弾力的な教育課程編成の根拠としての重複障害等に関する教育課程の取扱いなどを学修してきました。特別支援学校（肢体不自由）では複数の教育課程を編成している場合が多く，教育課程および自立活動の理解は欠

かせません。

　なお，特支免コアカリの策定に至るまでには，日本特殊教育学会をはじめとする学術団体においても議論が重ねられてきました。その１つとして，日本特殊教育学会では「特別支援学校教員免許状等の在り方検討ワーキング・グループ」を設置し，文部科学省より委託を受けた調査研究の結果等を踏まえながら課題や今後検討すべき点等をまとめました（日本特殊教育学会，2021）。報告書によると，今後のインクルーシブ教育に対応する免許状の在り方を検討する際の視点として，教諭免許状をこれまで通り視覚障害・聴覚障害・知的障害・肢体不自由・病弱という５障害の専門性を担保する学校種（視覚障害・聴覚障害・知的障害・肢体不自由・病弱）に対応した制度でいくのか，あるいは新たな形を探る必要があるのか等の議論が展開されています。新たな形については，特別支援学校や通級による指導の担当者および通常の学級の教師にも特別支援教育の専門性が必要であることなどを踏まえて，例えば，発達障害等に係る免許の創設や特別支援教育に関する履修証明等を用いることがあげられています。今後の教員養成に関わる議論についても注目する必要があるといえます。

第3節　専門性の育成に資する現職研修

(1)　現行の現職研修制度

①　現在の制度に至るまでの過程

　教育公務員特例法第21条には，次のことが規定されています。

> 　教育公務員は，その職責を遂行するために，絶えず研究と修養に努めなければならない。

　現職研修の体系的整備は，1978年の中央教育審議会答申「教員の資質能力の向上について」において指摘され，これを端緒に全国の都道府県で「教員研修の体系化」が着手されました。教職経験と職能に応じた研修として，初任者研修制度は1989年に小学校，1990年に中学校，1991年に高等学校，1992年に盲

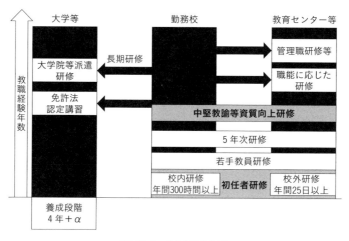

図 13-2　生涯研修体系

注）グレー箇所は法定研修を示す。
出所：安藤・内海（2018）をもとに筆者作成。

学校・聾学校・養護学校等へと段階的に導入されました。また，学校が直面する課題に対峙し，これからの時代に求められる学校教育を実現する上で必要な教員の資質能力を向上させるため，2003 年度より 10 年経験者研修が制度化されました。10 年経験者研修は 2017 年度より中堅教諭等資質向上研修へと改正され，実施時期の弾力化を図るとともに中堅教諭等としての職務を遂行する上で必要とされる資質の向上を図るための研修とされました。

　以下，現在の現職研修体系を整理します（図 13-2）。研修は，勤務校で行われる校内研修（On the Job Training）と，都道府県教育センター等で行われる校外研修（Off the Job Training）に分類されます。また，大学等は教員養成や長期研修の役割を担っています。

②　校内研修と校外研修

　校内研修は勤務校で行われる研修です。教師が勤務する学校の具体的な課題（例えば，摂食指導や姿勢への配慮，障害特性を踏まえた教材の工夫等）を取り上げ，個人または同僚と協働して実際的に課題解決するものです。生涯にわたる教師発達の基盤となる課題解決の 1 つであり，主として同僚教師との協働による授業

研究や，外部専門家を招へいした今日的課題に係る講義・演習，実習として実施されます。

　校外研修とは，勤務校を離れた教育センター等で実施される研修です。基本的に障害種を超えた共通の課題や校内研修では解消し得ない課題（例えば，自立活動の指導を担う教師の成長を支える校内研修の在り方等）への対応が想定され，多角的な課題分析と解決をめざす場合が多くあります。具体的には，都道府県教育委員会等が提供する研修をあげることができます。初任者研修などの悉皆研修[*11]をはじめとして，免許法認定講習[*12]や希望者に向けた研修などがあります。公的性格を有す研修のほかに，学術団体による研究大会への参加など，私的関心に基づく研修の機会もあげられます。

③　教職経験や職能に応じた研修

　教職経験に基づく法定研修には，先に述べたとおり初任者研修と中堅教諭等資質向上研修があります。初任者研修は，教育公務員特例法第23条に基づき，公立の小学校教師等のうち新規に採用された者を対象に，都道府県教育委員会等が実施するものです。校内研修と校外研修で構成され，現在，校内研修は教師に必要な素養や授業実践について指導教員から指導を受けながら年間300時間以上にわたり実施されています。校外研修は年間25日間以上の日程で実施され，内容は教職に必要な知識等に関わる講義や演習，企業・福祉施設等での体験や自然体験，宿泊研修などで構成されます。文部科学省が作成する初任者研修の「年間研修項目例（小・中学校）」には特別支援教育に関する内容が組み込まれており，すべての教師に特別支援教育の理解が不可欠であることがわかります。

　中堅教諭等資質向上研修は，教育公務員特例法第24条に基づき，個々の能力，適性等に応じて，公立の小学校等における教育に関して相当の経験を有し，そ

＊11　悉皆研修：教職経験や職能に応じた研修の対象となる教職員が必ず参加する研修のことをさす。
＊12　免許法認定講習：一定の教員免許状を有する現職教員が，上位の免許状や他の種類の免許状を取得しようとする場合に，大学の教職課程によらずに必要な単位を修得するために開設されている講習・公開講座のことをさす。

の教育活動その他の学校運営の円滑かつ効果的な実施において中核的な役割を果たすことが期待される中堅教諭等としての職務を遂行する上で必要とされる資質の向上を図るための研修です。研修の年間実施日数は，2020 年度の実施状況では特別支援学校の平均が 19.0 日であり，そのうち校外研修における夏季休業期間の実施日数は 2.7 日，教育委員会が OJT として定めている日数は 11.4 日でした（文部科学省，2022d）。

　法定研修以外の悉皆研修としては若手教員研修（2 年次・3 年次研修）や 5 年次研修など，都道府県教育委員会等が独自に定める経験者研修があります。とくに近年は若手教師の育成が重視されるようになり，初任者研修から連続して 2 年次・3 年次等の研修を導入する自治体が増えてきています。

　次に，職能に応じた研修では，校長，教頭，各種主任などを対象として，それぞれの職能に応じた内容が実施されています。特別支援教育においては，特別支援学級や通級指導教室の担当教師，特別支援教育コーディネーター等に対する研修が実施されています。

④　長期研修

　教育公務員[*13]は，任命権者[*14]の定めるところにより，現職のままで，長期にわたる研修を受けることができます（教育公務員特例法第 22 条の 3）。また，大学院修学休業として，3 年を超えない範囲内で大学の大学院または専攻科の課程に在学してその課程を履修するための休業をすることができます（同法第 26 条）。この規定により，教師は，現職のまま大学・大学院，企業，教育センター等で研修を受けることが可能です。

　また，近年，教職大学院制度が注目されています。教職大学院制度は，2007 年度に高度専門職業人養成としての教員養成に特化した専門職大学院として創

＊13　教育公務員：地方公務員のうち，学校教育法第 1 条に規定する学校及び就学前の子どもに関する教育，保育等の総合的な提供の推進に関する幼保連携型認定こども園であって地方公共団体が設置するもの（公立学校）の学長，校長（園長を含む），教員及び部局長並びに教育委員会の専門的教育職員のことをさす（教育公務員特例法第 2 条）。

＊14　任命権者：地方公共団体の長，議会の議長，選挙管理委員会，代表監査委員，教育委員会等の職員の任命，人事評価，休職，免職及び懲戒等を行う権限を有するものをさす（地方公務員法第 6 条）。

設されました。修士課程とは異なる性質を持ち，教職大学院では地域の学校現場や教育委員会の要望を反映した教育カリキュラムや実習内容が編成されます。実践を重視した教員養成に加え，管理職養成のための学校経営に特化したコースの設置が促進されるなど，現職教育において影響をもたらすものとされます。

(2)　肢体不自由教育における現職研修の高度化に向けて

　現在，現職研修制度は大きく変化しようとしています。2022 年 5 月，第 208 回通常国会において，教育公務員特例法及び教育職員免許法の一部を改正する法律が成立し，教員免許更新制は，これまでの成果を継承しつつ，教師の個別最適・協働的な学びの充実を通じて主体的・対話的で深い学びを実現する，新たな研修制度の実施へと発展的に解消されることとなりました。「新たな教師の学びの姿」として，中央教育審議会の審議まとめにおいては（文部科学省，2021b），一人一人の教師が，自らの専門性を高めていく営みであると自覚しながら主体的に研修に打ち込むことが求められており，その具体的な取り組みとして研修受講履歴の記録・活用があげられています。

　教師が自身の指導力を自己評価し，教職キャリアを意識しながら身につけるべき知識や技能を認識すること（一木，2021）や，在籍児童生徒の実態把握や個別の指導計画作成などの学校全体において共通する課題意識に対して複数回にわたる校内研修を企画・実施する（八柳，2019）など，一過性（one-shot）の研修ではなく，継続的に取り組む視点が重要となります。

　本章では，教師の専門性や教員養成・現職研修について概観してきました。これまで確認してきた通り，教師は教職生活を通じて学び続けることが求められており，教職キャリアの各段階において自身に必要な専門性を意識することが重要であると考えられます（Reflection 参照）。教師に求められる役割を自覚し，子どもの教育の充実に向けて共に学んでいきましょう。

【文　献】

秋田喜代美（1999）．教師が発達する道筋：文化に埋め込まれた発達の物語　藤岡完治・澤本和子（編著）　授業で成長する教師　ぎょうせい　pp. 27-39.

安藤隆男（2015）．自立活動の専門性の確保において現職研修が必要な背景　全国心身障害児福祉財団（編）　新重複障害教育実践ハンドブック　全国心身障害児福祉財団　pp. 199-213.

安藤隆男・内海友加利（2018）．教師の専門性と研修　吉田武男（監修）　小林秀之・米田宏樹・安藤隆男（編著）　18 特別支援教育：共生社会の実現に向けて　ミネルヴァ書房　pp. 179-190.

船橋篤彦（2016）．肢体不自由教育の専門性向上に関する現状と課題（1）：自立活動の専門性向上に向けた予備的検討　広島大学大学院教育学研究科附属特別支援教育実践センター研究紀要, 14, 115-122.

八柳千穂（2019）．カード整理法を活用した実態把握　北川貴章・安藤隆男（編著）「自立活動の指導」のデザインと展開　悩みを成長につなげる実践 32　pp. 42-45.

一木　薫（2021）．特別支援教育のカリキュラム・マネジメント　段階ごとに構築する実践ガイド　慶應義塾大学出版会

一木　薫・安藤隆男（2013）．実施した指導の振り返りによる設定された指導目標・内容の妥当性の検討：自立活動を主とする教育課程を履修した卒業生の指導について　障害科学研究, 37, 91-102.

今津孝次郎（1996）．変動社会の教師教育　名古屋大学出版会

石倉健二（2023）．動作法とは何か　安藤隆男・藤田継道（編著）　よくわかる肢体不自由教育［第 2 版］　ミネルヴァ書房　pp. 52-53.

国立特別支援教育総合研究所（2010）．肢体不自由のある子どもの教育における教員の専門性向上に関する研究：特別支援学校（肢体不自由）の専門性向上に向けたモデルの提案　国立特別支援教育総合研究所

松藤光生・藤瀬教也・吉川昌子・重橋史朗・岩男芙美（2020）．動作法訓練会への参加が成人肢体不自由者の日常生活に与える影響　中村学園大学発達支援センター研究紀要, 11, 49-54.

文部科学省（2021a）．新しい時代の特別支援教育の在り方に関する有識者会議　報告　令和 3 年 1 月

文部科学省（2021b）.「令和の日本型学校教育」を担う新たな教師の学びの姿の実現に向けて（審議まとめ）

文部科学省（2022a）．特別支援学校教員の特別支援学校教諭等免許状保有状況等調査結果の概要（令和 3 年度）

文部科学省（2022b）．特別支援教育を担う教師の養成の在り方等に関する検討会議報告

文部科学省（2022c）．教育職員免許法施行規則の一部を改正する省令の公布及び特別支援学校教諭免許状コアカリキュラムの策定等について（通知）（4 文科初第 969 号）

文部科学省（2022d）．中堅教諭等資質向上研修実施状況（令和 2 年度）調査結果

中司利一（1967）．脳性まひ児の知覚・思考及び概念形成の障害　橋本重治（編）　脳性まひ児の心理と教育　金子書房　pp. 39-63.

日本特殊教育学会（2021）．特別支援学校教員免許状等の在り方検討 WG 報告書　https://www.jase.jp/data/pdf/license_wg.pdf（2023 年 9 月 10 日閲覧）

Ozga, J., & Lawn, M.（1981）. *Teachers, Professionalism and class: A study of organized teachers*. The Falmer Press.

曽山いづみ（2015）．教師の初期発達過程　東京大学大学院教育学研究科紀要, 54, 325-333.

内海友加利・安藤隆男（2020）．肢体不自由特別支援学校教師の教職キャリアにおける個業性と協働性の認識　障害科学研究, 44(1), 33-45.

Reflection

第IV部　肢体不自由教育における今日的課題と展望の
リフレクション

WORK　未来を描こう！

　第IV部では，肢体不自由教育における今日的課題や展望について学習しました。今後，肢体不自由教育を担う教師となることを想定し，あなた自身のキャリアプランを描いてみましょう。キャリアプランの作成にあたっては，以下のQRコードに掲載しているワークシートを活用することができます。

ワークシート ▶▶▶

 POINT ···

- ・身近な教師（先輩や教育実習でお世話になった教師など）の姿を参考にすると，具体的なイメージをもつことができるかもしれません。
- ・教師の成長過程を題材にした「教師のライフヒストリー研究」などに触れてみると，キャリア形成に関わる視点を得ることができます。
- ・教師の職務について知るとともに，家庭や外部専門家とどのように協働しているのか考えてみましょう。
- ・教師としてどのような知識や技術を身につける必要があると考えますか。教員養成段階で学ぶべきことと，教職に就いてから学ぶべきことは何か，イメージしてみましょう。

Work の取扱い方（例）

　講義の途中あるいは最後に約50分の時間を設けます。まず，ワークシートを活用して個人の考えを整理します（約20分）。次に，4名程度の少人数グループを編成し，意見交換をします（約20分）。その後，話し合われた内容について全体で共有します（約10分）。

外部専門家の立場から①
「子どもへの思い」や
「学校教育への期待」について

理学療法士
浦川純二

　理学療法士は身体の障害と運動に関する専門家です。多様なニーズや能力を持つ児・者に対し，運動機能を向上させ認知機能を発達させるための医療的な介入を治療や支援の形で提供しています。また，特別支援学校の先生方と協働して，児童生徒の課題や運動能力の向上，姿勢のサポートなどに取り組む機会がありますが，実際の生活場面での関与は限られています。通常，子どもたちが医療機関で受けるリハビリは多くても週に40分から1時間ほどであり，数か月に一度程度の場合も少なくありません。この限られた時間の中で運動機能や動作の評価・治療が行われますが，生活場面での能力評価はほとんどが模擬的なものとなります。

　一方で，児童生徒は一日のほぼ四分の一を学校で過ごしており，先生方は授業だけでなく，遊びや興味・関心への気づき，食事や排せつなどの生理的な側面にまでも直接的に関与し，日常の課題を把握し，成長を支える役割を果たしています。その先生方から相談される問題には，児童生徒が豊かな学びを深め成長するために解決すべき重要な課題が多く含まれています。これは，児童生徒の一人ひとりに時間をかけて関わることができる先生という立場だからこその視点ですし，我々にとっては非常に羨ましい存在でもあります。

　これら課題への対応には，医療的な知見や技術をも包括した日常の配慮と工夫が必要となり，我々専門家や先生方がより分析的な評価と個別的な支援技術を習得することで解決に近づきます。私自身，課題解決へ向けて連携がうまくいったときの子どもの著しい成長ぶりを多く経験してきました。残念ながら，医療現場では特別支援学校の状況をよく把握していない場合もあり，折り合いがつかない場面があることを時折見聞きします。先生方の"知りたいこと"がうまく伝わらず，また医療で使用される"専門用語"の多用もコミュニケーションの障壁となっているようです。しかし，お互いの連携を深めることはより良い教育環境を築く上で不可欠です。密なコミュニケーションや情報共有が，児童生徒の状態や課題を正確に把握し，適切な対応を導き出す上で極めて重要になります。

　先生方の情熱，責任感，忍耐力は本当に素晴らしいものであり，児童生徒の発達と成長の基盤です。児童生徒たちが社会の中で強く生きる力を持つための成長を望む専門家として，お互いに連携を深め，共に力を合わせて取り組んでいける存在であることを心から願っています。

外部専門家の立場から②
「子どもへの思い」や 「学校教育への期待」について

車椅子個別製作
シーティング・
エンジニア
山崎雅幸

座れないなら座れる椅子を作って，寝たきりで過ごすより座って出かけよう。そよ風のように街に出よう。

座位保持装置の目的は，障害児が子どもらしく社会へ参加する機会を増やすことです。学校用座位保持装置や車椅子は，養護学校義務化以降，重度・重複障害児と言われる子どもたちの就学の機会を保障するために，1990年頃から全国に普及しました。まだ，歴史は30年ほどしかありません。

実際は，親御さんからの要望を受けた整形外科医の処方箋によって学校用補装具として製作されます。自治体から支給されますから個人の私物なのですが，製作にあたっては，学校用ですから私たち製作者は先生に次のように聞きます。

「何を教えるための椅子ですか？」

障害のある人が何か新しいことを学ぶのには時間がかかります。重度障害児が，「今はできないけれどできたらいいな」ということを学び，実現できる機会は学校時代を終えるとなかなかありません。子どもを紹介されるとき，首が据わっていない子どもと紹介されても，実は5秒ぐらい顔を上げて，笑顔を見せてくれる子どもはたくさんいます。笑顔で顔を上げる時間を増やし，学び続けられる椅子こそ私たちが作りたい学校用椅子なのです。「何ができない子どもなのだろうか，かわいそうに」と思う視点か，「障害を抱えているけど，何ができる子どもなのだろう」と考える視点かの違いだけで，まったくデザインが変わることがありうるのです。

そして道具を使うことで，たとえ能力は同じでもパフォーマンスの質を上げることは可能です。足に障害があって歩けなくとも，車椅子に乗れば移動するという活動（パフォーマンス）はできるのです。電動車椅子に乗れるならば，さらに移動する活動の質は向上するでしょう。

今や，指先，視線など，電動車椅子のインターフェイスの方法は進化していますが，その習熟の機会も学校にあります。

「何を教えるべきか」

日常的に重度障害のあるその子どもと関わる先生だからこそわかることです。そのためにどんな椅子が必要なのかを，私たちと一緒に考えてほしいと思っています。

索　引

《監修者紹介》

安藤隆男（あんどう　たかお）

　現　在　筑波大学名誉教授，国立特別支援教育総合研究所参与

　主　著　『よくわかる肢体不自由教育（第2版）』（編著）ミネルヴァ書房，2023年

　　　　　『新たな時代における自立活動の創成と展開』（単著）教育出版，2021年

《執筆者紹介》（執筆順，担当章／担当コラム）

任　龍在（いむ　よんじぇ）　第1章

　現　在　千葉大学教育学部　准教授

　主　著　『特別支援教育基礎論』（共著）放送大学教育振興会，2020年

　　　　　『新・教職課程演習 第6巻　特別支援教育』（共著）協同出版，2022年

丹野傑史（たんの　たかひと）　第2章

　現　在　長野大学社会福祉学部　教授

　主　著　『特別支援教育基礎論』（共著）放送大学教育振興会，2020年

　　　　　『特別支援教育 共生社会の実現に向けて』（共著）ミネルヴァ書房，2018年

笠原芳隆（かさはら　よしたか）　第3章

　現　在　上越教育大学大学院学校教育研究科　教授

　主　著　『新版 障害者の発達と教育・支援』（共著）山海堂，2003年

　　　　　『わかりやすく学べる特別支援教育と障害児の心理・行動特性』（共著）北樹出版，2018年

船橋篤彦（ふなばし　あつひこ）　第4章

　現　在　広島大学大学院人間社会科学研究科　准教授

　主　著　『特別支援教育免許シリーズ 複数の困難への対応』（編著）建帛社，2023年

　　　　　『特別支援教育免許シリーズ 運動機能の困難への対応』（共著）建帛社，2021年

一木　薫（いちき　かおる）　第5章，第7章

　編著者紹介参照。

寺本淳志（てらもと　あつし）　第6章

　現　在　宮城教育大学教育学部　准教授

池田彩乃（いけだ　あやの）　第8章

　現　在　山形大学地域教育文化学部　准教授

　主　著　『特別支援学校が目指すカリキュラム・マネジメント』（共著）ジアース教育新社，2022年

　　　　　『「自立活動の指導」のデザインと展開 悩みを成長につなげる実践32』（共著）ジアース教育新社，2019年

吉川知夫（よしかわ　ともお）　第9章

　現　在　国立特別支援教育総合研究所　上席総括研究員

　主　著　『肢体不自由教育の基本と実践』（共編著）慶應義塾大学出版会，2023年

　　　　　『新学習指導要領に基づく授業づくり2』（共監修）ジアース教育新社，2019年

小倉靖範（おぐら　やすのり）　第 10 章

　現　在　愛知教育大学教育科学系特別支援教育講座　准教授
　主　著　『特別支援学校が目指すカリキュラム・マネジメント』（共編著）ジアース教育新社，2022 年

北川貴章（きたがわ　たかあき）　第 11 章

　現　在　文教大学教育学部　准教授
　主　著　『「自立活動の指導」のデザインと展開 悩みを成長につなげる実践 32』（共編著）ジアース
　　　　　教育新社，2019 年
　　　　　『新重複障害教育実践ハンドブック』（共著）全国心身障害児福祉財団，2015 年

安藤隆男（あんどう　たかお）　第 12 章

　監修者紹介参照。

内海友加利（うつみ　ゆかり）　第 13 章

　現　在　東京学芸大学教育学部　講師
　主　著　『よくわかる肢体不自由教育（第 2 版）』（共著）ミネルヴァ書房，2023 年
　　　　　『特別支援教育 共生社会の実現に向けて』（共著）ミネルヴァ書房，2018 年

西川公司（にしかわ　こうじ）　コラム 1

　現　在　特定非営利活動法人日本肢体不自由教育研究会　理事長
　主　著　『肢体不自由児の教育［改訂版]』（共編著）放送大学教育振興会，2014 年
　　　　　『障害の重い子どもの指導 Q ＆ A』（監修）ジアース教育新社，2011 年

迫田　拳（さこだ　けん）　コラム 2

　現　在　株式会社テクノスジャパン　ビジネスサービス本部タレントマネジメントグループ

小野純子（おの　じゅんこ）　コラム 3

　現　在　一般社団法人ほの企画　理事

延命典子（えんめい　のりこ）　コラム 4

　現　在　福岡県教育センター教育指導部特別支援教育班　主任指導主事
　主　著　『新学習指導要領に基づく授業づくり 2』（共著）ジアース教育新社，2019 年

浦川純二（うらかわ　じゅんじ）　コラム 5

　現　在　長崎県島原病院リハビリテーション科　技師長（理学療法士）

山崎雅幸（やまさき　まさゆき）　コラム 6

　現　在　株式会社シーズ　取締役

《編著者紹介》

一木　薫（いちき　かおる）

　現　在　福岡教育大学教育学部　教授
　主　著　『重度・重複障害教育におけるカリキュラム評価』（単著）慶應義塾大学出版会，2020 年
　　　　　『自立活動の理念と実践［改訂版］』（共編著）ジアース教育新社，2020 年

特別支援教育をつなぐ　Connect & Connect ②

肢体不自由教育

2024 年 4 月 20 日　初版第 1 刷発行

監 修 者	安 藤 隆 男	
編 著 者	一 木　　薫	
発 行 所	㈱ 北 大 路 書 房	

〒 603-8303　京都市北区紫野十二坊町 12-8
　　　　　　電話代表　　（075）431-0361
　　　　　　Ｆ Ａ Ｘ　　（075）431-9393
　　　　　　振替口座　　01050-4-2083

ⓒ 2024
本文デザイン／デザイン鱗
装丁／こゆるぎデザイン
印刷・製本／亜細亜印刷（株）
落丁・乱丁本はお取り替えいたします。
定価はカバーに表示してあります。

Printed in Japan
ISBN978-4-7628-3246-8